领袖影像背后的故事

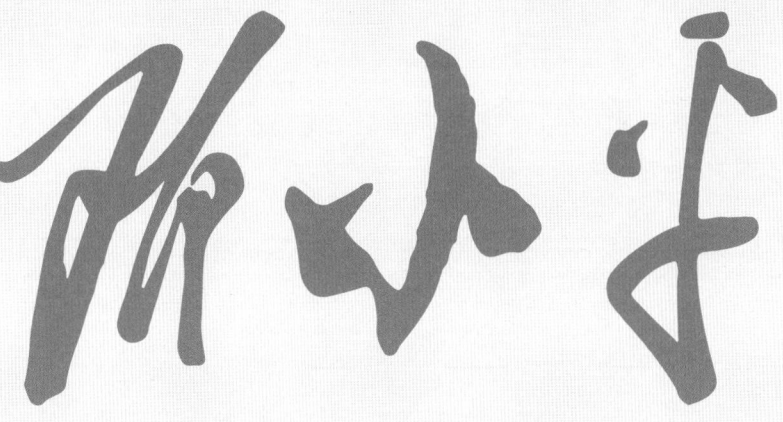

蒋永清　王达阳 ◎主编

撰稿：（按姓氏笔画）

　　王达阳　孔　昕　叶帆子
　　卢　佳　蒋永清

中国画报出版社·北京

图书在版编目（CIP）数据

邓小平 / 蒋永清，王达阳主编. -- 北京：中国画报出版社，2023.6
（领袖影像背后的故事）
ISBN 978-7-5146-2133-4

Ⅰ.①邓… Ⅱ.①蒋…②王… Ⅲ.①邓小平（1904-1997）-生平事迹-画册 Ⅳ.①A762-64

中国版本图书馆CIP数据核字(2022)第062190号

领袖影像背后的故事

邓小平

蒋永清 王达阳 主编

出 版 人：方允仲
选题策划：方允仲
责任编辑：刘晓雪
特约审稿：张跃平
内文排版：罗家洋
责任印制：焦　洋

出版发行：中国画报出版社
地　　址：中国北京市海淀区车公庄西路33号　邮　编：100048
发 行 部：010-88417360　010-68414683（传真）
总编室兼传真：010-88417359　版权部010-88417359

开　　本：16开（787mm×1092mm）
印　　张：26.25
字　　数：380千字
版　　次：2023年6月第1版　2023年6月第1次印刷
印　　刷：北京汇瑞嘉合文化发展有限公司
书　　号：ISBN 978-7-5146-2133-4
定　　价：98.00元

邓小平初心与使命（代序）

在风雨如晦的二十世纪初期，如同无数仁人志士一样，青年邓小平经历了从朴素的爱国主义者到坚定的共产主义者的浴火重生的过程。他十六岁远渡重洋勤工俭学，在那里接受马克思主义，加入中国共产党，牢固树立起一名共产党人为人民谋幸福、为民族谋复兴的初心和使命，并为此矢志不渝奋斗了七十多年，留下中国特色社会主义这一最重要的政治遗产。

"一直就是相当共产主义的"

半殖民地半封建的黑暗社会孕育了青年邓小平救国救民的理想和追求。辛亥革命前夕，读小学的邓小平参加"保路运动"的鼓动活动；辛亥革命后四川各地武装起义时，邓小平曾到父亲的军营里住了两天，好奇、兴奋地体验"军旅"生活；袁世凯称帝后，军阀混战，连年不息。这时，少年邓小平开始萌发一种"简单的爱国思想"。

十月革命一声炮响，给中国送来了马克思列宁主义。在四川的五四运动中，邓小平积极投身到反帝反封建的政治斗争洪流中，具有了初步的爱国和民主的思想。1919年夏，十五岁的少年邓小平遵父命到重庆为赴法勤工俭学做准备。这件事

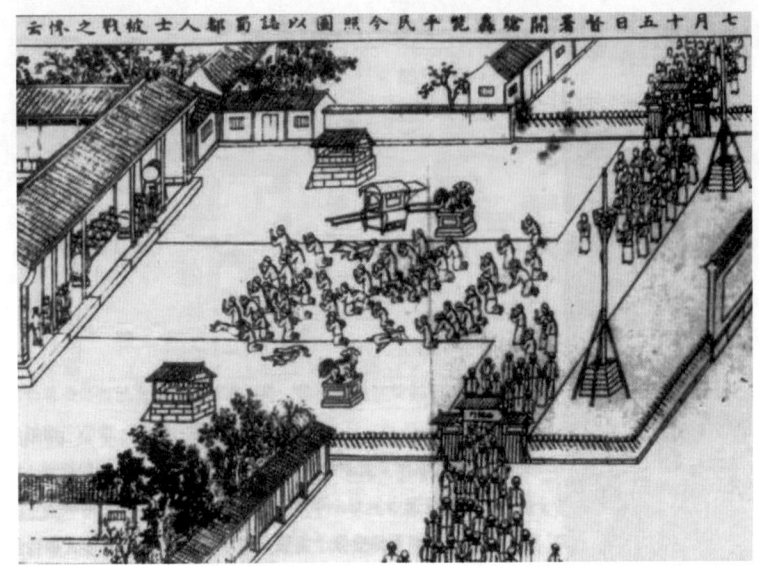

1911年，正当邓小平刚进入协兴小学堂时，四川爆发了成为武昌起义导火线的保路运动。各地人民愤怒抗议清政府企图将川汉、粤汉两条铁路筑路权出卖给帝国主义的行径。9月7日（农历辛亥年七月十五日），四川总督赵尔丰下令开枪打死了前往总督衙门请愿的群众数十人。革命党人纷纷行动起来，准备发动起义。图为表现这次事件的绘画

改变了邓小平的人生。从表面看，直接的原因是为了求学和挣钱；但深入分析，这也是一个热血青年为了实现"工业救国"理想而做出的毅然抉择。1964年2月，邓小平同泰国前总理乃比里谈话时曾说："其实我们当时去法国，也只是抱着一个'工业救国'的思想。当时我才十六岁，受到五四运动的影响，就想出洋学点本领，回来搞工业，以工业救国。"为了这个抉择还有一场激烈的家庭斗争。母亲非常疼爱邓小平，希望他长大以后管理家事，舍不得他出去。讲不通后，邓小平就跑到一个小房间，把门一关，一两天不出来吃饭，最后母亲痛哭流涕地让步了。然而，这一别竟是永诀。

父母让自幼聪明的长子赴法勤工俭学，本意是希望他将来能做官发财、光耀门庭，没想到他却义无反顾地走上了一条推翻现存制度的职业革命家的道路。

邓小平有强烈的反抗意识和不懈的追求精神。还在重庆

留法预备学校时,他就参加了学生举行的轰轰烈烈的抵制日货的爱国活动,进一步增强了工业救国的思想。然而到了法国,严酷的现实粉碎了他的梦想,"工业救国""学点本事"等变成了泡影,失学、失业、饥饿甚至死亡的威胁,迫使他重新对人生做出新的抉择。施奈德钢铁厂、哈金森橡胶厂超强度的劳动,以及勉强糊口的各种打短工,磨炼了他的意志,也使他对工人阶级政治上受压迫、经济上受剥削的地位有了更切身的感受。性格开朗、乐于交际的性格又使他很快融入赵世炎、李立三、周恩来、李维汉、王若飞等中国共产党早期领导人的革命圈子里。和他曾同住一个木棚的郑超麟回忆说:"在三十几个学生当中,邓小平的年龄最小。我们大家都喜欢他,把他当作

国画《邓小平离渝赴法》
张春新作

小孩子，喜欢同他讲话，同他开玩笑，同他玩。"在人生观形成阶段，邓小平的信念是很纯洁的，如他1926年1月在莫斯科中山大学填写履历表时所说："我从来就未受过其他思想的浸入，一直就是相当共产主义的。"

"入党宣誓是一件很庄重的事"

1921年7月中国共产党的应运而生，使中国人民和中华民族有了可信赖的政治领导者，一批批怀抱着为人民谋幸福、为民族谋复兴的共产党人，不忘初心，牢记使命，前仆后继地英勇奋斗。

邓小平是在哈金森橡胶厂做工期间逐渐接受革命思想的。王若飞经常和他一起散步、交谈，向他介绍革命思想。邓小平开始阅读《新青年》《向导》等"关于社会主义的书报"。他在一份自传中说："最使我受影响的是《新青年》第八、九两卷及社会主义讨论集，我做工的环境使我益信陈独秀们所说的话是对的。因此，每每听到人与人相争辩时，我总是站在社会主义这边的。"

有自己劳动生活的切身体会，有先进同学的影响和帮助，有思想上接受马克思主义书籍的宣传，邓小平有了参加革命组织的要求和愿望。他开始向旅欧中国共产主义青年团组织靠拢，参加一些活动，受到团组织的关注和重视。

1923年6月，邓小平来到巴黎，加入旅欧中国共产主义青年团。他一边做杂工，一边在周恩来领导下，参加旅欧共青团机关刊物《少年》杂志编辑工作。这个过程，邓小平在

1926年1月写的自传中说："那时共产主义的团体在西欧已经成立了，不过因为我的生活太浪漫，不敢向我宣传，及到1923年5月我将离开哈金森时"，"舒辉暲才向我宣传加入团体，同时又和汪泽楷同志谈了两次话，到巴黎后又和穆清同志接洽，结果6月便加入了。""我加入团体是汪泽楷、穆清、舒辉暲三同志介绍的"。

旅欧中国少年共产党创办的机关刊物《少年》

这是一个确定人生航向的神圣时刻，需要举行宣誓仪式。年轻的邓小平既紧张又兴奋，直到六十多年后对当时的情景还记忆犹新。他描述当时只觉得头脑嗡嗡作响，甚至能听到自己心脏怦怦跳动的声音。1980年2月5日同胡耀邦、胡乔木、邓力群谈对修改党章的意见时，他提到举行入党宣誓仪式的必要性："党员一章中增加了入党要举行宣誓仪式的内容很好，我很赞成。我加入共青团时，是和蔡大姐（指蔡畅——编者注）一起宣的誓，誓词是事先背好的。入党宣誓是一件很庄重的事，可以使人终生不忘。"2017年10月31日，党的十九大闭幕仅一周，习近平总书记和新一届中央政治局常委集体瞻仰中共一大会址，在鲜红的党旗前重温入党誓词，铿锵有力的宣誓声激起亿万人民同频共振。

1924年7月，邓小平当选为旅欧共青团执委会书记局成员。根据中共中央有关规定，凡担任旅欧共青团执委会领导成员，即自动转为中国共产党党员。这样，邓小平就正式加入了中国共产党，这时他还不满二十岁。此后无论他个人处境怎样艰难、革命道路如何坎坷，他都坚信马克思主义的科学性和真理性，坚信社会主义、共产主义的光明前景。

中国社会主义青年团旅欧区团证。1923年，邓小平在法国参加中国社会主义青年团，曾担任旅欧共青团执委会领导成员，1924年转入中国共产党

"把我的身子交给我们的党,交给本阶级"

举手宣誓只是革命生涯的开步走,真正将自己的人生同中华民族抗争、独立、振兴的历史进程紧密相连,还要初心与使命意识的不断淬炼。

在旅欧共青团执委会工作期间,邓小平参加编辑《少年》(后改名《赤光》)刊物。他负责刻蜡版和油印,因刻字工整,印刷清晰,装订简雅,被大家誉为"油印博士"。他全身心地投入党团工作中,成为一名频繁活动的坚定的积极分子。他在勤工俭学的学生中积极发展一批学生加入组织;在《赤光》上撰文,运用马克思主义的阶级分析观点同"国家主义派"展开针锋相对的斗争;参加领导声援"五卅运动"的反对帝国主义的斗争;在重大集会上发表鼓动人心的演讲。他因而成为法国警察重点监视和驱逐的对象。法国警方的情报称:"他们中的一个人叫邓希贤……他作为共产党积极分子代表出席会议,在中国共产党人所组织的各种会议上似乎都发了言,特别主张亲近苏联政府。此外,邓希贤还拥有很多共产党的小册子和报纸,并收到过许多寄自中国和苏联的来信。有两个中国同胞与邓希贤住在一起,好像他们也都赞成邓希贤的政治观点。外出时,他们总是陪伴着邓希贤。"

根据党组织的安排,1926年1月,邓小平离开巴黎到达莫斯科,先入"莫斯科东方大学"学习,随后又转入"莫斯科中山大学"。在法国工作时,邓小平常常感到自己能力不足,早有来俄学习的决心。现在他如愿以偿,从四处碰壁求学的资本主义法国进入十月革命和列宁主义故乡的社会主义苏联,接受马列主义的真正洗礼。在这里,他系统学习马列主义理论著作,进行严格的党性锻炼。在政治上最强、斗争最剧烈、人才最集中的"理论家班"上,他以犀利的词锋、雄辩的口才同国民党右派学生进行激烈辩论,赢得"小钢炮"之称。

他在一份所写的"来俄的志愿"中对自己的思想进行了深刻的剖析,写道:"我能留俄一天,便要努力研究一天,务使自己对于共产主义有一个相当的认识。""我来俄的志愿,尤其是要来受铁的纪律的训练,共产主义的洗礼,使我的思想行动都成为一贯的共产主义化。""我来莫的时候,便已打定主意,更坚决地把我的身子交给我们的党,交给本阶级。从此以后,我愿意绝对地受党的训练,听党的指挥,始终为无产阶级的利益而争斗。"

这就是邓小平的初心。在此后七十多年的革命生涯中,无论遇到怎样的曲折和艰难困苦,他都在共产主义旗帜下工作,历经艰难而始终不渝。

莫斯科中山大学旧址

"为社会主义奋斗是值得的"

邓小平的人生历经坎坷,三落三起。他一次次被打倒,又一次次站起来,愈挫愈勇。这是因为他始终做到不忘初心、牢记使命,"不以物喜,不以己悲"。他曾在谈到自己的经历时说:"我是'三落三起'。""我今年七十三岁,自然规律不饶人,但是心情舒畅,想做点工作。"

在中央苏区反"江西罗明路线"中,他受到工作和家庭双重的严重打击,陷入人生"第一落"中,但他以超人的沉着、坚毅面对磨难,从主编《红星》报随军长征中"第一起"。"文化大革命"开始后不久,他受到错误批判和斗争,被剥夺一切职务,送到江西监管劳动,陷入人生"第二落"中,但他始终保持革命的乐观主义态度,坚信还能为党再次工作,终于在林彪事件后恢复国务院副总理职务,实现人生"第二起"。1975年他主持党、国家和军队的日常工作,对"文化大革命"以来所造成的严重混乱局面进行全面整顿,招致1976年4月再次被错误撤职、批判,陷入人生"第三落"中,但他依然坚信还能再次奋起。粉碎"四人帮"后,在中共十届三中全会上他官复原职,实现人生"第三起"。已经是七十三岁的邓小平历经那么多的磨难,仍然初心不改,不忘当年入党时立下的誓言,他说:"作为一名老的共产党员,还能在不多的余年里为党为国家为人民做一点力所能及的事情,在我个人来说是高兴的。出来工作,可以有两种态度,一个是做官,一个是做点工作。我想,谁叫你当共产党人呢,既然当了,就不能够做官,不能够有私心杂念,不能够有别的选择,

长征中的邓小平

邓小平发表南方谈话

应该老老实实地履行党员的责任,听从党的安排。"

这是多么坚定的信念力量!

面对革命战争的枪林弹雨,他浴血奋战、视死如归;面对新中国建设的艰难局面,他励精图治、百折不挠;面对"文化大革命"的十年内乱,他信念执着、从不消沉;面对国际国内政治风波,他冷静观察、从容应对。

1992年,八十八岁高龄的邓小平在南方谈话中说:"我坚信,世界上赞成马克思主义的人会多起来的,因为马克思主义是科学。它运用历史唯物主义揭示了人类社会发展的规律。""不要惊慌失措,不要认为马克思主义就消失了,没用了,失败了。哪有这回事!"同年,他在同弟弟邓垦谈话时,又极为动情地说:"共产主义理想是伟大的,但要经过相当长的历史阶段才能达到。社会主义是可爱的,为社会主义奋斗是值得的。这同时也是为共产主义奋斗。"

邓小平

　　就这样,从"工业救国"到"把我的身子交给我们的党,交给本阶级",从年轻时的"已打定主意"到晚年的"奋斗是值得的",邓小平用一生的坚持与奋斗,生动诠释了一名共产党人"革命理想高于天"的坚贞信仰,生动诠释了"不忘初心,方得始终"的真谛。

(文/蒋永清、卢佳)

目 录

有志少年 001

法兰西岁月 010

把身子交给党和本阶级 021

百色起义、龙州起义 031

中央苏区的县委书记 040

编辑《红星》报 048

"跟着走" 059

"刘邓"之间放不进顿号 068

指挥淮海战役 077

在开国大典前后 086

主政西南 098

江西岁月 107

"敢"字当头搞整顿 118

与周恩来的战友情 135

决策恢复高考 150

伟大转折 158

访问美国 166

旅游事业大有文章可做 173

谋划世界高科技领域一席之地 ... 184

决策建立博士后制度 ... 194

对西藏的特殊感情 ... 205

"钢铁公司"与"铁娘子"的世纪交锋 ... 216

和老同学蒋经国 ... 226

要勤俭办一切事情 ... 236

小平您好 ... 244

重视调查研究 ... 257

"摸着石头过河"的来龙去脉 ... 268

南方谈话 ... 283

倡导义务植树活动 ... 296

他"像是我武侠小说中描写的英雄人物" ... 308

独特的语言风格 ... 317

读书趣闻 ... 327

体育情缘 ... 334

酷爱打桥牌 ... 345

家乡情 ... 353

"家庭是个好东西" ... 364

"家书" ... 374

"世界上最好爷爷奖" ... 385

大海情怀 ... 396

有志少年

每一代青少年都有自己的际遇和机缘,都要在自己所处的时代条件下谋划人生、创造历史。邓小平出生和成长,恰逢中国彻底沦为半殖民地半封建社会,积贫积弱、落后挨打的国情早早地在少年邓小平的心里播下了革命的种子。

人小志气大

1904年,邓小平出生在四川省广安协兴镇牌坊村一个小地主家庭,是家中的长子。他的父亲邓绍昌有一些文化,接受过新式教育,交游颇广,思想开明,他对这个孩子抱有很大的期望,起名邓先圣。邓绍昌对孩子们很严厉,甚至有点苛刻,动辄打骂,孩子们都很怕他。但他有胆有识,有维新思想。为了能供儿子读书,他甚至不惜卖掉田地。邓小平后来回忆说:"父母之爱我犹如宝贝一般。因为我自幼时资质就颇聪明,他们的爱我,自然是对我有很大的希望,希望我将来能够做官发财,光耀门庭。"

1909年元宵节刚过不久,五岁的邓小平被送到本村的私塾发蒙念书。私塾先生是一个守旧的人,邓小平入塾的当天,他就对邓绍昌说,孩子名叫"先圣",对孔老夫子有些不恭。

《广安州新志》册二卷十一的《氏族志》记载的"邓氏旧志"。文中"姚平"又称姚坪里,即今牌坊村

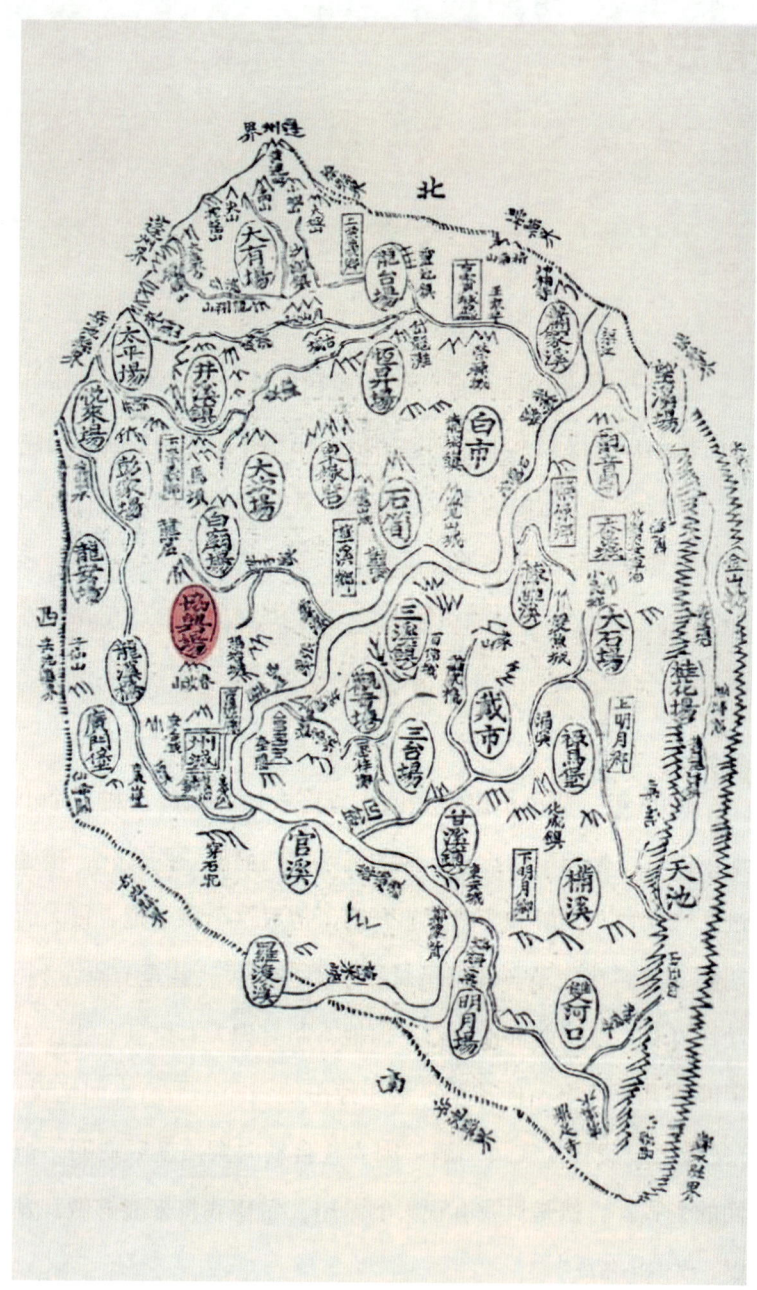

广安地处成都平原的边沿，属丘陵地带。这是协兴场在广安县所处地理位置图

邓家老院子。邓小平出生在这里,他的童年和少年时代的大部分时光也是在这里度过的

他自作主张将"先圣"改为"希贤"。"邓希贤"这个名字后来一直使用,直到1927年邓小平在武汉因革命工作需要改名为邓小平。

在发蒙阶段,私塾里面教授的主要是读书识字,也就是读《三字经》《百家姓》《千字文》等初级启蒙课文。私塾先生不讲意思,只要求学生死记硬背,而且要背得不打"格顿"才合乎要求。邓小平学习勤奋,理解力强,记忆力好,一篇课文很快就能背诵和解答,常常受到先生的夸奖。同时,练写毛笔字也是每天的必修课。邓小平学写字很认真,回家后也反复练习。他的毛笔字作业常常被先生画上大红圈圈,也常常因此得到母亲奖励的煮鸡蛋。经过严格训练,邓小平的书法打下了扎实的功底,后来在法国参加革命工作参与办《赤光》杂志,由于书法出色,邓小平还被誉为"油印博士"。

私塾落后的教育方式越来越跟不上时代的步伐,一年多

邓小平1909—1910年就读的私塾旧址

后,邓小平转到了望溪乡初级小学堂读书,接受新式教育。学习的主要课目有国文、体操、图画等。学堂由邓绍昌和本乡曾留学日本的革命党人胡光白等创办,邓绍昌本人在学堂教过课。学堂位于坪场的中心,是由一座旧祠堂改建而成的,有四大间校舍,可容纳百十个学生。

从私塾转到新式学堂读书,邓小平很有兴趣。学堂的教学内容比私塾确实丰富多了。老师大多是当时协兴场一带公认的新文化人,也是有头有脸的人物。从他们那里不仅能学到新知识,还能经常了解到一些新鲜事情。体操、图画课特别有趣。国文课也不再是从早到晚枯燥乏味的诵读。老师从《四书》《五经》中选择一些课文给学生们讲授,有时还撇开书本,给学生们讲一些来自野史和小说里的故事。国文教师在讲国文课时,常常给学生们讲起历史上的一些民族英雄,讲一些反清的道理，还讲到西方列强是如何侵略中国的。这些都给童年的邓小平留下了深深的记忆。

邓小平每天走着弯弯曲曲、高低不平的小路去上学。一遇雨天，泥泞不堪，不小心就会滑倒。开始的时候，祖母和母亲心疼他，怕他摔坏身体，遇到雨天就劝他不要去学堂，但雨再大他都坚持要去上学。家里只好给他在圩场上找了一户人家让他去搭午饭，以免来回跑。邓小平为了节省，不肯去搭伙，下午总是饿着肚子上课，家里只好让他中午还是回家吃饭。这样，几里的路程，每天两个来回，寒来暑往，风雨无阻，磨炼了童年邓小平的意志。弟弟邓垦后来评价说："小的时候他有一个特点，从小人小志气大。"

由于刻苦努力，小平在全学堂的考试中，除一次考得第二名外，其余每次成绩均为第一名，深受老师的称赞和同学们的敬佩。学习之余，小平还常在外面帮助一些贫苦孩子割草放牛，在家里帮母亲养蚕，干一些力所能及的家务。

关于少年邓小平，他的弟弟邓垦讲述过这样一个故事：

"我们那个家乡，有一个姓刘的地主，和我们家有些来往。那个时候我父亲不在家，家里很困难。到了过年时要写春联，那个地主有文化，字写得不错。有一年春节，我们家买了张红纸，请他写个春联。那个家伙很坏，他就写了几句挖苦我们家的话。我母亲、姐姐她们都不识字，不知道啊。小平看到了之后很生气，把它撕掉，自己又买了张红纸。他那时候还很小啊，自己来写，写个门对子贴上去。"

第一次体验"军旅"生活

伟大的时代造就伟大的人物。邓小平的少年时期,正值辛亥革命爆发前后,那个时代曾给他留下了难以磨灭的印象。

在邓小平刚进入协兴场初级小学读书的时候,四川爆发了后来成为武昌起义导火线的"保路运动"。1903年,四川人民兴起了以自己的力量来修筑川汉铁路的运动,成渝铁路则属川汉铁路的西段。1904年1月,川汉铁路总公司在成都乐府街成立,这是中国最早成立的铁路公司。为了修筑成渝铁路,爱国志士纷纷到国外学习铁路工程和路政管理,并在重庆和成都兴办铁路学校。成渝铁路的资金采用股份制集资办法,全川人民都成为铁路股东。然而腐朽的清王朝任凭帝国主义瓜分中国。1908年,清王朝实行所谓"利用外资开发实业",大借外债修筑川汉铁路。为抗议清政府将川汉、粤汉铁路的修筑权抵押给英、法、德、美四国银行团,四川、广东、湖南、湖北等省人民掀起保路运动。1911年6月17日,在成都成立由各界

1911年10月10日,武昌起义爆发

人士组成的四川保路同志会，各州县相继成立保路同志分会。同盟会会员在各县组织保路同志会发动武装起义，把保路运动推向高潮，成为武昌起义的前奏。广安各界各阶层的进步民众也加入了保路运动的行列。在协兴场，邓小平和同学们一起唱《来日大难歌》，鼓动民众参加保路运动。

武昌起义成功后，四川各地不断爆发武装起义。邓绍昌等协兴场的一些"袍哥会"成员，也参加了起义军的行动，邓绍昌还当上了相当于排长的小指挥官。邓小平曾到父亲所在的起义军军营里住了两天。这是邓小平第一次体验"军旅"生活，他好奇、兴奋，甚至有点喜欢这种生活。这两天使他终生难忘，到了晚年他还几次提到这件事。

广安县立高等小学堂旧址。1915—1918 年邓小平在这里上高小

养成看地图的习惯

1915 年下半年，邓小平考入县立高等小学。他走出协兴场，来到了县城，住校读书。也就是在这一年的 9 月，陈独秀创办了《新青年》杂志，提出"民主"与"科学"两大口号，并号召青年向陈腐的封建思想意识展开全面的毫不妥协的斗争，由此在全国范围内举起了新文化运动的大旗。虽然相对于北京、上海这样的大城市来讲，广安偏僻闭塞，然而《新青年》的声音也同样激励着小城乡镇的青年学生们，使包括邓小平在内的青少年学生明确了要做一名新青年，就必须反对迷

信、反对愚昧，树立起积极、进取的科学精神。

学校为全县唯一的一所高等小学堂，学习的主要课目有国文、算术、理科（理化知识）、史地、修身等。邓小平喜欢而且很快适应了新的环境。在这里，他所看到的、听到的、接触到的是更新的东西。他把自己的学习和生活安排得井井有条。

据他的同学回忆，那时邓小平喜欢理化课和史地课。他经常运用学到的理化知识，思考一些自然现象和简单的工业生产问题。历史和地理课，给他打开了一扇认识世界的窗户。从这时开始，他酷爱读历史书籍，《资治通鉴》等史籍直到晚年还在读。也是从这时开始，他养成了看地图的习惯。后来，不论走到哪里，他经常要看看地图，找到自己所在的位置。

萌发改造社会的意识

随着年龄和学识的增长，邓小平眼界开阔了，开始更多地关注社会。随着袁世凯宣布称帝和反袁护国战争的爆发，许多省份宣布独立，大小军阀纷纷趁机抢占地盘，打来打去，连年不息。邓小平耳闻和目睹了这些，尽管还不能做深入的思考，但对军阀混战、兵匪横行混乱局面的感受是深切的。他后来回忆说，他此时逐渐萌发出了一种"简单的爱国思想"。

1918年夏，邓小平考入位于县城西秀屏山下的广安县立中学读书。这是当时广安的最高学府，原名"广安州立中学"。县立中学开设的主要课目有修身、国文、历史、地理、数学、博物、化学、物理、体操等。

广安县立中学旧址（今广安一中）

1919年五四运动爆发后，四川各地积极响应，举行了声势浩大的反帝爱国运动。5月底，县立中学和县立高等小学学生联合成立当地最早的学生爱国分会，组织学生们游行、集会和街头宣传，接着又举行了罢课，还派学生组成宣传组，到集镇进行宣传。邓小平参加了游行、集会、宣传、罢课和抵制日货等活动。这是他第一次投身群众斗争和政治斗争，开始比较深入地思索一些社会问题，萌发出改造社会的意识，具有了初步的爱国思想和民主思想。

6月以后，由于学校已罢课，加之暑假即将到来，邓小平决定离校回家，等秋季再回校上课。他没有想到，这次离去，竟是他在广安县立中学学习生活的结束。

邓小平回到家里不久，父亲邓绍昌从重庆捎回口信，让他去重庆报考留法勤工俭学预备学校。邓小平说服了依依不舍的母亲，和族叔邓绍圣、同学胡伦一起去了重庆。这次出行，改变了他的人生。

五四运动期间，广安县也打破平静，成立了商业爱国会，并发表宣言

（文/孔昕）

法兰西岁月

邓小平（邓希贤）1921年3月在法国的留影

五四时期我国出现了留法勤工俭学运动，这是近代中国人向西方学习的历史潮流在新的历史条件下的继续和发展。周恩来、蔡和森、陈毅、聂荣臻，等等，中国共产党老一辈革命家中很多曾在法国负笈求学，邓小平也是其中一个。从一定意义上可以说，留法勤工俭学运动培养出了革命家邓小平。

初识法兰西

1920年9月，十六岁的邓小平怀揣着工业救国的远大理想，同其他八十多名留法预备学校的同学一起，从上海登上"盎特莱蓬号"轮船，前往法兰西求学。

在经历了三十九天的长途旅行后，轮船到达马赛港，组织赴法勤工俭学活动的华法教育会代表和中国驻马赛领事前来迎接。《小马赛人报》当时是这样报道的："一百名中国青年人到达马赛的安德烈勒蓬桥上。他们的年龄在十五岁至二十五岁之间，穿着尖皮鞋，显得彬彬有礼，温文尔雅。"

就在到达法国马赛港的第三天，邓小平与二十多名中国学生一起来到距巴黎二百多公里的小城巴耶，开始了在巴耶中

1920年10月20日，《小马赛人报》关于中国留学生的报道

LA POLITIQUE DE PÉKIN

France et Chine

Cent étudiants et six étudiantes venus de Changhaï arrivent à Marseille

Marseille, 20 Octobre.

Ils étaient là cent jeunes Chinois, d'âge variant entre 15 et 25 ans, tous vêtus à l'européenne, ou plutôt à l'américaine, à en juger par leurs chapeaux à larges bords et par leurs souliers terminés en pointe, tous bien sagement rangés, immobiles et silencieux, sur le pont de l'*André-Lebon*. Leur compatriote, M. Liou, directeur du service des étudiants à la Société franco-chinoise d'éducation, les haranguait. Nous n'avons pas compris un traître mot de ce qu'il disait, mais nous avons appris qu'il leur adressait quelques mots de bienvenue au nom de la Société, grâce à laquelle les liens intellectuels se resserrent chaque jour davantage entre la France et la Chine.

Un peu à l'écart se tenaient, souriant et babillant, six jeunes Chinoises, six étudiantes venues, elles aussi, dans notre pays pour y achever leur instruction.

Nous avons dû à l'obligeance de MM. Liou et Tsu, les fourriers de cette troupe, et à M. Nègre, consul de Chine à Marseille, de pouvoir causer avec quelques-uns des arrivants, et de pouvoir prendre quelques clichés photographiques. Jeunes gens et jeunes filles nous ont fait savoir, par le truchement de M. Tsu, qu'ils étaient très heureux de voir l'Europe et surtout la France, après une excellente traversée. Il n'était d'ailleurs pas nécessaire de le leur demander, car la joie se lisait dans tous les yeux bridés et intelligents.

M. Tsu nous présente au directeur de l'Observatoire national de Pékin, M. Kao-lou, qui vient en France, chargé de mission scientifique et désigné par son gouvernement pour diriger, provisoirement, l'Université sino-chinoise de Lyon.

M. Kao-lou nous parle de cette Université franco-chinoise, créée à Lyon, cette année même, grâce aux efforts des œuvres sino-françaises et à la collaboration des intellectuels les plus marquants des deux pays.

Le gouvernement français a affecté un fort déclassé à cette Université. C'est le fort Saint-Irénée, que des ouvriers sont en train d'aménager pour en permettre l'ouverture dès janvier 1921.

Cette université sera une sorte d'école normale supérieure pour les étudiants chinois. Elle formera des professeurs qui feront ensuite rayonner, dans leur pays, la science française et ses méthodes.

Tandis que les étudiants et étudiantes quittent le navire, sous la conduite des professeurs qui les ont amenés de Changhaï: M. Pao, directeur de l'école Auguste-Comte, à Pékin, et M. Li-Kong, M. Tsou nous développe sa pensée:

"Voyez-vous, nous dit-il, nous avons besoin, chez nous, de professeurs, de contremaîtres pour nous instruire et nous diriger, mais nous avons besoin aussi de machines de tous genres, de produits déjà ouvrés que vous pourrez nous fournir pour développer notre industrie encore dans l'enfance, pour étendre nos exploitations, que nous ne pouvons songer à imiter."

"Ce n'est pas seulement la pensée française qui gagne du terrain à leur arrivée ici. C'est l'industrie française et le commerce français, qu'ils viennent rendre plus prospères. Ils seront bientôt, en effet, non seulement des admirateurs de votre pays, de ses arts, de ses grands hommes, mais encore, et c'est un point qui compte, des clients de vos industries, des propagateurs de vos produits, que nous ne pouvons songer à imiter."

Et nous pensions que M. Tsou avait raison, et qu'en France on sentait bien qu'il avait raison, puisque c'est grâce à la perspicacité et à la générosité de nos intellectuels et de nos industries, que tous ces jeunes gens pouvaient venir achever leurs études dans notre pays.

Pour donner un témoignage de leur sympathie à notre ville, M. Kao et M. Tsou voulaient confier quelques-uns de leurs jeunes gens au Lycée de Marseille. Mais la place nécessaire manquait, ils ont dû faire partir toute leur troupe, par le rapide du soir, pour Paris où la répartition définitive sera effectuée.

Et nous ne pouvons, en terminant, nous empêcher de revenir sur ces paroles, que prononçait M. Tsou:

"Ces jeunes gens seront bientôt des clients de vos industries, des propagateurs de vos produits...".

Si nous voulons que notre pays se relève rapidement, au sortir des épreuves qu'il a subies; et si nous voulons une France plus belle, plus riche et mieux respectée qu'elle ne l'a été, souvenons-nous des paroles de M. Tsou.

Leon Bancal
(*Le Petit Marseillais*)

学的寄宿制学习生活。

和邓小平一样，这些留学生大多心里蕴藏着认识世界从而改造中国的强烈愿望，因此他们在法国的学习生活认真又刻苦。但是，美好的理想敌不过残酷的现实，这种愉快的求学经历，并没能持续太久。

1921年初，当初资助邓小平留法的华法教育会发出通告，表示不再继续资助留法学生，只有那些能自己支付费用的学生才能继续读书，其他必须自谋生路。这条通告无疑给了邓小平重重一击。离家时的踌躇满志，旅途中的憧憬，在这一刻全部化为了泡影。

此时，第一次世界大战已经结束两年，法国对于劳动力的需求，已经不像"一战"期间那样紧迫，这样的局面直接影响到了勤工俭学的学生们的境遇。到1920年底，在法国的一千多名中国勤工俭学的学生中，能够找到兼职工作的不到总数的四分之一。邓小平几乎陷入绝境。

"盎特莱蓬号"的终点——法国马赛港

法国克鲁梭的施奈德钢铁厂

由于没有了任何资助和经济来源,邓小平在巴耶中学学习了五个月之后,不得不辍学。从那之后,邓小平不得不开始四处寻找工作,希望能够通过劳动挣钱,继续读书。

1921年3月,经过不断努力,邓小平终于获得了在法国的第一份工作,法国最大的军火工厂——施奈德钢铁厂录用了他做散工,工作是人工拖送热轧的钢材。

邓小平和邓绍圣1921年3月在法国的合影

在四十度以上的高温车间里,邓小平必须穿着厚厚的工作服,脚上穿一种特制的木鞋,这种鞋一不小心就会让人摔跤,一旦摔倒在钢材上,全身就会被烫伤。做散工的工资比普通工人低,工作强度却更大,地位很低,经常受到工头的欺压和责骂。不仅如此,工人的吃住条件也很差。二十多人住一间大屋,虽设有食堂,但只提供早、晚两餐,午饭由工人们自己带到车间吃。而他们能带的基本上就是自来水和面包。

邓小平的这份工作并没有持续很久,恶劣的工作环境、微薄的薪水和远超出年龄的高强度劳动,让十六岁的邓小平不得不做出了离开的决定。

翩翩少年历练成职业革命家

1922年的冬天，邓小平来到巴黎南部的蒙塔尔纪夏莱特市，这里是中国留法勤工俭学的学生们的聚集地，也是旅欧中国学生共产主义组织的发源地之一。邓小平的人生也在这里发生改变。

这一年，邓小平进入哈金森橡胶制品厂，寻找到了一份制鞋的工作。在哈金森橡胶厂做工期间，邓小平结识了党的早期领导人赵世炎、王若飞等。在他们的影响下，邓小平开始阅读一些"关于社会主义的书报"，如《新青年》《向导》等。邓小平晚年曾说："我的入门老师是《共产党宣言》和《共产主义ABC》。"阅读这些进步书籍杂志后，邓小平的思想发生了重要变化。正是在进步思想的影响下，他开始向旅欧中国共产主义青年团组织靠拢。1923年6月，邓小平在巴黎加入旅欧中国共产主义青年团。他一边做杂工，一边在周恩来领导

邓小平工作过的法国哈金森橡胶厂胶鞋生产车间

下，参加旅欧共青团机关刊物《赤光》的编辑工作。

除了编辑撰写文章，邓小平还积极参加各种党团革命活动。1924年7月，邓小平当选为旅欧共青团执委会书记局成员。根据中共中央有关规定，凡担任旅欧共青团执委会领导成员，即自动转为中国共产党党员。自此，邓小平就正式加入中国共产党，成为一名真正的共产党党员，标志着他确定了自己的终生理想和奋斗目标。

由于邓小平等人频繁参与和组织革命活动，终于引起了法国警方的注意。巴黎警察局决定驱逐邓小平等三人出境，并对其住所进行搜查。但是他们扑空了，邓小平等人已经离开了法国。

1926年1月7日，法国警方曾搜查邓小平时去过的三家旅馆之一的布洛涅·比扬古尔市朱勒费里街8号

1926年1月7日晚，邓小平等人坐上火车，离开巴黎去莫斯科。至此，邓小平结束了五年零三个月的旅法生活。

邓小平在法国的五年多时间，成为他的革命生涯和不平凡经历的重要起点。当他漂洋过海，踏上法兰西的土地时，他仅仅是一个不谙世事的翩翩少年，而他告别巴黎，奔赴苏联之际，已经成长为一个具有坚实的生活底蕴和丰富斗争经验的优秀革命家。

重返法兰西

1926年初，巴黎警察局局长签发了对邓小平、傅钟等人的驱逐令。

历史在时间的隧道中穿越了半个世纪后，1974年4月6日，已经成为国务院副总理的邓小平因前往美国参加联合国第六次特别会议再次来到法国。

在巴黎转机时，邓小平突然提出要探访戈德弗鲁瓦街17号的小旅馆，就是当年他和周恩来等人在巴黎从事革命活动时的住所旧址。半个世纪前，正是在这家小旅馆，初出茅庐的邓小平曾在周恩来等革命战友的带领下，一起度过了许多不眠之夜，写下了众多文采飞扬的革命文章。

可惜的是，几经查找，这家小旅馆已不复存在。随行人员问他需要什么，邓小平说，想吃蒙达尔纪的牛角面包。蒙达尔纪邻近哈金森橡胶厂，大概这种很普通的面包唤起了邓小平对当年在此打工岁月的记忆。他用自己的出差补助买了一批新鲜的牛角面包、咖啡和奶酪带回国。

右页图：1975年5月，邓小平在法国巴黎市政厅出席欢迎仪式

1975年5月,访问法国,在里昂市政厅的留言簿上题词:"向里昂人民致敬!"

　　回国后,他亲自将牛角面包、奶酪分成若干份,送给那些曾经留法的老战友——周恩来、聂荣臻、蔡畅等。

　　1979年邓小平访美,在布热津斯基博士为他举行的家宴上,邓小平发表自己的见解:"我们可以这样说,在东亚,中国的饭菜最好;在欧洲,法国的饭菜最好。"这是一种无法抹去的文化烙印。

　　一年后,1975年5月12日,邓小平正式访问法国,虽然一年前参加联合国大会时路过法国并短暂停留,但这一次是正式出访,感受大为不同。

法国总理雅克·希拉克亲自前往机场迎接,在欢迎仪式上,吉斯卡尔·德斯坦总统对邓小平说:希望您的这次法国之行能够唤起您对法兰西的回忆。邓小平在答谢词中特别提到:法国是我青年时代曾经生活过的国家,法国人民的热情好客给我留下了深刻的印象。现在重游旧地,感到非常愉快。

希拉克后来回忆说:"我个人感觉,他当时很高兴再次来到一个在他的心目中具有特殊位置的国家,因为他的青年时代和他当时萌生的革命理想,是同这个国家紧密地连在一起的。"

5月15日,邓小平乘飞机离开巴黎到里昂进行访问。在这座他曾经生活、从事革命工作的城市,邓小平在市政厅留言簿上题词:"向里昂人民致敬!"并在招待午宴祝酒时用法语说:"中法人民友谊万岁!"

5月17日,邓小平一行结束了对法国的正式访问。离开

1975年5月,邓小平访问法国,受到法国人民的热烈欢迎

时,邓小平在专机上分别致电德斯坦和希拉克,感谢他们和法国人民所给予的热情友好的接待。

回国后邓小平写信给毛泽东并中共中央,报告访问法国的情况:利用时机,多做工作,扩大影响,增加中法相互了解,推进联合第二世界的国际统一战线。

这次出访是中共领导人对一个现代西方国家的首次出访。在出访过程中,邓小平对一些农业、工业场所很感兴趣。相对于之后他对日本、美国的访问,这或许是一次对现代化的初步体验。

直到二十世纪八十年代,邓小平还对来访的德斯坦总统说:"你那个巴黎我还想去。有的地方比如纽约,去了一次就不想再去了。"

(文 / 叶帆子)

把身子交给党和本阶级

1926年初，二十二岁的邓小平受中共旅欧支部派遣，从法国抵达莫斯科，在苏联居住和学习了一年。这是他第一次在共产主义国家生活。保留下来的历史档案表明，他愿意接受"铁的纪律训练"和"共产主义洗礼"。

转赴"红都"学习

1926年初，因法国警方的搜捕，旅欧共青团执委会领导成员邓小平、傅钟、李卓然等人奉命转移，乘火车离开巴黎，辗转前往苏联莫斯科。（此时邓小平还使用原名邓希贤，文中为方便理解我们仍然使用邓小平的称呼。）中共旅欧地方团执委会为此发出第二号通告："赴俄同志二十人已决定今晚由巴黎起程。"党组织安排这次转移，一方面是为了躲避法国警方对革命行为的破坏和搜捕，另一方面也考虑到为革命培养人才，所以为邓小平等人安排的目的地是莫斯科，经德国、波兰一路都有党组织接应。

1月份的莫斯科寒气逼人，但邓小平的内心一定是火热的。苏联是当时第一个马克思主义理论实践成功的社会主义国家，莫斯科是很多共产党人参加革命之初就非常向往的地方，是他们心目中的"红都"。年轻的邓小平虽然是一位斗争经验丰富的职业革命者,但他还很年轻,刚刚二十二岁,意气风发,对新知识、新世界充满向往。自从参加革命以来,邓小平就一直希望能够得到系统的马克思主义理论的学习,这次终于得到机会近距离研究学习布尔什维克的经验了。

火车到达白俄罗斯-波罗的海火车站(原名亚历山大火车站,1922年8月改名为白俄罗斯-波罗的海火车站,1936年5月改为现名白俄罗斯火车站),中国共产党莫斯科支部的代表来迎接他们,把他们带到了苦行广场(现在的普希金广场)。邓小平等人被安排直接进入莫斯科东方劳动者共产主义大学学习,不久转入莫斯科中山大学。

莫斯科中山大学,坐落于沃尔洪卡16号,全名叫中国劳动者孙逸仙大学。这是一所由共产国际和苏共中央支持的、为纪念联俄的革命先行者孙中山、专门为中国培养无产阶级革命干部而设立在莫斯科的共产主义大学,1925年10月,鲍罗廷在国民党中央政治委员会第六十六次会议上宣布莫斯科中山大学正式成立,同时招收国共两党学员。

邓小平当初抱着"实业救国"的愿望留学法国的,但是残酷的社会现实让他的梦想化为泡影。这次到莫斯科,进入中山大学学习,是他一生中难得的平静的求学时光。他在中山大学的学号是233,俄文名伊万·谢尔盖耶维奇·多佐罗夫。

最适合做组织工作

邓小平来莫斯科就是为了"弄清楚什么是共产主义"。他早就树立了坚定的革命意志,也具备一定的理论素养,但是自认为远不够,渴望得到系统的马列主义理论知识培养。邓小平在填写个人履历时写道:"我过去在西欧团体工作时,每每感觉到能力的不足,以致往往发生错误。因此我便早有来俄学习的决心。不过因为经济的困难,使我不能如愿以偿","我更感觉到而且大家都感觉到我对于共产主义的研究太粗浅","我能留俄一天,我便要努力研究一天,务使自己对于共产主义有一个相当的认识。我还觉得我们东方的青年,自由意志颇觉浓厚,而且思想行动也很难系统化,这实对我们将来的工作大有妨碍。所以,我来俄的志愿,尤其是要来受铁的纪律的训练,共产主义的洗礼,把我的思想行动都成为一贯的共产主义化。我来莫的时候,便已打定主意,更坚决地把我的身子交给我们的党,交给本阶级。从此以后,我愿意绝对的受党的训练,听党的指挥,始终为无产阶级利益而争斗"。

莫斯科中山大学旧址

中山大学的教学计划是为培养革命干部而安排的,非常丰富。邓小平迅速坐到书桌前,融入学习的氛围中。他的课程包括俄语、社会形态发展史(马克思主义史学)、中国革命运动史、东西方革命运动史、联共(布)历史、经济学、政治经济学(教科书是德国社会主义者卡尔·考茨基的《卡尔·马克思经济学说》)、党的建设、军事事务以及新闻学等。学校考虑到学员们回国后从事革命斗争的实际需要,还开设了一门重要课程——军事课,讲授军事理论,进行军事训练,还组织

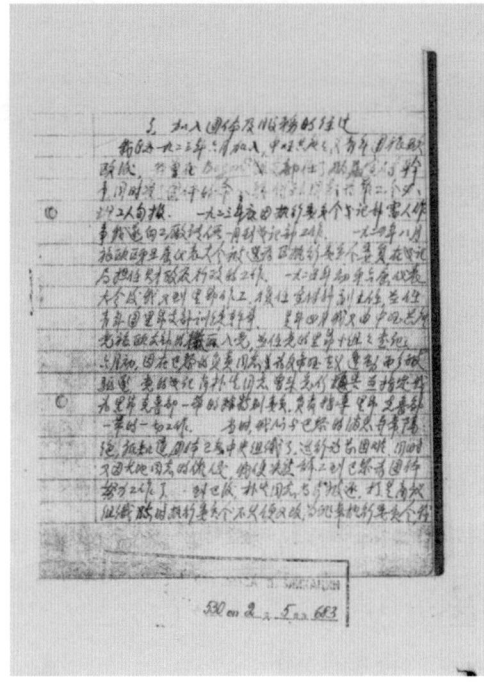 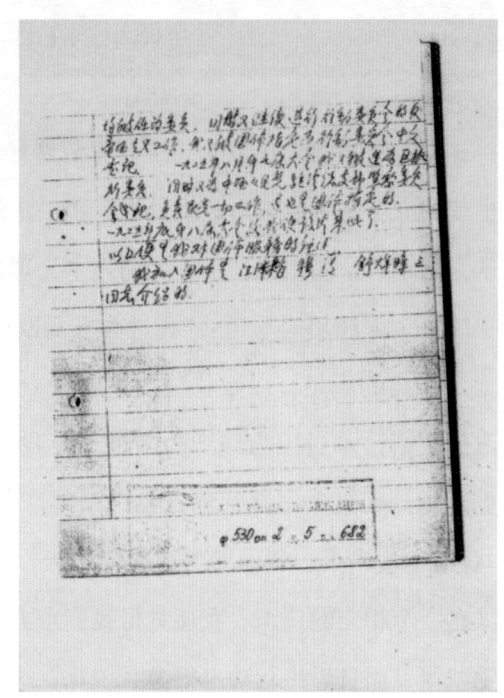

邓小平在中山大学学习期间写的自传

学生到莫斯科附近的军事学院参观和到兵营打靶。

在中山大学入学的调查表里,邓小平填写的来俄意愿上写着:"学习革命工具。"邓小平在中山大学的学习是相当紧张的,1月29日入学,30日就坐到了课桌前。他们一周上课六天,每天八个小时,此外还要进行很多党务活动,每天的时间都排得很满。在一份《每周活动研究成绩表》中记录了邓小平19—22日的学习情况。他写道:十九日,上课八小时;阅报或参考书半小时;阅党团出版物半小时;与三人谈话一小时;填写党团调查表二小时,共十二小时。二十日,上课六个半小时;有组织地谈话一个半小时;中大校长找去谈话四小时;散步四十五分钟,共十二小时零四十五分钟。二十一日,阅党团出版物半小时;谈话一个半小时;团体会议八个半小时;洗澡一小时；搬家二小时，共十三个半小时。二十二日，阅党团出版物四十五分钟；谈话一小时；团体会议六个半小时；晚会四个半小时；洗被子四十五分钟，共十三个半小时。关于读书情况填写：按照团体规定，读了《前进报》第四期、第五期，《列宁论党》，《向导》第一三九期。在"了解程度有无疑难处"一栏填写："无疑难处，不过不一定记得。"在"对团体的批评与建议"一栏填写："一、武装训练的规定，很合乎中国革命情形及党的需要。二、有方法实行武装训练，特别是同志间互相督促，互相训练的工作能切实做到。"在"对同志和自己的批评与观察"一栏填写："因与同志个人接触不深，故此刻没有批评。"在"对自己评价"一栏填写："我来此虽不久，团体对我已有很正确的批评，使我知道自己的缺点，向着自新的路上走去，向着使我成就一个真正的共产党党员的路上走去。我已有在我的错误中去改我的错误的决心，使自己得到进步。"

邓小平还曾担任第九班中共党小组组长，对党小组的工作非常热心。6月16日，邓小平填写过下面一份《党员批评计划案》。这是学校中共党组织为调查了解党员个人各方面情况而要求填写的，内容如下：

邓小平在中山大学的同学张锡瑗，1928年初在上海与邓小平结婚。邓小平说，张锡瑗是"少有的漂亮"

一、党员
一切行动是否合于党员的身份：一切行动合乎党员的身份，无非党的倾向。

守纪律否：守纪律。

对于党的实际问题及其他一般政治问题的了解和兴趣如

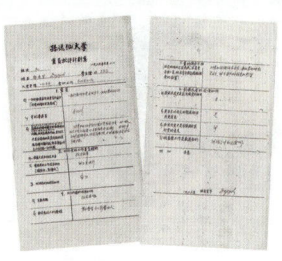

1926年6月16日,邓小平在莫斯科中山大学填写的《党员批评计划案》

何,在组会中是否积极的或是消极的提议各种问题讨论,是否激动同志们讨论一切问题:对党中的纪律问题及训练问题甚为注意,对一般政治问题亦很关心且有相当的认识,在组会中亦能积极参加讨论各种问题,且能激动同志讨论各种问题。

二、对于党的工作是怎样的

出席党的大会和组会与否:从未缺席。

党指定的工作是否执行:能切实执行。

三、对同志们的关系如何:密切。

四、对功课的关系如何

有无兴趣:很有兴趣。

能否为别人的榜样:努力学习可以影响他人。

五、党的进步方面

非党的倾向已否消灭,若是青年团团员,在青年团怎样树植党的影响:对党的认识很有进步。无非党的倾向。是团员,能在团员中树植党的影响。

六、对国民党的关系如何

在国民党中是否消灭党的面目:未。

是否不以同志的态度对国民党党员:是。

在国民党中是否能适合实行党的意见:能。

七、做什么工作是最适合的:能做宣传及组织工作。

《党员批评计划案》是中山大学的党委定期要求每位学员填写的,邓小平填写的关于自己的评价反映出他在原则问题上非常清醒、毫不含糊,也对自己的工作定位有很清晰的认识。党组织对邓小平的评价非常积极,11月5日,莫斯科中

把身子交给党和本阶级　　027

莫斯科中山大学学生登记表关于邓小平登记情况的记录和联共（布）党支部书记签写的鉴定书（中文译稿）

孙中山中国劳动者大学
学生登记表

入学时间：1925年，学号：77
由何组织派遣 ------------------------------

问题	回答
1. 姓	多佐罗夫
2. 名	
3. 性别	男
4. 出生年月日	1904年7月12日（农历——编者注）
5. 民族	
6. 懂得何种语言及程度？	法文（说读写，不强）
7. 出生地	四川省广安
8. 社会状况	知识分子（工人）家庭
9. 社会出身（父母的社会地位及职务）	知识分子（军官）
10. 职业（主要职业）	
11. 入学前从事何工作，在何处、任何职？填写主要工作	从事宣传工作
12. 家庭状况，家庭成员	单身
13. 文化程度 何时毕业于何学校，学何种语言？如果没有毕业，学多长时间？	1）中等教育 2）社会政治学习班： 　孙中山论阶级斗争，共产党宣言
14. 是否参军，何地、何时、时间多长？	
15. 参加或参加过何种社会及政治组织，何时、何地、时间、任何职、从事何工作？	1924年国民党党员 1922年中国共青团团员 1924年中国共产党党员 参加过国民党监察委员会 任旅法共青团书记
16. 是否被镇压过？何种形式、何处、何时、原由？	
17. 是否任工会委员，何种工会、何时？	
18. 是否参加过工会运动、任何职？	
19. 是否在合作社系统工作过、何地、何时、任何职？	
20. 个人详细地址及家庭地址	

补充情况：了解何地：1）中国，2）在国外
　　　　　　　　　　1）重庆，上海，汉口
　　　　　　　　　　2）巴黎，伦敦
有无个人文学作品？

填表日期：26年1月29日

多佐罗夫（Дозоров）同志

鉴定书

　　多佐罗夫同志是一个十分积极、精力充沛的党员和共青团员（联共（布）预备党员）。他是该大学共青团委会的一名优秀组织工作者，组织纪律性强，有克制能力，学习能力强，在团委会的组织工作中积累了丰富的经验，进步很快。积极参加社会工作，同其他人保持同志关系。学习优秀。党性强（单独开展工作－单独做国民党党员的工作，被指派做这项工作的都是最优秀的党员）。

　　该同志最适合做组织工作。

　　他具有在法国无产阶级组织的工作经验。Ш. 阿戈尔（签名）

　　　　　　　孙中山中国劳动者大学
　　　　　　　联共（布）党支部书记
　　　　　　　　　（Ш.阿戈尔）

　　　　　1926年11月5日　莫斯科

莫斯科中山大学学生登记表关于邓小平登记情况的记录和联共（布）党支部书记签写的鉴定书

山大学联共（布）党支部书记阿戈尔在邓小平的鉴定中写道："多佐罗夫同志是一个十分积极、精力充沛的党员和共青团员（联共〈布〉预备党员）。他是该大学共青团委会的一名优秀组织工作者，组织纪律性强，有克制能力，学习能力强，在团委会的组织工作中积累了丰富的经验，进步很快。积极参加社会工作，同其他人保持同志关系。学习优秀，党性强（单独开展工作，单独做国民党党员的工作，被指派做这项工作的都是最优秀的党员）。""该同志最适合做组织工作。""他具有在法国无产阶级组织的工作经验。"

中山大学的"小钢炮"

中山大学因为与中国政局变化以及苏联国内的政治氛围联系紧密，是中国政治形势变化的晴雨表。邓小平后来被编入人称"理论家班"的第七班学习，这个班"是政治上最强，斗争最剧烈，人才最集中的一个班"。班里聚集了当时在校的国共两党党员中有影响、有政治前途的学员，中共方面有邓小平、傅钟、李卓然、左权、朱瑞等；国民党方面则有谷正纲、谷正鼎、康泽、邓文仪、陈春圃、屈武等。按邓小平的说法，共产党和国民党的尖子人物都在一个班。因此，这个班很有名，经常组织讨论有关中国的一些重要问题。国共双方学生争论的主要问题是：新三民主义与共产主义的异同、中国革命的道路和前途、中国无产阶级和资产阶级的作用，等等。邓小平是经常同国民党右派学生激烈辩论者之一。他犀利的词锋、雄辩的口才是出了名的，有"小钢炮"之称。

1926年底,邓小平受党的派遣,离开莫斯科中山大学回国,到冯玉祥的国民联军,在刘伯坚(见图)领导下从事政治工作。当时刘伯坚任国民联军政治部副部长,是中共在冯部内的党组织负责人

1926年5月初,冯玉祥在李大钊的安排下到苏联进行访问,为争取苏联扩大军事援助进行谈判。三个多月后,冯玉祥回国宣布加入北伐,并向莫斯科求援。共产国际向冯玉祥推荐了中山大学和东方大学的二十多位学生,其中包括邓小平。在派到冯玉祥部工作的人员名册上,莫斯科中山大学给邓小平的鉴定是:"非常积极,有能力,是一名优秀的组织工作者。守纪律,沉着坚定。学习优秀。党性强。"邓小平到苏联学习就是为了掌握革命的工具,离开法国时旅欧地方团执委的公告就说道:"同志们!当我们的战士,一队队赶赴前敌时,我们更当谨记着那'从早归国'的口号。"中山大学的学制是两年,但此刻因为革命的需要,1926年底邓小平毅然中断在中山大学的学习,启程回国。他经过南西伯利亚、蒙古到达西安,在冯玉祥的国民联军中做政治工作,投入轰轰烈烈的国民革命之中。

(文/王达阳)

百色起义、龙州起义

百色起义、龙州起义是继南昌起义、秋收起义和广州起义之后,我党独立领导的规模和影响较大的武装起义。这次起义创建了中国工农红军第七军、第八军,左右江革命根据地成为当时较大的革命根据地之一。邓小平是百色起义、龙州起义的主要领导者和组织者,在起义斗争中表现出非凡胆略和卓越领导才能。

红军时期的邓小平

受中央派遣赴广西搞兵运

1929年3月,蒋介石和桂系军阀发生混战。三个月后,桂系军阀落败,广西政局发生变化。掌握广西新政权的俞作柏和李明瑞,在中国共产党的影响下,靠近革命,要求中共派干部协助其工作。中共中央及中共广东省委利用这一时机,陆续向广西派遣张云逸、陈豪人、袁任远、李谦、叶季壮、袁也烈等一批党员干部,通过各种渠道进入俞作柏领导的省政府和李明瑞领导的军队,和之前被派回广西的雷经天、俞作豫一起开展工作。

1929年8月底经周恩来推荐,受中共中央派遣,邓小平由中央机关交通员龚饮冰陪同,乘船离开上海,前往广西,以中央代表的身份，到俞作柏部开展统战工作，领导中共广西党组织的全面工作，准备武装起义。从此，邓小平开始走上领导工农闹革命的道路。

1929年9月初，邓小平途经香港，同领导广西党组织工作的中共广东省委取得联系，了解了广西情况，并与贺昌、聂荣臻等商议了在广西开展工作的计划和步骤。9月上旬，他经越南到达南宁。为方便开展工作，抵达广西后他化名为邓斌，并以广西省政府秘书的身份开展工作。利用这一合法身份，他一方面积极传达党中央的意图，推动广西的工农革命运动；另一方面，又通过中共党员俞作豫与俞、李的关系（俞作豫是俞作柏的胞弟、李明瑞的表弟），做俞作柏、李明瑞等上层人物的统战工作，帮助他们整顿和培训部队，趁机开展兵运工作和发展革命武装力量。

果断转移前往百色

第一次蒋桂战争结束后，广西省政府主席俞作柏和国民党军编遣委员会广西分区特派员李明瑞掌握了广西的军政大权，他们企图建立一个独立于南京政府和新桂系之外的政权。邓小平分析了形势，确定了对他们采取团结、教育、争取的方针。俞作柏、李明瑞非常重视扩建军队，邓小平等便趁机向俞、李建议，开办了以培养部队初级军官为目标的广西教导总队，并谋划由徐开先和张云逸分别担任总队长和副总队长。该教导总队名义上是训练军官，实际上是中共为改造旧军队、建立革命武装而培养干部。由于加强了对学员的政治宣传教育，

旧时百色

向他们灌输革命思想，使学员的思想政治觉悟迅速提高，这些人结业后分配到各部队去，成为改造旧军队的骨干力量。该总队设三个营九个连，共有学员约一千人。党组织选送一百多名优秀青年，安插到教导总队当干部或学员。九个连的干部都是共产党党员，排长也挑选学员中思想进步的人来担任。各连队都建立了党的秘密组织，仅两个月时间，就发展了三百多名党员。在邓小平的推动下，广西出现了中国共产党和国民党左派密切合作的局面。对此情形，新桂系首领李宗仁也不得不叹服："桂省几成共产党之西南根据地。"

就在邓小平顶住各方面压力，全力推动广西工作时，广西局势却发生了突变。俞作柏和李明瑞错误地判断形势，寄希望于张发奎联合举兵反蒋。他们不顾邓小平的劝告，于1929年10月1日在南宁召开了反蒋誓师大会，并挥师东进与蒋军作战，结果部队还没迈出广西省界，反蒋之战就宣告失败了。

这次兵败使反革命势力嚣张起来，形势危急。邓小平立即决断，即刻举行兵变，把我党控制的军队调离南宁：命令中共党员俞作豫掌握的广西警备第五大队转移到左江龙州,命令中共党员张云逸掌握的广西警备第四大队和教导总队携带南宁军械库所有的武器装备西进右江地区,命令在西乡塘的韦拔群立即停止农军训练,率队赶回东兰,为"工农武装割据"做准备。这是党的兵运工作策略在广西的一次成功实践。10月13日,由我党控制的部队开始调离。10月14日清晨,邓小平最后一个登上汽船,指挥部队前往百色。

运筹起义大计

张云逸

10月20日,邓小平等到达中共右江特委机关所在地恩隆县平马镇,与张云逸部会合。随即召开的党的负责人会议,决定将大部分军械带到百色去,其余部分发给右江沿岸各县农军,暂时不用的重武器和弹药则疏散到东兰、田东的山区保存。这样,既保存了革命实力,又有利于争取群众,支持群众武装。

10月22日,邓小平和张云逸率部队到达百色。到达百色之后,邓小平主持召开了部队党的领导成员会议。会议决定,公开在部队和群众中宣传共产党的主张,发动群众;整顿、补充部队;组织和武装群众;继续清洗部队中的反革命分子。同时,指示韦拔群带领农军继续清除南丹、凌云、乐业一带的地主反动武装,武装工农,扩大部队,积极为在百色建立革命政权做准备。鉴于起义计划尚未得到中央正式批准,部队又刚刚进入,为迅速站稳脚跟,会议还决定暂时仍然打俞作柏的旗号,利用原左右江地区旧督办机构。并宣布张云逸为右江地区

百色起义油画

督办,俞作豫为左江地区督办,控制左右江各县地方政权,稳定各县局势,并取得税收,为起义筹措经费。

10月23日,邓小平主持召开党的会议,为起义做准备。会上做出了四个决定:一、广泛宣传发动群众;二、继续整顿和改造部队;三、武装工农;四、清洗部队中的反革命分子。会后,起义准备的工作便如火如荼地展开了。通过努力,右江地区农民武装迅速扩大,公会组织发展势头猛烈,宣传党的政治主张的报刊相继问世。

10月30日,中共广东省委通知广西特委:决定成立中共广西前敌委员会,由邓小平担任前委书记。随后,中央同意在左右江地区举行武装起义,创建红军和革命根据地。经过邓小平、张云逸和前委的研究,决定在广州起义两周年纪念日在百色举行起义。

12月初,邓小平又赶到龙州,连续两天主持召开有二十

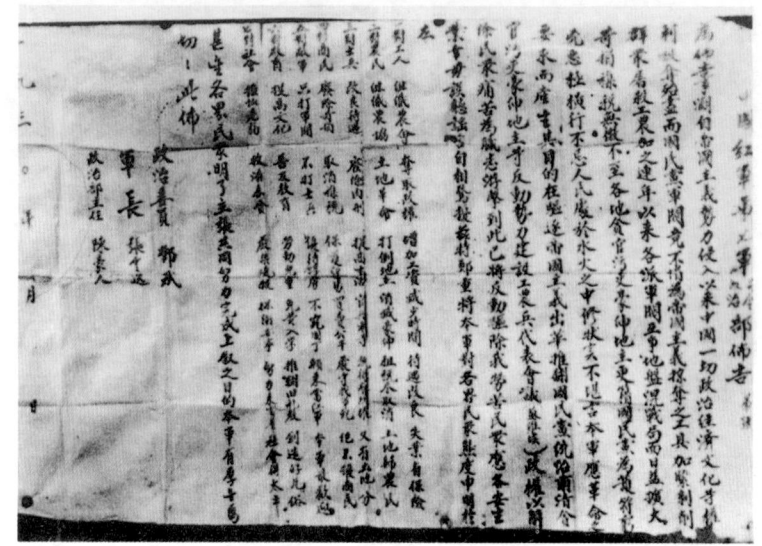

1929年12月至1930年2月,中共中央代表邓小平(邓斌)和张云逸、雷经天、俞作豫、李明瑞、韦拔群等,领导在共产党掌握与影响下的广西警备第四、第五大队,教导队和右江农民军,先后举行百色起义和龙州起义,建立了中国工农红七军和红八军。图为红七军印发的布告

多名党员干部参加的会议,传达中共中央关于举行龙州起义、建立红八军和左江革命根据地的指示,以及在百色召开的中共广西前委会议精神,讨论制订龙州起义工作计划。他在会上提出,要抓紧建立和健全左江地区的党组织,充分发挥党的核心作用。根据这一精神,会议决定:何世昌、严敏等留在龙州,成立以王逸为书记的中共龙州县委,派出干部深入左江各县建立党组织,发展新党员,做宣传发动工作;整顿改造军队,将原有兵力重新组合,大量吸收工农赤卫队入伍。起义前暂沿用原番号,合编成"讨蒋南路军第一军第一旅",李明瑞任总指挥,俞作豫任旅长,选派一批中共党员干部到部队中担任要职;恢复中共左江军委,负责领导部队的整顿和改造。军队中各营成立党支部,各连成立士兵委员会,清除顽固坚持反动立场的旧军官。

会后,邓小平奉命回到上海向中共中央汇报广西工作。中央认为:"小平同志来,对于过去广西军中工作及转变情形有详细的报告。""只因为广西这个转变是在全国范围内最有组织最有意识的一次兵变,站在目前应扩大全国兵变的意义上发表这个记录,把这次兵变所得的教训和经验传播到各地方党部是很重要的。"对当时的情景,参加起义的同志回忆说:"小平同志夜以继日地工作着,白天找同志谈话、开会、布置工作。晚上则与张云逸等首长在一起商讨大计、运筹起义事宜。"

星星之火燃遍左右江

12月11日,广州起义两周年纪念日,百色山城赤旗飘扬。在百色镇东门广场召开的群众大会共会集了三千多群众。

广西百色红七军军部旧址内邓小平与张云逸住的房子

百色起义后成立的右江苏维埃政府旧址

左：龙州起义时的红八军军部旧址

右：邓小平题词的"百色起义的革命烈士永垂不朽"的纪念碑

千余名官兵领系红带，在红七军军旗下庄严宣誓，中国红军第七军宣告成立。张云逸任军长，邓小平任政委。红七军共辖三个纵队，韦拔群率领的东兰、凤山一带的农民自卫军，编为红七军第三纵队，韦拔群任纵队司令，李朴任政治部主任，钟鼎任参谋长。同一天，第一届工农兵代表会议举行，雷经天当选为政府主席，韦拔群、陈洪涛等当选为政府委员。第二天，在平马举行有三四万人参加的庆祝大会。百色起义后，邓小平和张云逸又领导和发动了龙州起义，星星之火燃遍左右江。

1930年2月1日，按照邓小平、张云逸等的部署，龙州起义举行。龙州起义建立了中国工农红军第八军。红八军下辖两个纵队，共两千多人。邓小平兼任红八军政委，俞作豫任军长，何世昌任政治部主任，宛旦平任军参谋长。李明瑞被中共广西前委任命为红七军、红八军总指挥。龙州起义后，左江地区成立了革命委员会，八个县建立了工农民主政权。

在邓小平、雷经天、韦拔群等人领导下，根据地建设进一步展开。苏维埃政府颁布各种法令、法规和条例，制定各项方针、政策，巩固政权，发展经济，在根据地开展了轰轰烈烈的土地革命运动和各项建设事业,广大各族贫苦农民分到土地后,革命和生产的积极性空前高涨。他们更加热爱新生红色政权,热爱工农红军。大家异口同声说:"共产党真好!土地革命真好!"当时流传着这样的山歌:"跟着共产党,翻身各有份,不论老和少,人人有田耕。""人人分得地,户户有田耕,土地回老家,枯树发新芽。"左右江根据地连成一片,红军达七千余人,红色区域包括二十多个县,人口达一百万之多,成为当时全国瞩目的革命根据地之一。邓小平后来回忆说:"广西右江地区,是一个比较有群众基础的地区,这里有韦拔群同志那样优秀的、很有威信的农民群众的领袖。"

(文 / 孔昕)

百色起义、龙州起义的领导人:韦拔群(1894—1932)

中央苏区的县委书记

在党的组织结构和国家政权结构中,县一级处在承上启下的关键环节,县委书记的角色非常重要,可以说是"一线总指挥"。中央苏区时期,邓小平也曾担任过县委书记。1931年8月至1933年3月,二十七八岁的邓小平担任中共瑞金县委书记、会昌中心县委书记。

在肃反纠偏中出任县委书记

邓小平在肃反纠偏中出任县委书记,过程颇具戏剧性。

1931年3月中旬,邓小平到达上海向中央汇报红七军工作。6月,中央批准他到中央苏区工作。7月14日,他离开上海。8月初,他们沿地下交通线辗转赶到瑞金,同中共赣东特委接上了关系。

恰在这时,闽西苏区肃清"社会民主党"运动狂潮般席卷瑞金县城,时任县委领导大搞刑讯逼供,对怀疑对象随意捕杀。面对这种严重局面,赣东特委书记谢唯俊和几位曾在上海中央机关工作过的同志商议后,公推邓小平任中共瑞金县委书记,调查解决当地乱肃"社会民主党"的问题。

此前,邓小平曾于1929年12月和1930年2月在广西先后领导发动百色起义、龙州起义，创立左右江革命根据地，任红七军、红八军政治委员和前敌委员会书记。

这时，红七军在李明瑞、张云逸率领下远征千里，已经到达于都北部的桥头，正式编入红一方面军第三军团战斗序列，也正在参加反"围剿"作战。但由于种种原因，上海中央没有安排邓小平重返红七军工作。

在红色瑞金，农民分得了土地。这是工农政府发给农民的耕田证书

瑞金县委书记的职务当然无法和他曾在红七军中的任职相提并论，况且还面临如此棘手的局面，但邓小平没有考虑"做官大小"，而是觉得能够为党和人民做点事情就心满意足。

于是，邓小平义不容辞地接受了这副重担。在赣东特委领导等支持下，邓小平冒着风险，深入基层做调查研究，在切实掌握大量确凿事实后，果断下令释放所有在押干部群众，停止乱捕滥杀行为。同时，召开工农兵代表大会，惩办祸首，健全机构，为被冤屈者平反昭雪。

在肃反纠偏中，邓小平公开亮出自己县委书记的身份，在新的岗位上走马上任。

这时，正值瑞金第二次分田。邓小平在深入调研过程中，发现有的村采取"地主不分田，富农分坏田"的做法。通过耐心做工作，他实事求是地纠正了一些"左"的分田做法。

他根据瑞金的实际情况，坚持"按人口平均分配""抽多补少""抽肥补瘦"的原则。一次，县委在讨论分田时，有人提出小孩子不应该分田。对此，邓小平说："四川俗话说，三岁小子，吃死老子！小孩子吃得也不少呀，因此应该分地。"大家接受了他的意见，并划出部分公田，用于红军供给、优抚军烈属和救济灾荒之用。

有历史学者认为:"邓小平是我党历史上勇敢地站出来大刀阔斧、雷厉风行地纠正肃反扩大化错误并取得重大成果的第一人。"姑且不论这个"第一人"的提法是否准确,但邓小平勇于担当、重拳治理混乱局面的魄力和胆识由此可见一斑。

筹备"全苏一大"

邓小平具有卓越的组织工作才干。1926年在莫斯科中山大学学习时,校方给他的鉴定就是:"该同志最适合做组织工作。""是一名优秀的组织工作者。守纪律,沉着坚定。学习优秀。党性强。"

1931年时的瑞金

中华苏维埃第一次全国代表大会开幕当天上午,在瑞金叶坪广场举行阅兵典礼,朱德和毛泽东等登上主席台

作为瑞金县委书记,他出色地完成了筹备中华工农兵苏维埃第一次全国代表大会的后勤工作。瑞金的群众基础好,在邓小平纠正了肃反扩大化、矫正土地分配政策之后,干部、群众精神振作,全县局面大为改观。

1931年9月下旬,红一方面军在毛泽东、朱德领导下,取得了第三次反"围剿"的重大胜利。28日,邓小平随邓发、曾山等赴瑞金、宁都交界处,迎接苏区中央局和红一方面军总部机关的到来。

本来,红军总部和临时中央政府打算设在福建长汀城,中华苏维埃第一次全国代表大会也准备在长汀召开。但来到瑞金后,看到这里优越的地理位置和稳定的工作环境,毛泽东、朱德随即改变原来计划,决定在瑞金"居中指挥"红军完成各项任务,同时召开"全苏一大",苏维埃临时中央政府也设在这里。

可以肯定地说,瑞金由邓小平打开的新的工作局面和稳定的环境,是毛泽东、朱德决定留在瑞金的重要原因之一。

中华苏维埃第一次全国代表大会代表证

筹备"全苏一大"的后勤工作，自然落在县委书记邓小平的肩上。

1931年11月7日召开的"全苏一大"是具有全国影响甚至国际影响的大会，邓小平缜密地筹划和组织实施了大会的选址、广场扩建、会场整修及代表食宿、交通安全等工作。

他反复踏勘，报经苏区中央局同意，将会场设在叶坪村的谢氏祠堂。为免遭敌机轰炸，他巧妙地在瑞金城内布置了一个假会场。他还想方设法筹备了与会人员半个月的物资供应。他亲率工作人员深入乡村，逐村逐屋查看、动员，安排群众腾出房屋供六百余名代表住宿。

为了营造气氛，他在瑞金县城组织了一个有五万人参加的祝捷大会，庆祝红军第三次反"围剿"胜利。各种民间龙灯、彩灯、茶灯及活报剧、采茶剧等纷纷登台亮相。《活捉张辉瓒》一剧中首次出现朱德总司令的舞台形象。

整个会议组织得井井有条、非常成功，受到毛泽东和中央政府领导人的交口称赞。

历时十四天的"全苏一大"圆满落幕，瑞金成为"红都"，改名"瑞京"。邓小平自然也就成为首任红都的"京官"。对这一时期邓小平在瑞金的工作，临时中央政府给予了肯定，邓小平后来也回忆说："那时苏区的工作，兴国是第一，瑞金是第二。"

健全优抚工作

1932年5月,邓小平调离瑞金,赴偏远的会昌任会(昌)、寻(乌)、安(远)中心县委书记。会昌是中央苏区的南大门,刚刚打下不久,这里地处前线,敌情严重,情况复杂。

邓小平上任后大刀阔斧地推进各项工作:发展地方武装、扩大红军、"改造"和健全组织机构、发展和培训党员、开展"查田运动"、恢复发展传统手工业生产……

贯穿上述工作的红线,是他那颗亲民务实的赤子之心。家住筠门岭小吉村的红军战士刘泮林在一次战斗中牺牲了。由于优抚工作做得不够,刘泮林一家七口分得的田地无人帮耕,急得刘泮林的妻子刘嫂团团转。邓小平检查该村工作时,了解到这个情况后当即表示:"他家的田,由我们耕种。"

江西会昌。当年邓小平在这里担任过中心县委书记

第二天天刚蒙蒙亮，他便派了几名干部战士帮刘嫂家翻地耙田。耙好田后，他又亲自带领干部战士帮刘家莳田，一连莳了三天，完成了抢种任务。刘嫂感动得热泪盈眶，刘泮林的老父亲激动万分，几次拉着邓小平的手，感动得不知说什么才好。

事后，邓小平专门召开了一次各区、乡干部会议，反复强调优抚的重要性。他说："我们共产党人要时刻关心群众，优抚工作尤其要做好。各地要根据实际情况，纠正优抚工作中的偏差。"

会后，各区、乡都修订了优抚措施，组织了帮耕队、代耕队，健全了"共产主义礼拜六"活动制度，逢年过节，还组织人员登门访问，解除参军战士的后顾之忧。"共产儿童团，实行礼拜六，帮助红军家，多做半天工"的歌谣在当地广为流传。

原江西省新建县拖拉机修造厂。从1969年11月起，邓小平和卓琳在这里劳动了三年多

老县委书记

邓小平一生波澜壮阔，担任的职务多种多样，但是，在中央苏区期间曾担任过的县委书记一职，对他来说，意义非同寻常。

1972年9月，已在江西被监管劳动了近三年的邓小平回京之前特意赴井冈山、赣州老区考察。12月，当他到瑞金时，当地负责人充满感情地说："你是我们的老县委书记，欢迎你。"

老区人民深切惦念着他们的县委书记邓小平。

（文/蒋永清）

编辑《红星》报

邓小平是我们党办报办刊的杰出先行者,他一生曾办过多份报刊,可以说,他的职业革命生涯正是以办报刊开始的。早年邓小平曾在巴黎协助周恩来编辑旅欧中国共产主义青年团的机关刊物《赤光》。他为《赤光》撰写了不少文章,同时还负责刊物的编辑、刻板和油印。邓小平的字既工整又美观,印刷清晰,因此得到了"油印博士"的美誉。后来到了中央苏区,他在任瑞金县委书记时又领导创办了《瑞金红旗》。

而今天要说的则是邓小平办《红星》报的二三事。

接手《红星》报

旅欧中国共产主义青年团的机关刊物《赤光》

1933年夏,邓小平从宁都农村调到红军总政治部担任秘书长。干了个把月后,邓小平提出想多做一些实际的工作,于是,总政治部安排他到下属的宣传部当干事,除做一般宣传工作外,还负责主编《红星》报。当时,总政治部驻地是瑞金郊外下肖村西边的"白屋子",《红星》报编辑部就设在那里。1972年12月,邓小平在瑞金参观当年中央军委总政治部驻地时,还特意向陪同人员介绍了他主编《红星》报的办公地点。

《红星》报创刊于 1931 年 12 月 11 日,是中央革命军事委员会的机关报,由红军总政治部编辑出版。内容主要是反映红军和根据地军民军事斗争的情况。开始名为五日刊,实际上是不定期刊,短则两天一期,长则半月一期,一般为四开四版,有时多到八版,有时单独发号外。邓小平接手《红星》报时已改为三十二开油印期刊。邓小平主编的第一期《红星》报是在 8 月 6 日出版的,恢复了原来的铅印四开四版,期号顺序没有续前三十五期,而新编为第一期。

在第一期的"编者自述"中,邓小平写道:"本报坚持中央革命军事委员会制定的办报宗旨,切实加强红军里的一切政治工作(党的,战斗员群众的,地方工农的),提高红军的政治水平线与文化水平线,实现中国共产党的决议,完成使红军成为铁军的任务。因此,要把本报办成一面大镜子,一架大无线电台,全面反映红军的工作和生活,传播全国红军与各地群众斗争的消息,使本报成为红军中党的工作的指导员,政治工作的指导员,使红军建设工作中各方面的经验都能得到交流和

瑞金县沙洲坝白屋子红军总政治部旧址,邓小平曾在此主编过《红星》报

《红星》报印刷所

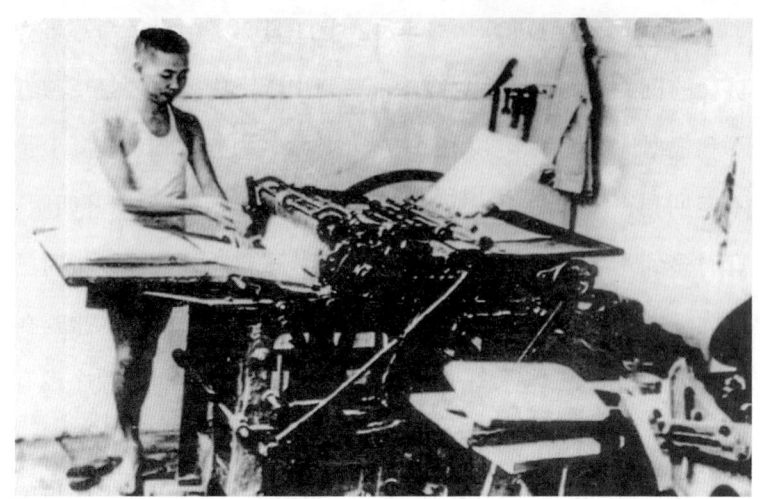

讨论。同时,要把它办成红军的俱乐部和红军中的裁判员,使大家能通过读报写稿,得到众多的知识性、趣味性材料,并通过《铁锤》专栏对各种错误倾向展开批判和斗争……"

邓小平说是主编,其实手下只有几个人,很长时间内只有两个人,几天要出一期,工作量很大。邓小平从策划、组稿、编辑、印刷到发行,一手包办。美术编辑、校对也是他。手写体的文字标题,大多是由他写下后,别的人在木板上刻下字模,再印到报纸上去的。由于印刷厂的设备陈旧简陋,铅字不够用,邓小平出主意,用大号铅字印标题遇到缺字时,就将几个小号字拼在一起用。像"战争"的"战"字,"烈士"的"烈"字等,很多都是这样印上去的。此外,邓小平还要充当记者、评论员的角色,经常为报纸写稿。《红星》报上刊发的许多消息、通讯、评论、社论甚至启事,都出自他的手笔。他写的稿大都不署名或用化名。晚年,他的小女儿毛毛把中央档案馆汇集的《红星》报拿给他看,问哪些文章是他写的。他一摇手说:"多着呢!谁还分得清楚!"

凭着敏锐的政治头脑、深厚的文字功底，还有一手好字，邓小平很快就把报纸办得红红火火。不久，将报纸扩为四开八版；到1933年10月，又增办了《红星》副刊。

红军战士的良师益友

邓小平非常重视发挥《红星》报作为红军的"政治指导员"的作用。他认为，《红星》报担负的很大任务，就是"加强红军里的一切政治工作（党的，战斗员群众的，地方工农的），提高红军的政治水平线，文化水平线，实现中国共产党苏区代表大会的决议。"

为了增强报纸的理论性、扩大影响力，邓小平经常约请中央党政军领导同志和各方面负责人为《红星》报起草社论，撰写文章。从署名看，周恩来、博古、洛甫、朱德、王稼祥、贺昌、罗迈、彭德怀、聂荣臻、陈云、李富春、陈毅等都在《红星》报上发表过文章。如毛泽东署名"子任"的《吉安的占领》发表在《红星》报第2期《红军故事》专栏上；《红星》报第38期、39期、40期，连续刊发周恩来撰写的三篇社论《工农红军和全苏区群众一致动员起来为保卫广昌而战》《为土地，为自由，为苏维埃政权战斗到底！》《广昌虽然陷落了，我们无论如何要粉碎敌人！》；陈毅在1934年5月25日《红星》报第44期上发表文章《开展群众游击战争的潮流》，介绍了永丰游击小组的战斗经验；朱德在第56期上发表了《纪念中国工农红军产生的七周年》，号召红军发扬过去的光荣，更英勇地战斗等。

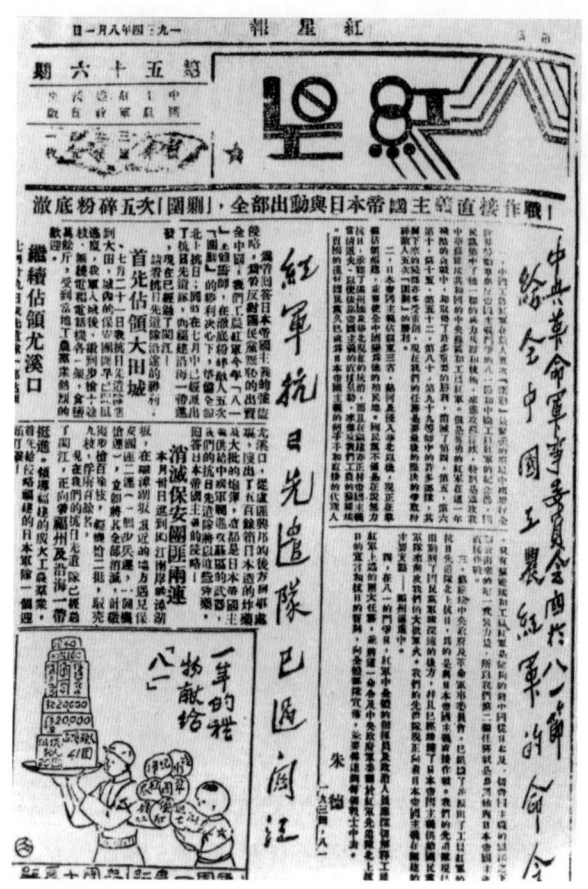

朱德在《红星》报第56期上发布《中央革命军事委员会关于八一节给中国工农红军的命令》

为了把《红星》报办好，邓小平还想了很多办法。

比如，优待投稿人，鼓励投稿，扩大稿源。《红星》报第2期刊载了一份《优待投稿同志》启事："本报欢迎各同志投稿。五百字以下稿件，经本报揭载后，每篇酬致本报一份，或中央出版部出版的书籍一本。五百字以上的，每五百字酬致现金一角。"投稿给予这种奖励，在当年中央苏区那种艰难的条件下，是很新鲜的。

考虑到红军战士和苏区群众的文化水平比较低，为了把报纸办得通俗易懂，同时又适应不同文化程度读者的需要，在邓小平任主编期间,《红星》报开辟了十多个专栏和副刊。如"列宁室"专栏,主要是指导革命理论的学习,有一定的深度,曾组织开展"战争问题"和"巴黎公社问题"的讨论,连载过《苏联红军的道路》等文章。"红板"副刊,专门刊登介绍红军和苏区先进人物事迹的文章。"铁锤"副刊,主要刊登批评各种违反党纪军纪、破坏军民关系现象的文章,也很通俗。"军事常识""军事测验"等小栏目,是红军战士很感兴趣的,介绍战略战术方面的常识性知识、小知识。"卫生常识"专栏,介绍一些常见病、多发病以及防病治病、火线救护的医药知识。这在当时苏区条件艰苦、缺医少药的情况下,是很有用的。在版面设计上,邓小平也下了很大功夫。四开的报纸,每版都编排有五六条内容不同、体裁不同的文章,报缝也充分利用起来了。在刊登一些政策性、理论性文章时,经常配发一些插图,既丰富版面,又帮助战士、群众理解文章的内容。

特别值得一提的是,《红星》报还办有"俱乐部""猜谜语""山歌""红军歌曲"等文艺栏目,生动活泼,深受广大干部战士和地方干部群众的欢迎。如第9期"山歌"栏刊登了一位名叫秋香的兴国少女唱的山歌。前线一位读者在给《红星》报的来信中说:"第9期上的山歌更给了我们战斗员极大的兴奋,他们随时随地都在歌唱着。这一类的文字是前线战士最爱读的。"

为了推动战士们学习军事知识和文化知识,《红星》报常在"军事测验"和"小玩意"栏目里,刊登一些内容浅显的测验,并向读者征求答案。这种看起来很简单,但贴近战士生活、切合战士的文化水平和接受能力的小题目,很能激起战士们的兴趣，提高他们的学习热情。一位在红军彭杨学校工作的读者就曾给编辑部来信说："《红星》刊物登载的各种作品，的确引起了我们热烈研究和注意；军事测验问题更适合一般战士的要求，因此我们在课余时间，常向学生讲答，收到了相当效果。"

为了密切前后方的联系，鼓励红军将士在前线安心战斗，1934年1月7日出版的《红星》报刊登了一则《你应该写一封信回家》的启事，号召每个红军战士在年节中写一封信回家。报纸上还发表了许多红军战士的家信，有妻子写给丈夫的，有父母写给儿子的，还有兄弟之间的。这些信情真意切，非常感人。

一张挑子上的报纸

长征开始后，邓小平和《红星》报编辑部随总政治部机关被编入第二野战纵队。这时，党中央在中央苏区办的其他报刊都已停办，《红星》报是跟随党中央和中央红军一起行动的唯一报刊。《红星》报编辑部的两名工作人员各挑着两只铁皮

中央红军反国民党军第五次"围剿"失利，被迫进行战略转移。图为江西于都红军桥

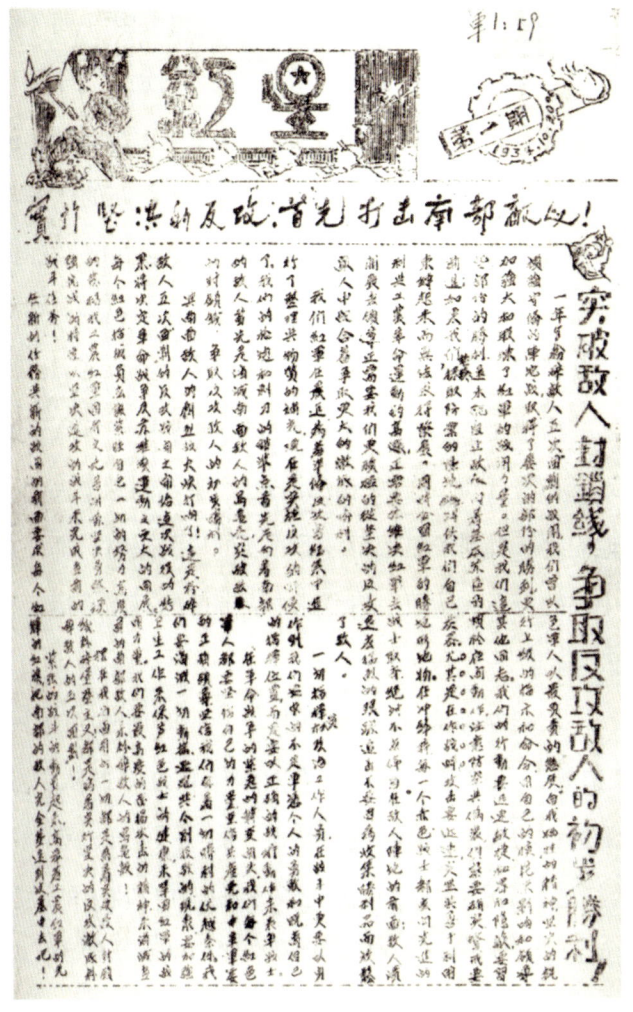

邓小平在长征中主编的第1期《红星》报

箱子,走在队伍的中间。铁皮箱里面装着办报的全部设备:一台钟灵牌油印机、几盒油墨、几筒奥国蜡纸、两块钢板、几支铁笔和一些毛边纸。《红星》报变成了一张挑子上的报纸。

行军途中办报十分紧张。邓小平一边赶路,一边搜集各方面的情况和材料。一到宿营地,别人睡觉时,他就把铁皮箱当成办公桌,写稿、编稿,刻写蜡版,油印报纸。

10月21日,红军突围战斗打响。就在突围战斗打响前

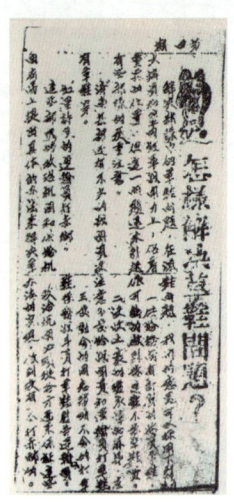

《红星》报刊登怎样解决草鞋问题

夕,10月20日,邓小平主编的长征中的第1期《红星》报出版了。头版刊登的文章是《突破敌人封锁线,争取反攻敌人的初步胜利》。文章首先简明地指出了红军战略转移的必要性和红军面临的战斗任务。并发出号召:"在新的任务与新的战斗的面前,要求每个红色军人以最负责的态度、自我牺牲的精神,坚决地执行上级的指示和命令,用自己的模范来影响和领导其他同志"。

由于十多天来,机关和部队在博古和李德等少数人的策划下秘密行动,红军指战员们已经听不到党中央的声音了。当他们终于看到了熟悉而喜爱的《红星》报时,都把它看成是党中央的声音,从而一扫离开中央苏区的沉闷心情,感到兴奋和鼓舞。

长征路途艰辛,条件艰苦,还时时遭到国民党部队的"追剿"和堵截,不免有失败情绪在红军部队中蔓延,出现了逃亡的现象。针对这一情况,11月14日,邓小平在第4期《红星》报上编发了重头文章《我们在反攻中的胜利(讨论提纲)》。文章鲜明地提出:"发扬我们的战斗精神,巩固我们的队伍,提高我们的纪律,到处发动群众的斗争,组织群众与瓦解白军,是完成这些任务的必要条件。必须同一切对于我们目前的行动表示怀疑,在前进中所发生的困难面前表示投降无办法,悲观失望,以及逃跑开小差甚至个别投敌的现象,做坚决的斗争。"

除了鲜明地反对和批评失败情绪外,邓小平还注意在《红星》报上刊载一些正面引导和鼓舞士气的文章、报道。11月25日出版的第5期《红星》报在头版发表社论《以坚决勇敢

遵义会议旧址

的战斗消灭当前的敌人》,并刊发了《学习"无"团模范的战斗动作》《夜战中的模范连——"牲"部第五连》《这样坚决勇敢的支部书记,我们应该学习他》等一组报道英雄模范人物先进事迹的文章。

长征中的《红星》报,仍然保持了它贴近普通战士的风格,经常针对红军战士行军作战中碰到的一些具体问题,刊登一些小知识性文章。因离开苏区时走得匆忙,很多战士草鞋备得很少,有的甚至没有穿鞋打赤脚行军。《红星》报第4期第4版刊登一篇《怎样解决草鞋问题?》的小文章,提出了解决草鞋问题的三个具体办法:"一、供给机关有计划地收买草鞋,尽可能做到发草鞋不发草鞋费;二、将没收土豪的烂衣裤分发给战士、运输员打草鞋;三、发动会打草鞋的同志帮助不会打草鞋的同志打草鞋"。文章还提出"必须从各方面来保证这些办法的实现,做到没有一个打赤脚的"。《红星》报这篇文章看起来很小,却帮助部队解决了大问题。

遵义会议后,邓小平告别了他工作了一年半的《红星》报编辑部,接受党中央、毛泽东赋予的新的更加重要的任务。到这时,经邓小平主编的《红星》报已出版了七十多期。在邓小平的策划、编辑下,《红星》报深受广大红军指战员和苏区干部群众的欢迎和喜爱。红一军团干部彭加伦在给《红星》报编委的一封信中说:"红星在部队中起了它很大的领导作用,成为了我们战士的良友,它是这胜利的革命战争中的一支有力的喇叭,现在我们火线上时刻地盼望着红星的速来,无论在行军驻军总听得着我们战士热闹的读报声。"

(文/叶帆子)

"跟着走"

震撼世界、彪炳史册的长征，实现了中国共产党和中国革命事业从挫折走向胜利的伟大转折。多年之后，当女儿毛毛问邓小平长征中做了些什么时，他只说了三个字："跟着走。"邓小平从来不愿意谈自己，更不愿意谈自己的贡献。参加过中央红军长征，值得说的太多了，他却把自己这段并不平凡的经历，浓缩为"跟着走"这极为平常的三个字。

充满激情的"夜行军"

1934年，蒋介石调集百万大军，向各个苏区同时发起进攻，开始了第五次"围剿"。由于占据中央领导岗位的博古等

中央红军在长征路上走过的第一桥——瑞金武阳桥

长征中的邓小平

人推行王明的"左"倾路线,排斥毛泽东等人的正确意见,致使中央革命根据地经过一年的艰苦奋斗,却最终没能粉碎国民党的第五次"围剿"。10月,中央红军被迫撤离中央苏区,实行战略转移,即举世闻名的二万五千里长征。邓小平带领《红星》报编辑部被编在第二野战纵队,该纵队也称"红章纵队",由中央机关、政府机关和军委后勤部门、共青团等单位组成,李维汉任司令员兼政委。

在艰苦的长途跋涉中,为及时传达中央军委有关作战行动计划与部署,宣传红军将士冲锋陷阵的感人事迹,传播党的方针政策及红军的宗旨和任务,在艰难的斗争环境中鼓舞士气,邓小平克服重重困难,一面紧跟中央军委行军,一面坚持编辑出版《红星》报。

长征是艰苦的,但对艰苦的感受,各人不尽相同。从离开苏区的那天起,红军大都是夜行晓宿,天天夜行军很疲劳,许多人经常边走边打瞌睡。李富春后来写的题为《夜行军》的文章中是这样描写长征初期他和邓小平等人的行军生活的:"当着无敌情顾虑,月朗风清之夜,我们有时可以并肩而行,大扯乱谈,有时整连整队半夜高歌,声彻云霄。这种夜间的行

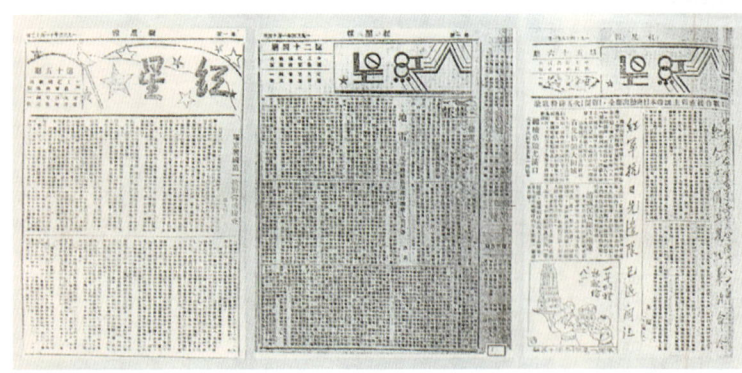

1933年8月,邓小平负责主编总政机关的《红星》报。1934年10月,邓小平率《红星》报人员随军委纵队一起长征

军乐，可以'不知东方之既白'！这种行军乐趣中，在总政治部的行列中，以至组成了潘汉年、贾拓夫、邓小平、陆定一、李一氓诸同志再加上我的合股'牛皮公司'。"

在长征中曾被红六军团在贵州抓获的瑞士传教士薄复礼，跟随红军长征队伍中走了十八个月，之后被释放回到他的出生地英国，他在回忆录中写道：中国红军那种令人惊异的热情，对新世界的追求和希望，对自己信仰的执着是前所未闻的。他

黎平会议决议

们的热情是真诚的，令人惊奇的。他们相信自己所从事的革命是世界革命的一部分，他们正年轻，为了他们的事业正英勇奋斗，充满了青春的活力和革命的激情。

担任中央秘书长

1934年12月18日，中共中央政治局在黎平召开会议。会上，多数人同意毛泽东提出的放弃和红二、红六军团会合，西进渡乌江北上，在川黔边建立根据地的意见。会议根据中央领导人内部存在争论的情况，决定到遵义地区后开会，总结反五次"围剿"以来军事指挥上的经验教训。黎平会议后，中央红军向黔北挺进。为适应机动作战的需要，中革军委决定对部队进行整编。军委第一、第二野战纵队合并为军委纵队，刘伯承任司令员，叶剑英任副司令员，陈云任政治委员。黎平会议之后，邓小平被调离《红星》报，接替生病的邓颖超担任中央秘书长。

遵义会议会址

1935年1月,中共中央在贵州遵义召开了具有伟大历史意义的中央政治局扩大会议,史称"遵义会议"。会上张闻天按照会前与毛泽东、王稼祥共同商量的意见,做反对"左"倾军事错误的报告,比较系统地批评了博古、李德在军事指挥上的错误。毛泽东作长篇发言,对博古、李德在军事指挥上的错误作了切中要害的分析和批评,并阐述了中国革命战争的战略战术问题和此后在军事上应该采取的方针。王稼祥在发言中批评博古、李德的错误,支持毛泽东的正确意见。周恩来、朱德、刘少奇、李富春、聂荣臻等发言,表示同意毛泽东、张闻天、王稼祥的意见。会议增选毛泽东为中央政治局常委。遵义会议结束了"左"倾教条主义在中共中央的统治,确立了以毛泽东为代表的新的中央的正确领导,在极其危急的关头,挽救了党和红军,挽救了中国革命。

邓小平参加了遵义会议并担任会议的记录。作为会议亲历者,他后来回忆说:"那时也是第二次当中央秘书长。我坐在会议室临窗的这一角。会后,和毛主席、张闻天一起长征。""遵义会议以前,我们的党没有形成过一个成熟的党中央。我们党的领导集体,是从遵义会议开始逐步形成的。"邓小平也见证了毛泽东在刚刚建立起来的新的领导集体中发挥核

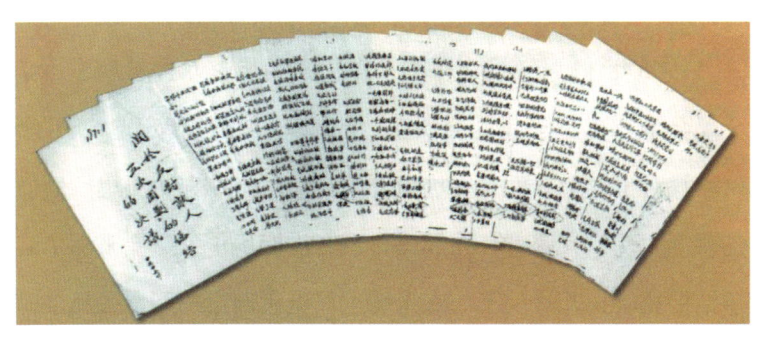

遵义会议决议

遵义会议会议室

心作用的一幕幕。他说:"那个时候行军,毛泽东同志、周恩来同志、张闻天同志和我是在一起的。每天住下来,要等各个部队的电报,一直等到深夜,再根据这些电报确定红军的行动。在重要问题上,大多是毛泽东同志出主意,其他同志同意的。尽管名义上他没有当总书记或军委主席,实际上他对军队的指挥以及重大问题上的决策,都为别的领导人所承认。朱德同志、周恩来同志、张闻天同志、王稼祥同志,他们这些同志确实照顾大局,确实有党性原则,只要毛泽东同志的意见是对的,都一致支持,坚决执行。"

1958年11月3日,邓小平在视察贵州时专程参观了遵义会议会址。走进当年的会议室,故地重游,他肯定地说:"会议室找对了,会议就是在这里开的,我就坐在那个角里。后面是蒋家大院,大家都住在那里,现在没有房子了。原来那个院子结构复杂,几进院子。在走廊上议论走四川的问题,那个时

1958年11月,邓小平来到遵义视察。谈起他当年在遵义时的情况,他伸出两个指头说:"20多年了!"

候觉得走廊很宽,现在窄了!"随后,在纪念馆派人查证时,周恩来等一些亲历者均证实邓小平参加了遵义会议。但是,在"文化大革命"中,林彪、"四人帮"诬蔑邓小平"篡改历史,硬把自己塞进遵义会议","是捞取政治资本"。邓小平的照

红军长征时经过的泸定桥

片,还曾一度从遵义会议会址陈列室的墙上被取了下来。面对林彪、"四人帮"的诬蔑,邓小平平静地说:"我一生的历史已经够光荣的了,参加遵义会议也添不了我一份光荣,没有参加遵义会议也抹杀不了我一份光荣。"

宣传北上抗日路线

1935年6月,红一方面军和红四方面军在懋功会师。26日,中共中央在懋功北部的两河口召开政治局扩大会议,讨论并决定红一、红四方面军会师后统一领导,由军委统一指挥,实行北上创造川陕根据地的战略方针。会后,中央决定调邓小平担任红一军团政治部宣传部部长。

此后,宣传党的北上抗日创建陕甘革命根据地的路线,提高部队干部战士的政治觉悟和组织纪律性,就成为宣传部的一项主要工作。为做好这一工作,邓小平领导的宣传部通过积极开展政治动员、教育工作、讨论会、课外娱乐测验问答、政治测验评比、自由晚会等形式,进一步宣传中央关于赤化陕甘的方针和意义;同时还大量印发了关于肃反工作的材料、关于纪律问题以及政治课的材料,对干部战士进行纪律问题的教育。据当时在宣传部工作过的老战士讲:"我们宣传部的作用,行军打仗时,要保证部队吃饱走好,保证不要生病,保证战士不要掉队,保证不要减少战斗人员。我们主要是进行宣传,最困难的时候,也要宣传革命一定会胜利的坚定理想,宣传北上抗日的思想。宣传部部长在长征沿途和长征后还管编印一份《战士报》,这份报纸是油印的。宣传部和政治部其他的干部,还要经常去师、团传达重要精神,研究工作。过了草地后,干部们经常下到部队去。那时候队伍不多,早上去,晚上就回来。过了草地以后,宣传工作的内容也多了起来,主要是教育干部战士,讲形势,讲英雄事迹。"

10月,中共中央在挫败了张国焘分裂党和红军的企图之后,率中央红军克服重重困难,终于到达陕北。一年后,邓小平和彭德怀、聂荣臻、左权又率领红军西征,迎接红二方面军北上会师。

关于万里长征,邓小平后来回忆说自己只是"跟着走"。他还说:"我长征离开于都时,专门在于都弹了一床四斤重的棉被,这床棉被一直伴我走过长征,今天我还在用。"

(文/孔昕)

红军长征到达延安后的邓小平

"刘邓"之间放不进顿号

在邓小平的众多战友之中,与刘伯承的感情甚为笃厚,他们"长期共事,相知甚深",在戎马倥偬中结下了深厚的革命友谊,他们不分彼此的战友情被形象地称为"刘邓"之间放不进顿号。

邓小平曾回忆说:"我们在一起工作……前后共事十三年,两人感情非常融洽,工作非常协调。我比他小十多岁,性格爱好也不尽相同,但合作得很好。人们习惯上把'刘邓'连在一起,在我们两人心里,也觉得彼此难以分开"。"我认识伯承,是1931年在中央苏区。初次见面,他就给我留下了忠厚、诚挚、和蔼的深刻印象","而我们共事,是在抗战以后","我们之间感情是很融洽的,工作关系是非常协调的。我们偶然也有争论,但从来没有哪个固执己见,哪个意见比较对,就一致地做去"。"刘邓不可分",是邓小平、刘伯承两位军事家在革命战争年代结下深厚情谊的真实写照。

互相尊重,通力合作

1938年1月,中央决定:"129师政委兼主任张浩同志另有任用。以邓小平同志调任该师政委兼主任。"1月18日,邓

邓小平同一二九师师长刘伯承在一起

小平到达一二九师师部所在地山西辽县西河头村。当时刘伯承到洛阳区参加第二战区师长以上的高级将领会议。1938年1月27日，刘伯承回到西河头村，和新任政委邓小平见了面。从此，他与担任一二九师师长的刘伯承一起工作，从抗日战争直到全国解放，转战大半个中国。

刘伯承年长邓小平12岁，是"我党我军的大知识分子，大军事家"，两个人都属龙，而且都是四川老乡。刘邓二人互相尊重，通力合作，逐渐打出了刘邓大军的名号。邓小平常说：刘司令员年大体弱，司令部要特别注意哩！有事多找我和参谋长。他是我们的军事家，大事才找他决策。刘伯承则常说：邓政委是我们的好政委，文武双全，我们大家都要尊敬他，都要听政委的。许多重大作战方案，是刘邓一起商定的，各种命令是以刘邓署名签发的，多次重大战役是刘邓共同指挥的。"在我们两人心里，也觉得彼此难以分开。同伯承一起共

1940年,百团大战前,邓小平(左一)同刘伯承、蔡树藩在武乡

事,一起打仗,我的心情是非常愉快的。"在一二九师工作过的同志都知道,只要邓小平表过态的事情,你去问刘伯承,刘伯承一定说:"按邓政委讲的办。"同样,凡是刘伯承说过的话,再去请示邓小平,邓小平也必定说:"照刘师长讲的办。"一二九师师部的好多同志都记得师长常说的一句话:"政委说了,就是决定,立即执行。"

1940年,百团大战最紧张的时刻,当时在一二九师师部工作的张香山看到了极为感人的一幕:"有一天,参谋长打电话叫我到他那个地方去。一进去,看到他们两位,邓小平同志举着蜡烛,刘师长顺着烛光查看地图,找地名。他们看的是贴在窑洞墙上的一张五万分之一的地图。由于刘师长一只眼睛失明,看东西不大方便,所以,邓政委举着蜡烛的手,随刘的手移动,刘指到哪里,邓就把地名念出来。刘的眼睛不好,邓担心累着他。我革命了几十年,像刘邓这样深的感情见得不多。

真是高山仰止,令人感动。"

1942年3月初,为了尽快扭转日军扫荡后的不利局面,刘邓研究后决定:刘伯承师长留太行区指挥反扫荡作战,邓小平政委率七七二团一部去太岳区布置检查工作,总结经验。邓小平去太岳,要通过敌人封锁的白晋线,相当危险。对此,刘

1945年底,刘伯承夫妇、邓小平夫妇和他们的孩子在河北武安县留影

刘邓大军胜利到达大别山

伯承为了邓小平的安全，事先亲自做了严密部署。刘伯承特意叮嘱一二九师参谋长李达："现在敌人扫荡得很频繁，我们对邓政委的安全一定要保证。你立刻通知邓政委要路过的几个地方，叫他们把接送情况，在当天电告师部。"在邓小平通过白晋线的3月19日晚上，他通宵未眠，亲自坐镇师作战科值班室。值班参谋多次劝他休息，他都不肯。直到天快亮了，陈赓来了电话，告知邓政委已安全到达太岳区，他才放心地回去睡觉。

默契配合，情同手足

解放战争时期，刘邓共同领导了千里跃进大别山"纵井救人"的壮举。1947年8月底，经过千里跋涉，刘邓大军胜利到达大别山。面对国民党军调遣三十三个旅围攻大别山的严峻形势，他们决定实施战略再次展开，即刘邓分兵，分别成立野前、野后指挥部。邓小平后来电告中央军委："我及先念率指挥所在大别山。伯承因身体不好，暂率野后在淮河以北，并指挥各纵。"12月10日晚，刘邓二人在王家湾分别时，邓小平说："我到底比你年轻，留在大别山指挥，你到淮西左指挥全局。"刘伯承说："警卫团都给你留下，我只带一个排就行了。你在大别山行动频繁，我带电台在淮西给你提供敌情。"

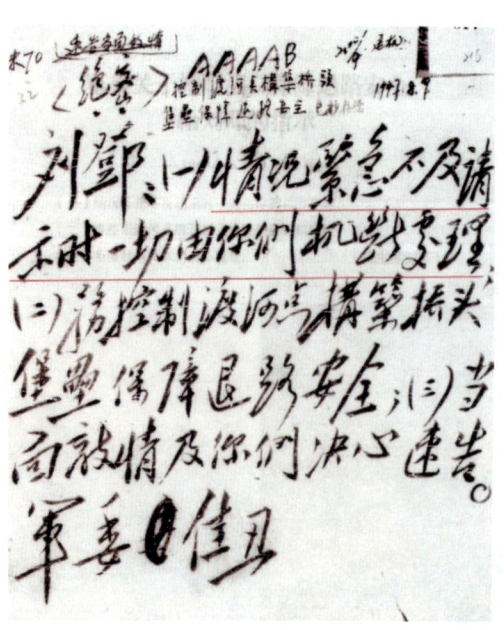

1947年8月9日，毛泽东给刘伯承和邓小平的电报

"刘邓"之间放不进顿号　　073

邓小平和刘伯承亲临前线，部署渡江作战

1949年，人民解放军进军大西南时，司令员刘伯承、政委邓小平和副政委张际春在第二野战军指挥部

分手的那一天，邓小平冒着雨雪给刘伯承送行。他们都没有上马，并肩步行，一坡又一坡，一程又一程。尽管他们把分兵后可能遇到的问题都研究过，但是都像有一肚子话要说。刘再一次提出把警卫团给邓留下，并叮嘱李达特别注意政委的安全；邓则提出要刘保护"心灵的窗户"，晚上少用眼睛，并再三叮嘱管理处，无论如何要给司令员准备一盏美孚灯。

古代兵家有言："不和于军，不可以出阵；不和于阵，不可以进战；不合于战，不可以决胜。"正是由于刘邓的和衷共济，默契配合，情同手足，使刘邓大军不管遇到多么大的困难，始终步调一致，一往无前，从胜利走向胜利。在刘邓麾下工作了十三年的杨国宇感慨地说："在抗日战争和解放战争长达十几年的两个革命战争时期，刘邓曾先后共同领导和指挥八路军一二九师和第二野战军，共同负责晋冀鲁豫、中原和西南三大战略区，亲密无间。从这个意义上来说，刘邓是军事指挥上的并肩者。而在一场战役接连一场战役，一个战场转到另一个战场这种漫长而又频繁的战争过程中，在这种极度耗费脑力和体力的战场生活中，刘邓又是互相把挑在对方肩头上的重担换到自己肩头上来，分成两副担子来分担。在这个意义上来说，刘邓又是军事指挥上的换肩者和分担者。即使在大别山因为斗争的需要而分成两个指挥所，部队接到的战略战术指示，仍然是出自一个刘邓司令部。历史既然以自己的行程形成了这种情况，我们也就难以把刘邓的指挥艺术和作战谋略完全分割开来了。"

珍贵的临别留念

1950年，刘伯承奉命到南京筹办军事学院，邓小平则继续留在西南搞建设。临别时，刘伯承把自己年轻时的一张照片赠给邓小平留念，并在照片的背后亲笔写下了一段文字："1916年袁世凯称帝，发生反袁战争。我在讨袁战争中于是年阴历二月二十七日在四川丰都城脑顶受伤，右眼残废。此为前

中华人民共和国成立之初的邓小平和刘伯承

一年所照之相,历今三十六个年头始获之。置之座右,以博一粲。"这张照片是刘伯承眼部负伤前的最后一张照片,邓小平对此极为珍视,他后来在追思老友时写道:"我至今保存着他赠给的1915年所摄的照片,那时,他二十二岁,风华正茂,雄姿英发。就在第二年讨袁战争的四川丰都之役,他率部冲锋陷阵,头部连中两弹,失去右眼。他在大半个世纪中,指挥了无数次战役战斗,九处负伤,屡建战功,以足智多谋的'独目将军'闻名于世。"

1986年10月7日,九十四岁的刘伯承在北京病逝。10月14日,在万寿路总后礼堂举行刘伯承元帅遗体告别仪式。邓小平率全家最先来到这里。他注视着昔日的老搭档、老战友

邓小平和家人吊唁刘伯承

的仪容,泪水模糊了他的双眼。10月16日,刘伯承追悼大会在人民大会堂隆重举行,邓小平亲自主持了追悼会。10月21日,邓小平写了《悼伯承》一文,给予了战友很高的评价:"回顾伯承为共产主义事业所走过的战斗历程,他的卓越贡献,他的坚强党性,中国布尔什维克——这个意味着真正共产党人的光荣称号,他是受之无愧的。"1992年,《刘伯承传》由当代中国出版社出版,邓小平亲自题写了书名。

1989年11月20日,邓小平在接见第二野战军战史编委会的老同志时说:"二野的内部关系是非常团结、非常协调的。上下级之间,各纵队之间,甚至于更下层一点,关系都很协调。……野战军的领导人相信自己的部下,下面也相信领导,这种互相团结、互相信任的关系从作战一开始就是这样的。这是个了不起的力量。二野所以能锻炼成这么样一个了不起的部队,主要靠的这一条。"

(文/孔昕)

指挥淮海战役

淮海战役是中国人民解放战争史上具有关键意义的战役，被列为三大战役之一。此次战役的胜利，一举奠定了中国共产党对国民党的压倒性优势，此后，全国的解放和胜利已是板上钉钉的事了。邓小平担任淮海战役总前委书记，和刘伯承、陈毅、粟裕、谭震林一道，共同指挥了淮海战役，为中国人民的民族解放立下了汗马功劳。

油画：《淮海大战》，张法根作

"小淮海"战役向"大淮海"战役演变

1948年年初，在大别山地区乃至整个中原地区，国共两军处在相持不下的状态。为了打开新的局面，中央军委和毛泽东令刘邓大军转出大别山，同时设想粟裕率领华东野战军三个纵队跃进长江以南地区。4月，刘邓、陈粟、陈谢三路大军会师中原。

1948年七八月间，人民解放军的胜利发展与国民党军的分崩离析已成定势，中国人民解放战争进入夺取全国胜利的战略决战阶段。

为了确定人民解放战争战略决战阶段的任务与方针，筹划建立新中国，中共中央于9月8日至13日在西柏坡召开政治局会议（又称"九月会议"）。这时，人民解放军先后在全国各战场发起了规模空前的秋季攻势。东北战场，东北野战军于9月12日发起辽沈战役。华北战场，华北军区部队进行察绥战役，正向北平、天津附近集结。西北战场，西北野战军重新夺回主动权，将胡宗南集团逼到关中一隅。华东战场，华东野战军解放济南。

9月24日早晨，济南即将解放，粟裕在前线向中央军委提出了进行淮海战役的建议。这时所说的"淮海战役"即通常所说的"小淮海"战役，是准备夺取两淮（淮阴、淮安）、海州，打通山东与苏北的联系，为下一步在徐州、浦口线上的作战创造有利条件。25日晚，中央军委和毛泽东复电粟裕表示同意这一建议。

毛泽东在进行了深入思考之后，于10月11日为中央军委起草了《关于淮海战役的作战方针》。华野据此进行战役部署。为配合华野的"小淮海"战役，毛泽东明确指示刘伯承、陈毅、邓小平率中原野战军牵制蒋军，防止其向徐州方向机动。据此，中野决定进行郑州战役。这样，投入"小淮海"的兵力包括华野、中野两大野战军，战役规模明显扩大。

10月22日，陈毅、邓小平率中野部队解放郑州。这时，毛泽东根据全国战场形势的变化，对"小淮海"又有了新的考

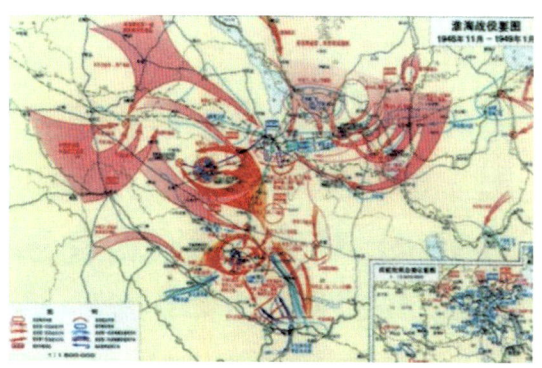

淮海战役要图

虑,定下新的战役决心。他提出中野部队应举行徐蚌作战,相机攻取宿县、蚌埠,彻底破毁津浦路。这样,陈毅、邓小平率中野四个纵队继续乘势东进。华野、中野两大主力在中原战场上共同作战的战役布局,就此形成。中央军委和毛泽东已把淮海战役的战略目标,扩大为力争包围并歼灭国民党军徐州"剿匪"总司令部总司令刘峙的整个集团。淮海战役规模越打越大,"小淮海"战役向"大淮海"战役演变。与此同时,辽沈战役很快也胜利结束,人民解放战争到了一个新的转折点上。

总前委的成立 —— 南线战略决战的标志

华野、中野两大野战军由战略上的配合迅速发展到战役上的协同作战,统一指挥成为紧迫问题。10月31日,粟裕致电中央军委并告陈毅、邓小平、华东局、中原局,明确提出:"此次战役规模很大,请陈军长、邓政委统一指挥。"毛泽东接受了粟裕的建议,11月1日致电陈毅、邓小平、粟裕并告华东局、中原局,明确指示:"整个战役统一受陈毅、邓小平

1948年11月6日，我军向国民党政府军发起的历时六十六天的战略决战淮海战役开始了

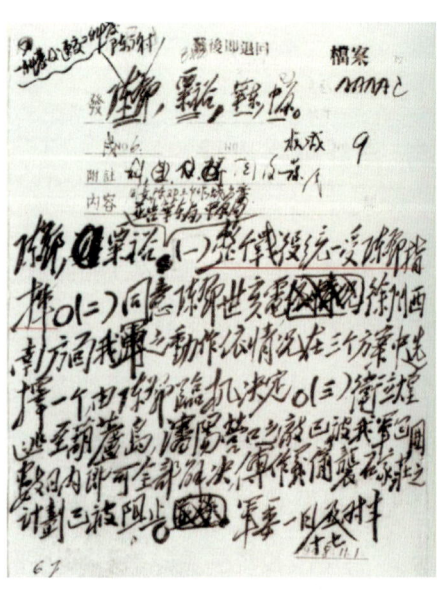

毛泽东起草的军委关于淮海战役统一受陈邓指挥的电报

指挥。"同时还决定中野在徐州西南的行动，"由陈邓临机决定"。后来还强调，"陈、邓直接指挥各部"。

邓小平晚年回忆淮海战役时，还记得毛泽东当时说过，"二野三野联合作战，不只是增加一倍两倍的力量，数量变，质量变，这是一个质的变化"。用现在的话说，就是两支部队协同作战，效果"一加一大于二"。随着战役形势的发展，"陈邓指挥"已不能满足前线指挥的需要，中原、华东两大野战军联合作战要实现真正"质的变化"，急需组建一个统一的指挥机构，"统筹一切"。在淮海战役第一阶段接近结束时，经过反复权衡，毛泽东指出：

"此战胜利,不但长江以北局面大定,即全国局面亦可基本上解决。望从这个观点出发,统筹一切。统筹的领导,由刘伯承、陈毅、邓小平、粟裕、谭震林五同志组成一个总前委,可能时,开五人会议讨论重要问题,经常由刘伯承、陈毅、邓小平三人为常委,临机处置一切。小平同志为总前委书记。"总前委的成立标志着淮海战役指挥权的正式明确,是南线战略决战的标志。

全歼黄维兵团

徐州东面华东野战军围歼黄百韬兵团的作战结束后,淮海战役第二阶段作战开始,中原野战军登台亮相。

从11月13日到24日,中央军委与淮海战场上的主要领

为保证围歼国民党黄百韬兵团,华东野战军以强大兵力在徐州以东阻击国民党军第二、第十三两个兵团共十二个师的增援

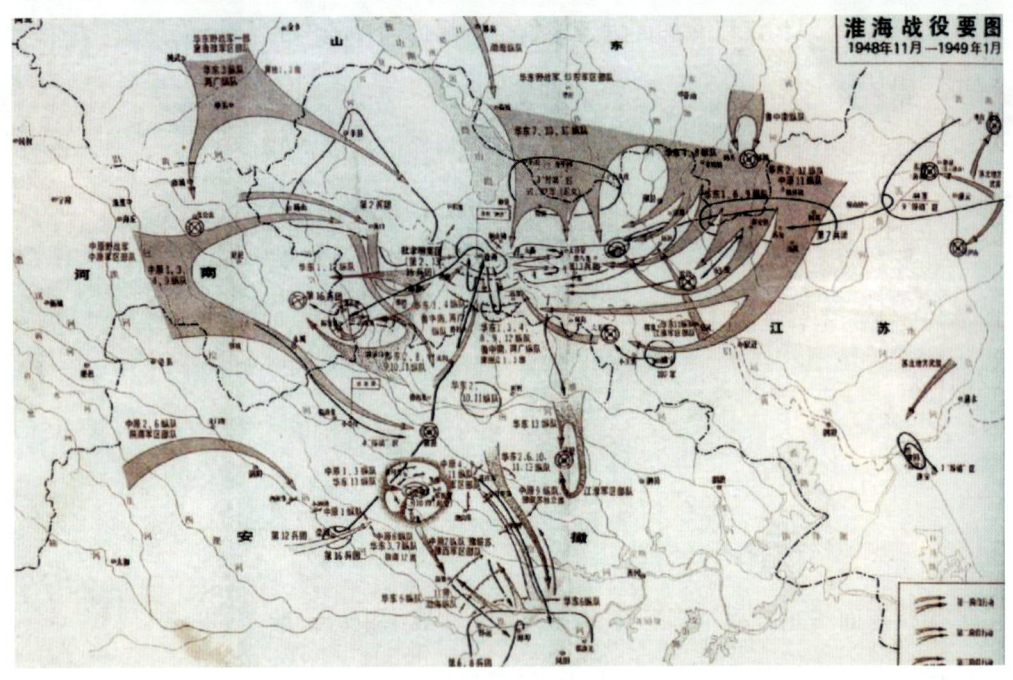

淮海战役要图

导人，就这个问题进行了反复研究、共同探索，历时11天。随着战场形势的变化，终于获得符合客观实际的一致认识，确定了先打黄维兵团的决策。

先打黄维兵团的决策确定下来之后，邓小平和刘伯承、陈毅将总前委指挥部移至宿县临涣集以东小李家村，以指挥围歼黄维兵团的作战。他们住在村东北角一个偏僻的小院子里。住房是一个里外间，刘伯承单住里间，邓小平和陈毅合住在外间。这时，邓小平刚过不惑之年，在三人中年龄最小，身体最健壮。他对刘伯承、陈毅说："两位司令员同志，我比你们小几岁，身体也比你们好一些，具体工作让我多做些，夜间值班我也多值一些，这是应该的哟！"他叮嘱作战科的人员，一般事情多找他请示报告，重大事情同时报告刘伯承、陈毅和他三人。

淮海战役战场

就这样,在围歼黄维兵团的作战过程中,邓小平几乎是天天守在作战室里,值班到深夜。三人共同商定的各部队的作战任务,也多是由邓小平直接向各纵队负责人下达和部署的。战场形势瞬息万变,作为一名成熟的军事家,邓小平深知军情紧急,容不得半点闪失。他除随时听取作战科汇报外,还几乎天天直接同各纵队负责人通电话,督促检查他们执行作战计划和命令,了解战斗进展情况,掌握第一手材料。

12月5日,邓小平和刘伯承、陈毅下达《总攻黄维兵团的命令》。战至15日晚12时,黄维兵团十万余人全部被歼灭于双堆集地区,黄维被俘。淮海战役第二阶段结束。

歼灭黄维兵团后,向来举重若轻的邓小平感到松了一口气。他来到政治部,从口袋里摸出一个苹果,亲自用小刀一分为三,和大家分吃。然后,他不慌不忙地拿出一张像账单一样的长长的纸条,交给张际春副政委说:"这张单子上中央来的二十几个电报,都是同作战没有直接关系的,还没答复,请你一个一个地起草复报。"此刻的邓小平,应该感到了大

淮海战役五人总前委成员。左起：粟裕、邓小平、刘伯承、陈毅、谭震林

战之后的一丝疲惫，也看到了全国解放的胜利曙光。他是有资格喘口气，休息片刻的。

"我把指挥权交给你"

根据中央和毛泽东的指示，邓小平决定主持召开一次总前委会议，研究下一步作战计划及将来渡江作战计划。由于粟裕、谭震林正忙于指挥华东野战军围歼杜聿明集团的作战，不能来总前委所在地小李家村开会，他便和刘伯承、陈毅前往华东野战军指挥部驻地萧县蔡凹村，同粟裕、谭震林会面。

12月17日晚，邓小平和刘伯承、陈毅乘车到达蔡凹村，粟裕派人到很远的地方迎接他们。会议开了一整天，主要研究即将到来的渡江作战计划与部队整编方案。张震后来回忆说："几位首长在淮海战役即将全胜之时，相会蔡凹，都显得特别高兴。他们着重研究了明年夏季渡江作战方案和对部队整编的问题。休息时，还一起照了相。这张宝贵的五人合影，使人们今天得以重睹淮海战役总前委的战斗风采。"

1949年1月10日，华东野战军全歼被围在陈官庄地区的杜聿明集团，淮海战役第三阶段结束，整个淮海战役胜利结束。

淮海战役历时六十六天，共歼灭国民党军五十五万五千人。1月17日，毛泽东在为中共中央起草给中原、华东两野战军负责人和全体同志的电报中说："淮海战役既然消灭了南线国民党军的主力，这就奠定了你们渡江南进夺取国民党匪巢南京，并解放江南各省的巩固的基础。"他还多次称赞说，淮海战役打得好，好比一锅夹生饭，还没有完全煮熟，硬是被你们一口一口地吃下去了。

作为总前委书记指挥淮海战役，无疑是邓小平军事生涯的一个辉煌篇章。晚年，他回忆起来犹感当年责任之重大。他说："淮海战役成立了总前委，由五个人组成，其中三个人是常委，我当书记。毛主席对我说：'我把指挥权交给你。'这是毛主席亲自交代给我的。淮海战役的部署决策是我根据中央军委和毛主席的指示主持决定的。"

（文/孔昕）

在开国大典前后

1949年的邓小平

作为中华人民共和国的开国元勋,邓小平为党领导的民族独立和人民解放事业建立了卓越功勋。他曾说,我是个军人,我的真正专业是打仗。"文化大革命"前夕,1966年5月5日,毛泽东在上海会见由部长会议主席谢胡率领的阿尔巴尼亚党政代表团时,当着周恩来、林彪、邓小平三个人的面,指着并没有元帅军衔的邓小平说:"他是一个懂军事的,你看他人这么小,可是打南京是他统率的。"

组织实施渡江战役:为新中国奠基献礼

1949年3月5日至13日,中共七届二中全会在西柏坡召开,会议制定夺取全国胜利和胜利后的各项方针政策。淮海战役及渡江战役总前委书记邓小平赶去参会。会议期间,毛泽东经常找邓小平、陈毅、谭震林等商量渡江作战的问题。毛泽东充满信任地对邓小平说:"渡江作战就交给你指挥了。"3月14日,中共中央决定:邓小平任中共华东局第一书记、华东军区第一政治委员。

回到前线后,邓小平起草给中央军委的报告——《京沪杭战役实施纲要》。时任华东野战军司令部副参谋长的张震后

1949年3月，邓小平在中共七届二中全会上发言

来回忆说："小平同志要陈毅同志草拟作战计划，陈毅遂告我起草一份包括两大野战军行动的渡江作战命令，我草拟后交陈毅同志转呈小平同志审阅。邓政委指示对大兵团指挥不能太具体，主要是说明战役企图，可能预案等即可。随即，小平同志亲自草拟了百万雄师过大江的战役纲要，即《京沪杭战役实施纲要》（以下简称《纲要》）。4月1日午前，小平同志召集我们逐段讨论了这一纲要，上报中央军委并下发各野战军兵团以上单位。"

《纲要》对百万大军渡江作战作出周密细致的安排部署，是邓小平的精心之作。

《纲要》提出的渡江战役时间是4月15日18时，但为了等待同国民党南京政府和平谈判的结果，中央军委和总前委之间就推迟后的渡江时间进行了反复的协商。在这个过程中，邓小平既认真领会中央军委和毛泽东的指示精神，又坚持从前线的实际出发，独立思考，提出自己的意见和建议。中央军委曾

刘伯承司令员和邓小平政委亲自指挥渡江准备工作

人民解放军占领南京国民党总统府

指示,在下达推迟战役时间的命令时,不要说是为了谈判,以免松懈士气。但邓小平在总前委给野战军前委和各兵团党委的命令中,同时从正面讲清军事斗争要服从政治斗争的理道,把"底"交给干部战士,解开他们心里的疙瘩,收到了很好的效果。这一做法受到毛泽东的好评和肯定。

4月20日,国民党南京政府断然拒绝接受《国内和平协定(最后修正案)》,国共和平谈判破裂。21日,毛泽东和朱德联名发布《向全国进军的命令》。4月20日晚,人民解放军百万雄师陆续强渡长江,22日全线突破国民党军长江防线。23日晚占领南京。

南京的解放,宣告蒋介石国民党反动统治的灭亡。胜利的消息传到总前委的驻地瑶岗村,邓小平兴奋不已,午餐时喜不自禁地与大家举杯同饮。

4月27日,邓小平率总前委到达南京。邓小平晚年时,女儿毛毛向他问起当年进南京时的情形。毛毛问父亲:"你进总统府了吗?"父亲说:"进去了,是和陈伯伯(指陈毅)一起进去的。"再问:"你们在蒋介石的总统宝座上坐了坐吗?"父亲微笑了:"总要坐一坐嘛!"

可先头部队的几个战士就不是只坐了坐,他们看见总统府一幅高三米、宽两米的金光闪闪的身穿元帅服的蒋介石全身绣像——据说是浙江省主席请高手名匠给蒋介石六十大寿的献礼,就用刺刀捅了几个窟窿。邓小平对此十分生气,他严厉批评:"怎么能干这种蠢事?怎么能用感情代替纪律和政策?"并立即通令全军,一定要保护好文物和古迹,把保护南京和名胜古迹作为重要的教育内容。他耐心又严肃地对战士说:"同志,这刺绣是艺术品,是劳动人民智慧和血汗的结晶,也是我们的胜利纪念品,怎么能破坏自己胜利的纪念品呢?"

5月27日,上海宣告解放。人民解放军胜利渡江和完成整个京沪杭战役,是新中国的奠基礼。

在新中国成立日永远铭记革命战争中牺牲的无数先烈和战友

1949年六七月间,邓小平因积劳成疾头痛病发作,一度痛得卧床不能起身。中央批准他到北平休养一个月。7月14日,邓小平夫妇带着三个孩子到达北平。这是邓小平第一次到北平。在这里,他一边治病养身,一边向中央报告工作和研究解放大西南的作战。闲暇之间,他还带孩子们到颐和园,在昆明湖上兴致很浓地泛舟畅游。

渡江战役后,国民党军队残存部队退到华南、西南和台湾及沿海岛屿上,企图负隅顽抗。毛泽东和中央军委在部署进军全国时,把解放大西南的任务交给了二野。西南地区包括云南、贵州、四川、西康[1]四省及西藏,面积二百三十四万平方公里,是解放全中国的必经之战。

就在邓小平到达北平的第二天——7月16日,中央军委正式下达向西南进军的指示。8月1日,中共中央决定:西南局以邓小平为第一书记,刘伯承为第二书记,贺龙为第三书记,统率第二野战军全部、第一野战军一部共六十万人。

在人民解放军建军节纪念的这一天,邓小平为二野司令

---

[1] 西康:简称康,是中华人民共和国原省级行政区,共存在十六年。省名来自境内的康巴藏区,省会曾设于康定、雅安等。西康省设置于民国二十八年(1939),由西康行政督察区(原川边特别区)和四川所属第十七、第十八行政督察区合并而来,省会设在康定。1955年9月,第一届全国人民代表大会第二次会议决议撤销西康省,原西康省所属区分别并入四川省和西藏自治区筹备委员会(今西藏自治区),金沙江以东并入四川省,金沙江以西的昌都并入西藏。

双堆集歼灭战是全国千百项重要胜利中的一个。一定要把大别山的意义一样，以能把定的宝贵经验挖取出来，作为我们继续进步的基础，而不能把定变成障碍自己前进的政治包袱！

邓小平敬题 一九〇九、八、一

1949年8月1日邓小平为《淮海战役中双堆集歼灭战初步总结》一书的题词

1949年9月,中国人民政治协商会议第一届全体会议在北平中南海举行。图为中南海新华门前庆祝会议召开的群众队伍

部编辑出版的《淮海战役中双堆集歼灭战初步总结》一书题词:"双堆集胜利仅仅是全国千百次重要胜利的一个。一如坚持大别山的意义一样,只能把它的宝贵经验提取出来,作为我们继续进步的基础,而不能把它变成障碍自己前进的政治包袱!"

进军大西南正需要这种甩掉包袱、轻装前进的精神状态。

邓小平在8月上旬离开北平回到上海旋即又到南京,投入进军大西南的各项准备工作中。

邓小平和刘伯承等具体分析了蒋介石和国民党军可能采取的行动,在拟定的《向川黔进军的基本命令》中,将毛泽东和中央军委关于"远距离包围迂回"的作战方针具体化,提出"大迂回"战略部署。

9月初,二野第三、第五两个兵团按预定计划秘密出动南下。

进军大西南各项工作部署完毕、部队出动后,邓小平于9

1949年10月1日开国大典，邓小平作为新中国的开国元勋，出席了开国大典，第一次登上天安门城楼

月底再次从南京赶到北平，参加新中国的开国大典。

9月30日下午3时，邓小平出席在中南海怀仁堂召开的中国人民政治协商会议第一届全体会议最后一次会议。他在会上当选为中华人民共和国中央人民政府委员、政协全国委员会委员。

10月1日下午2时，邓小平出席毛泽东在中南海勤政殿主持召开的中央人民政府委员会第一次会议。会议宣告中华人民共和国中央人民政府成立，接受《中国人民政治协商会议共同纲领》为政府施政方针。

随后，毛泽东、刘少奇、周恩来、朱德等和中央人民政府委员登上天安门城楼，出席中华人民共和国的开国大典。下午3时，毛泽东向全中国、全世界庄严宣告："中华人民共和国中央人民政府已于本日成立了。"

四十五岁的邓小平，作为中华人民共和国的开国元勋，和刘伯承、陈毅等肩并肩站在天安门城楼上，见证了这一伟大

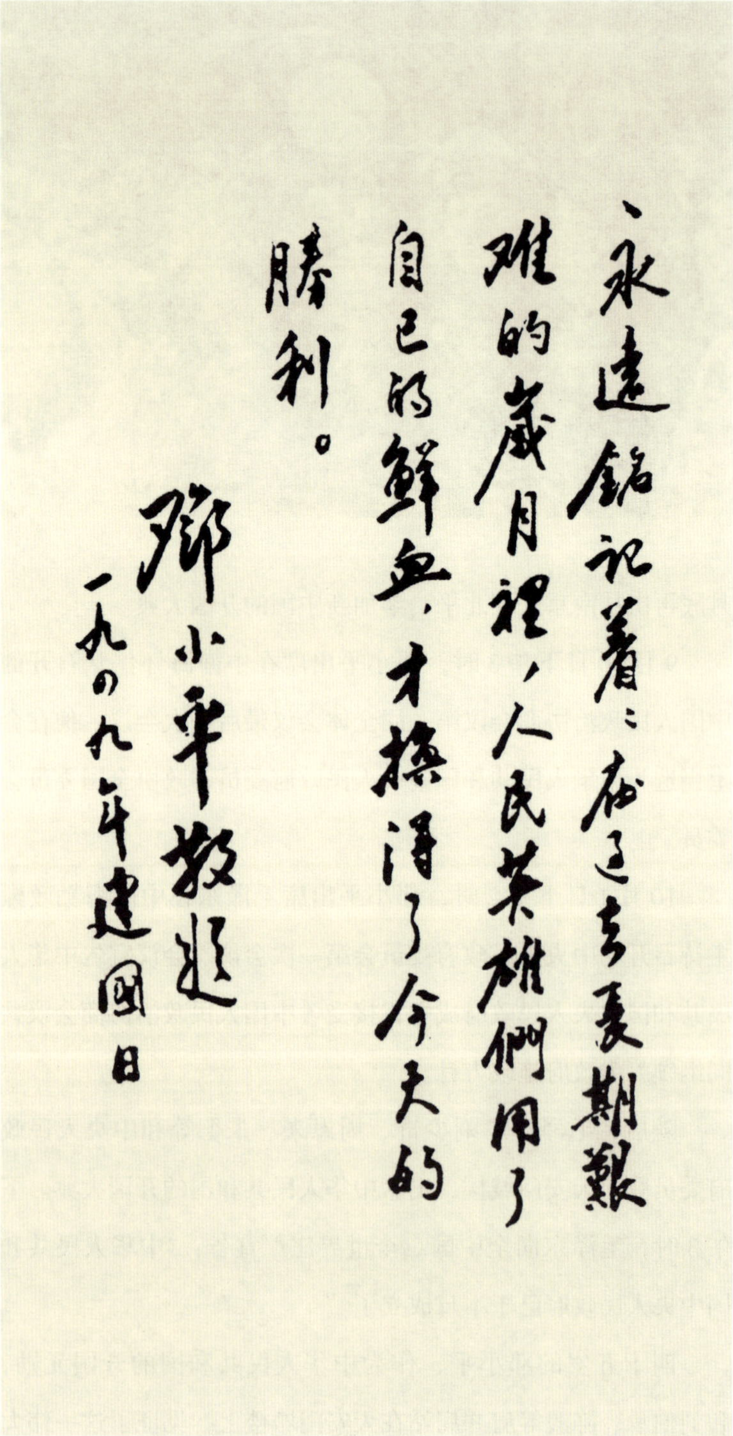

永远铭记着:在这吉长期艰难的岁月里,人民英雄们用了自己的鲜血,才换得了今天的胜利。

邓小平敬题
一九〇九年建国日

1949年10月1日邓小平的题词

的历史时刻。广场上鲜艳的五星红旗冉冉升起，雄壮有力的进行曲震撼人心，三十万人民群众和游行队伍威武雄壮。这是中国人民永远难忘的日子，是革命胜利的伟大节日。为了迎接这一天的到来，多少中华民族的优秀儿女、志士仁人，为之上下求索，百折不挠，流血牺牲。

在这一天，邓小平更加缅怀在人民革命战争中牺牲的无数先烈和战友，他无限感慨地为邯郸新落成的晋冀鲁豫烈士陵园挥笔题词：

永远铭记着：在过去长期艰难的岁月里，人民英雄们用了自己的鲜血，才换得了今天的胜利。

邓小平敬题
一九四九年建国日

这充满深情的题词，表达了他对来之不易的中华人民共和国的无比珍重，对党领导全国各族人民取得的伟大胜利的由衷敬重！晚年，邓小平常说："中国在世界上的地位，是在中华人民共和国成立以后才大大提高的。只有中华人民共和国的成立，才使我们这个人口占世界总人口近四分之一的大国，在世界上站起来，而且站住了。还是毛泽东同志那句话：中国人民从此站起来了。"

进军大西南：解放全中国

参加完开国大典后，邓小平全身心地投入进军大西南的作战部署中。10月19日，在中央人民政府委员会第三次会议上，邓小平当选为中国人民革命军事委员会委员。

10月21日，邓小平和刘伯承从北京乘火车南下。11月23日，在常德主持正式组建中共中央西南局，并就任西南局第一书记。

人民解放军"大迂回"战斗势如破竹，如秋风扫落叶般，用邓小平晚年的话来说，没有什么大仗。"进军西南，同胡宗南那一仗打得很容易，同宋希濂也没有打多少仗。真正打了一场的是剿匪战斗，打得很漂亮。"

11月30日，重庆宣告解放。蒋介石企图"建都重庆，确保西南"的美梦破灭。12月8日，邓小平和刘伯承等率领二野指挥机关进驻重庆。29年前他从这里走出四川，远涉重洋

1949年11月初，人民解放军第二野战军和第一、四野战军各一部发起西南战役。图为刘伯承（右二）、邓小平（右四）、贺龙（右三）等在研究作战计划

1951年4月,邓小平和各界群众欢迎以阿沛·阿旺晋美(正面左一)为首的西藏地方政府代表团途经重庆前往北京。同年5月,中央人民政府代表同西藏地方政府代表达成了和平解放西藏的协议

赴法勤工俭学走上革命道路。今天,他率胜利之师回到这里,担负起解放大西南、主政大西南的重任。

12月27日,成都战役胜利结束。1950年4月7日,西昌战役胜利结束,西康全境获得解放。

接下来,进军西藏成为西南局头等光荣而艰巨的任务。根据中共中央和毛泽东关于在战斗进军西藏的同时争取和平解放西藏的重大决策,邓小平在大量调查研究的基础上,主持拟定了同西藏地方政府进行和平谈判的十项条件,受到中共中央的充分肯定。

经过艰苦的军事、政治斗争,1951年5月23日,中央人民政府和西藏地方政府签订《关于和平解放西藏办法的协议》(《十七条协议》)。七八月间,进藏部队先后从昌都等地出发,向拉萨进军。至12月,西藏全境获得解放。

(文/蒋永清、卢佳)

主政西南

1949年9月，中华人民共和国成立的前夕，邓小平在中国人民政治协商会议第一届全体会议上，被选为中央人民政府委员。他参加了开国大典。10月，任中国人民革命军事委员会委员。随后他和刘伯承率部队进军大西南，迅速消灭了盘踞在云、贵、川三省的九十多万国民党反动武装，把国民党反动统治势力最后逐出中国大陆。邓小平受命组建中共中央西南局，任中共中央西南局第一书记、西南军政委员会副主席、西南军区政治委员。

邓小平是西南大区名副其实的一把手，然而，他看重多做实际工作，从不争名分高低，他提议在报纸上公布首长姓名的次序为刘（伯承）、贺（龙）、邓（小平）、张（际春），把自己摆在刘、贺之下。在五个有政府机构的大区中，只有邓小平这个第一书记不是一把手，在政府机构中任副职。1950年11月22日，中共中央西南局、西南军政委员会、西南军区和中共重庆市委在重庆胜利大厦举行宴会，欢迎去北京参加国庆一周年庆祝活动的西南各民族代表团圆满归来。邓小平致欢迎辞。后来，据代表团成员、原世袭云南车里宣慰使刀世勋回忆："小平同志来了之后，给大家讲几句话，给代表团问好。"代表们"个个都想见小平同志，但是他个子矮，在人群中看不见。

1949年12月27日，解放军先头部队进入成都市

有个代表端个椅子来，请他站在椅子上。大家热烈地鼓掌，表示欢呼"。

稳定秩序，发展经济

摆在邓小平和西南局面前的是一副很重的担子。九十万、六千万、六十万，邓小平常用这三个数字来概括西南局当时的工作任务。其中九十万是指要把九十万原国民党部队改造为人民的军队；六千万指的是要组织起六千万西南人民恢复经济、发展生产；六十万则指的是要将我军在西南的六十万部队转变为工作队。由此可见邓小平此时期工作任务的艰辛繁重。

早在南京期间，刘伯承、邓小平就开始着手准备进军西南的各项事宜，包括思想、干部、物资和情报准备。邓小平从西南解放较晚、封建势力强大、少数民族众多等实际情况出

1950年初,邓小平(右一)、刘伯承(右三)同率部解放成都的贺龙(右四)、王维舟(右五)在重庆

1950年7月,邓小平在西南军政委员会第一次全体会议上讲话

发,提出"按照新区发展的规律,在工作步骤上,随着城市的接管,我们工作的注意力以农村为重点"。在接管城市告一段落,征粮剿匪在西南展开之时,邓小平调整了工作思路,1950年3月,他提出了:"西南的新任务是两个方面,一方面要学会管理城市,另一方面是加强农村工作这个基础。"他指出:"全国大陆的统一,改变了整个形势。过去的办法,是全国大陆战争还没有完全结束时提出来的……但现在情况不同了,交通通达了,物资可以交流了,城市收入大大增加了。而过去我们的收入以农村为主,城市收入得很少。实际情况证明,城市只要管理得好,不但能够养活自己,而且能够上缴后有富裕。"正是基于对西南各种矛盾实事求是的分析和对西南社会本质特征的把握,邓小平把清匪、反霸、减租、退押等反封建斗争喻为"淮海战役",把彻底消灭封建剥削制度,解放农村

生产力的土地改革喻为"渡江战役",以期引起各级党组织和广大党员、干部的高度重视。在这一正确方针的指导下,邓小平带领西南人民,在较短的时间内即完成了清匪、反霸、减租、退押和土地改革的任务。与此同时,邓小平还注重城市经济特别是工商业的恢复,加大财政税收的力度,稳定了西南的社会秩序,巩固了新生的人民政权,为大规模经济建设打下了坚实的基础。

和平解放西藏

为完成统一祖国大业,解放西藏势在必行。1950年1月初,当时正在苏联访问的毛泽东发给"中共中央并彭德怀、邓小平、刘伯承、贺龙"一封电报,提出:"由青海及新疆向西藏进军,既有很大困难","由西南局担负向西藏进军和经营西藏的任务"。对此,邓小平及时复电,表示"完全同意",并确定由第十八军军长张国华率部入藏,指令该军集结整训。

1951年5月23日,在北京举行《中央人民政府和西藏地方政府关于和平解放西藏办法的协议》的签字仪式。图为中央人民政府全权代表李维汉(右三)等在协议书上签字

邓小平坚决按照中央的指示，努力以和平的方式解决西藏问题。在邓小平的主持下，西南局提出了"十大政策"，作为与西藏地区进行和平谈判的基础。1950年6月2日，西南局正式发出由邓小平亲自主持起草的《关于以十项条件为和平谈判及进军基础给西藏工委的指示》。这十条政策成为中央人民政府同西藏地方政府签订的《关于和平解放西藏办法的协议》的基础框架。这十条，充分考虑到西藏的社会现实，照顾到了各阶层的利益，符合西藏的实际情况，因而受到了包括西藏上层人士在内的广大藏族人民的欢迎，受到了党中央和毛泽东的充分肯定和赞扬。其后，中央人民政府和西藏地方人民政府的和平谈判，就是以这十条作为谈判基础的。邓小平评价说："我们对西藏的十条，就是要宽一点，这是真的，不是假的，不是骗他们的。"

1951年4月，以阿沛·阿旺晋美为首的西藏地方政府代表团来到北京同中央人民政府谈判。5月23日，双方签署了

西藏人民热烈拥护关于和平解放西藏协议的签订。图为喇嘛在认真学习协议

1951年秋，解放军第二野战军一部进驻西藏拉萨

《关于和平解放西藏办法的协议》。各路进藏部队在中共西南局、西南军区及中共西藏工委领导下，克服罕见的困难，于12月会师于拉萨，使西藏这块祖国大陆上最后一块领土获得解放。西藏的和平解放，使西藏避免了帝国主义对西藏的分裂。

修建成渝铁路

蜀道之难，难于上青天，从四川走出来的邓小平最能体会四川交通的困难。自从知道自己要去解放大西南，要修成渝铁路的计划就已在邓小平的心中萌发。历史上，四川曾数次欲修建铁路而未果。到了民国时期，在四川修建铁路的方案几度变迁，都因资金和时局混乱未能成功。而最终，四川几代人盼望的成渝铁路，终于要在共产党开始执政的时代修建了。

刚刚进入重庆，邓小平就主持西南局常委会议，决定"兴办铁路"。向中央汇报建设西南的计划时，他特别提出要"着重于修成渝铁路和造船"。他明确地告诉人民群众："我们

1952年7月1日，邓小平出席成渝铁路通车典礼，并在纪念册上签名

进军西南就下决心把西南建设好，并从建设人民的交通事业开始做起。"西南军政委员会成立后做出的第一个重大决策，就是"以修建成渝铁路为先行，带动百业发展，帮助四川恢复经济"。邓小平说，我们还面临着很大的困难。我们只好集中力量办一两件事，绝不能百废俱兴。成渝铁路一开工，不但可以带动四川的经济建设，而且可以争取人心，稳定人心，给人民带来希望。

经过充分准备，成渝铁路于1950年6月15日正式开工，

修建成渝铁路

邓小平亲临开工典礼，并在会上做了重要讲话，他说："我们今天建设成渝铁路，是在经济与设备困难的条件下开始的。人民对建设的希望是花钱少，事情办得好。我们调出一部分部队参加建筑，也是为着替人民少花一些钱，把铁路建设起来。许多困难问题，必须要以为人民服务的精神，逐步地求得解决和克服，并防止官僚主义的倾向发生。要求修路部队要遵守劳动纪律，要学会掌握修路技术，尊重技术人员的指导，要紧密团结起来进行工作。"

在整个施工过程中，邓小平对工程进展十分关心，经常亲临工地，视察工作。经过西南人民的不懈奋斗，仅用不到两年的时间，1952年7月1日，成渝铁路正式通车，邓小平出席通车典礼。成渝铁路的修通，对西南重工业的发展给予了有力的支援，不仅使沿线丰富的物产经长江航运与外地市场密切联系起来，还大大增加了人民的收入，为即将开始的大规模社会主义建设和彻底改变西南落后面貌奠定了基础，并且在政治、经济及国防上都有着重大的作用。

1951年，知名民主人士梁漱溟参加了四川的土改运动。9月，他曾向毛泽东谈起在四川的观感和对邓小平的印象。梁漱溟说，解放不到两年，四川能出现这样安定的情势，不容易，"这一局面的取得首先得推刘、邓治下有方"，"特别是邓小平年轻、能干，所见所闻，印象深刻"，"前因后果，利弊得失十分清楚。邓小平之才干，就表现在这些方面。"毛泽东显得很兴奋，笑出了声，说："梁先生看得蛮准，不论是政治，还是军事，论文论武，邓小平都是一把好手。"

（文／叶帆子）

成渝铁路全线通车,实现了四川人民数十年来的夙愿,从此四川有了铁路

江西岁月

1966年8月，当了十年党中央总书记的邓小平一下子成了"党内第二号走资本主义道路的当权派"。在中南海的含秀轩，邓小平与夫人卓琳被关押了三年。1969年10月，由于中苏关系急剧恶化，根据毛泽东的提议，中央政治局会议决定，立即开始加强战备，并决定10月20日之前在京的老同志全部战备疏散，邓小平也在疏散之列。

临行前，邓小平向中央提出了两个要求：一是能不能把"刘邓路线"去掉；二是还想再做点工作。毛泽东听后表示："刘邓路线可以分"，去江西先锻炼一下。汪东兴向邓小平传达了毛泽东的意见之后，又特意加了一句话：如果拿不了的东西可以放在含秀轩，这个院子会一直空着。

毛泽东的态度让邓小平看到了重返中南海的希望。1969年10月22日，邓小平带着这样的信念和希望，与妻子卓琳、继母夏伯根一起，登上了去往江西南昌的专机。

钳工"老邓"

江西，绵延不绝的红土地，是磨砺人意志的地方。1933年，邓小平在这里遭遇了人生的第一次政治磨难，那时的他只有二十九岁。没想到三十多年之后,这里又见证了他革命与政治生涯的第二次失意。

"将军楼"位于南昌市郊新建县的原福州军区南昌步兵学校内,是原步校校长住过的一栋二层小楼。在周恩来的关照下,邓小平一家三口住进了这座小楼里。邓家人住在楼上,楼下有一个江西省革委会的干事和一个战士,负责看管和保卫。

在这里,虽然有别于中南海的囚禁,但是邓小平和卓琳的生活还是处于半软禁和监管状态。同时,邓小平和卓琳被安排到了南昌郊区新建县拖拉机修造厂监管劳动。除了每天步行到新建县拖拉机厂参加劳动以外,他们被规定不能随意外出,连所住的小院子也不能随便出去。

拖拉机修造厂同当时不少工厂一样,是按部队的连、排编制,一个车间就是一个排。车间负责的排长叫陶瑞缙,是个厚道直爽的老工人。在朴实的陶排长看来,不管什么"走资派",来厂里干活,就和大家一样。但是怎么称呼邓小平呢?

"将军楼"。从1969年10月起,邓小平在这里度过了三年多的谪居生活

江西省新建县拖拉机修造厂。从1969年11月起,邓小平和卓琳在这里劳动了三年多的时间

是叫他同志,还是直呼其名?工人们很有智慧,他们想出了一个非常合适的叫法"老邓"。在中国,这既是对长者的尊称,又是对年龄较大的朋友亲近自然的称呼。邓小平也很喜欢,他说:对,叫我老邓好。

那么安排老邓干什么活?这可是费了陶排长的一番心思。一开始,陶排长想让老邓干点轻活,就分配他用汽油洗一些零件。但是老邓年纪大了手抖,拿不住东西,而且弯腰也困难。

洗东西不行,陶排长又想安排老邓干点看图纸的轻活儿。结果老邓眼睛老花了,看不清楚。最后,还是邓小平自己提出,想干一点出力气的活儿。陶排长问老邓,用锉刀锉点零件怎么样?老邓立刻表示同意。钳工工作台在车间的一角,上面放着钳工工具。老邓看见后很高兴,拿起锉刀便开始干活。

陶排长一看,老邓完全不像一个新手。事实上,早在四十年前,邓小平在法国勤工俭学时就在雷诺汽车厂里干过钳工。虽时隔已久,但对这门手艺并不陌生。邓小平也没有想

新建县拖拉机修造厂车间，1969年秋至1973年春，邓小平在此当钳工

到，早年在法国一边干革命，一边学到的这门手艺，半个世纪后竟然在江西的这个小工厂中派上了用场。真可谓世事难料。

虽然每天只有上午上工，但对于一个快七十岁的老人来说，每天工作的劳动量还是很大的。邓小平的性格中有一个显著的特点就是认真负责，不论做什么，他都会尽力完成。此时的他，并未将工厂的劳动看作是一项可以简单应付的事，而是全力以赴认真对待。他将劳动看成此时最重要的工作与使命，每天做工都要使出全身的力气。在工作台上，工厂的工人们为邓小平准备了一条毛巾，无论寒暑，即使是冬天邓小平也总是要用毛巾擦擦汗。按照邓小平自己的话说："劳动成了最大的需要，虽然在盛暑，也坚持到工厂。"

劳动中，邓小平十分尊重这些普通工人。每天上工时，一进门他就会用他带着四川口音的普通话和工友们问好"同志们好"，下班的时候也总有一句"同志们，明天见"。他的平易近人也赢得了工人们的尊敬，时间长了，工人们都不把他当作犯"错误"的人来看了。

"将军楼"三老人

在江西,邓小平、卓琳和夏伯根,这三个加起来已经超过一百八十岁的老人必须自己张罗生活,做饭、劈柴、砸煤块儿,洗衣服、打扫卫生,所有的家务活都要自己干。"将军楼"的水压很低,有时候二楼没有水,三个老人就要提着桶,把水提到楼上去。

除了里里外外的家务活全要自己承担外,由于邓小平和卓琳的工资被停发,改为发生活费,家里的经济状况成了很大问题。

对于当时的生活情况,邓小平在1970年2月9日的给一封请汪东兴转毛泽东的信里是这么说的:"当然,坦率地说,这个数目对于我们这个九口人之家(我们夫妻,我的继母,五个孩子,还有一个卓琳姐姐的孩子也是我们供给的),是不无困难的。因为除邓林已有工资外(她本人病多,最多只能自给),我的大儿子邓朴方在医院每月需三十五元左右,两个大

"将军楼"里的三位老人:邓小平、卓琳和邓小平的继母夏伯根

学生每月三十元左右,三人即需九十元至一百元,我们在南昌的三个人,只有一百元开支……但是,党既做了这样统一的规定,我们没有理由提出额外的请求……"

为了尽可能节省下钱来给孩子们留作探亲时的路费,邓小平和卓琳在平时就已经相当俭朴的生活开销上,进一步节省。只要孩子们没有回来,三位老人在家就不怎么吃肉,只吃青菜。每顿要是有剩饭剩菜,都要留着下顿再吃。有一年夏天女儿邓榕获准去江西探亲,一天吃晚饭时她发现中午熬的粥已经馊了,就准备倒掉。结果被邓小平发现了。邓小平坚持说这粥还能吃,热一下就杀菌了,可以吃了。事实上,邓榕也知道,粥馊了以后,即使热过煮开了馊粥的味道仍然存在。但是此时的邓小平却毫不在意,只要有馊的粥,每一顿他都留下来,把它喝了。

除了节流,还要开源。三个老人想到了种地。刚好后来邓榕和质方来到江西探亲,邓小平就在孩子们的帮助下在院子里开荒种起了菜。质方负责挖地,邓小平则用锄头把地修成垄

邓小平在工厂劳动时,有一次因低血糖晕倒,工人用这辆拖拉机把他送回了"将军楼"

"将军楼"

分成畦。卓琳血压高，干不了重活，只能坐在小板凳上捡地上的石头。全家人合力，在自己的小院里种起了各种蔬菜以贴补家用。

"小平小道"

在江西，邓小平每天上午去工厂劳动，下午在院子里的菜园收拾，晚上听广播、看书，生活很有规律。在汪东兴的安排下，邓小平的藏书都被运到了江西，既有马列主义经典著作、哲学，也有中外历史、文学戏剧，等等。这些书陪伴邓小平度过了在江西的艰难岁月。

此时，邓小平一直用书信的方式保持着和中央的联系，有时谈政治，有时谈他在江西的情况以及家人的事情。虽然他并不能确定这些信能够起到什么作用，但他仍旧坚持不辍。

在邓小平看来，保持沟通，就是希望。

在邓榕的记忆里，这时候在江西看不到父亲有任何悲伤、困惑，或是皱着眉头。在平常生活里，处理任何事情，邓小平仍然是那么镇静。"没有节日的鞭炮，过年的喧闹，我们一家人同样高高兴兴地吃了年夜饭，安安静静地送走了1969年，迎来了1970年。"

这是邓小平的小女儿邓榕在《我的父亲邓小平》一书，对于在江西度过的第一个春节的描述。在邓榕的记忆中，那一年的冬天就是一个感受——"冷"。

南方的冬天，是一种阴湿、透骨寒心的冷，与北方那种痛痛快快的冷大不相同。邓小平对付寒冷的办法就是"以冷制冷"。在战争年代，邓小平就一直保持着洗冷水澡的习惯，到了江西也没有改变。已经将近七十岁的他，不敢再用冷水直接浇身了，便改用毛巾浸入冷水擦身。对于洗冷水澡，他也有自己的理论："冬天洗冷水澡，就不怕冷，还可以提高身体抵抗力，可以预防感冒不生病。"

邓小平保持着一颗平静、豁达而又乐观的心。他很快地适应了江西的生活，在北京消瘦的身体，开始逐渐恢复，服用了多年的安眠药，也在到了江西两个月后停用了。

劳动锻炼体质，清闲修养思想。逆境中的邓小平一天也没有放弃他的政治理想和对未来的信心。在江西，通过与工人们的接触，目睹工厂的生产状况，让邓小平真正接到了"地气"，了解了真实的国情民情。社会的混乱，人民的生活每况愈下，"文化大革命"真实的一面使得邓小平的心情越发沉重，他话说得更少了。

在"将军楼"通往拖拉机厂的路上,有一条小道,在江西的岁月里,邓小平的身影每天都会出现在这条不足两公里的小道上,他一边走着一边思考,日复一日,年复一年。这条蜿蜒曲折、长满杂草的田间小道,如今被人们亲切地称为小平小道。在这条小道上,邓小平走了三年,思考了三年。尽管我们并不知道他在这条小道上想了些什么,但还是有人说,中国现在发生的许多事情,就是从这条小道上延伸出来的。

告别江西

1971年11月6日,在新建县拖拉机配件厂工作的邓小平和卓琳突然得到通知,要去食堂听取有关林彪罪行的中央文件。显赫一时的"副统帅"林彪的叛国和自取灭亡,使得许多在"文革"初期被打倒的老干部出现了转机,也让邓小平的江西岁月出现了拐点。

1971年11月8日,邓小平致信毛泽东,他在信中向毛泽东表示:"我完全脱离工作、脱离社会已经五年多了……我觉得自己身体还好,虽然已经六十八岁了,还可以做一些技术性的工作(例如调查研究工作),还可以为党为人民做一些工作……我没有别的要求,我静候主席和中央的指示。"

8月14日,当毛泽东看到邓小平8月3日的来信后,作出了批示:

请总理阅后,交汪主任印发中央各同志。邓小平同志所犯的错误是严重的。但应与刘少奇加以区别。(一)他在中央

1972年8月14日,毛泽东对邓小平来信的批示

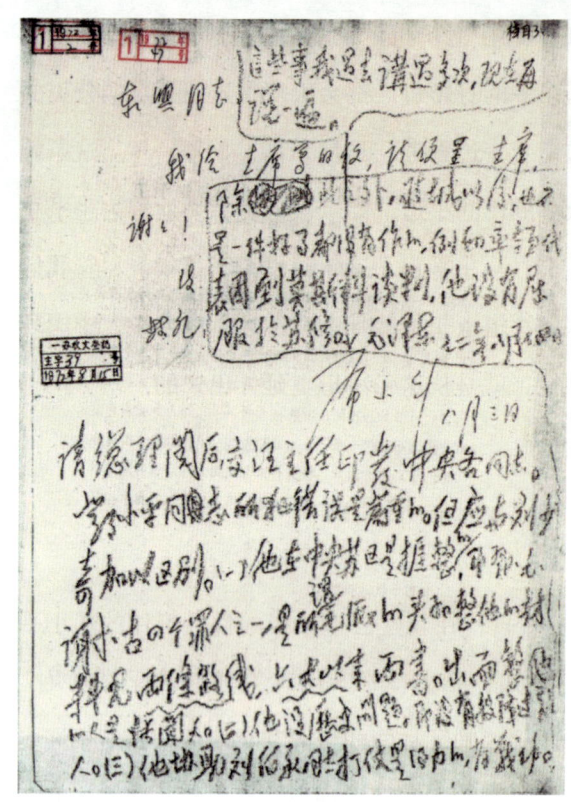

苏区是挨整的,即邓、毛、谢、古四个罪人之一,是所谓毛派的头子。整他的材料见《两条路线》《六大以来》两书。出面整他的人是张闻天。(二)他没历史问题。即没有投降过敌人。(三)他协助过刘伯承同志打仗是得力的,有战功。除此之外,进城以后,也不是一件好事都没有做的,例如率领代表团到莫斯科谈判,他没有屈服于苏修。这些事我过去讲过多次,现在再说一遍。

从批示的内容来看,毛泽东对于邓小平的批判是留有余地的。周恩来看到毛泽东批示的当天,就以中央的名义正式通知江西省委,宣布对邓小平立即解除监督劳动,恢复邓小平的

1972年邓小平一家离开江西前,在"将军楼"前合影

组织生活,并指示江西方面给邓小平安排一些参观、访问和调查研究工作。

对于邓小平来说,这是一个十分重要的转折,意味着他的政治生命开始复苏。11月12日,在江西省革委会的安排下,邓小平夫妇踏上了去井冈山等地的考察行程。这是他们到达江西两年多以来第一次外出,也是自"文化大革命"爆发六年以来的第一次外出。这次外出,标志着邓小平长达六年监禁生活的结束,邓小平的复出工作也开始提上日程。

在毛泽东的过问下,1973年1月,在江西疏散了三年的邓小平,终于得到了回京的通知。2月20日,邓小平登上了返京的列车。

(文/叶帆子)

"敢"字当头搞整顿

1975年1月13日至18日，四届全国人大一次会议在北京举行

邓小平曾说过："拨乱反正在1975年就开始了。"1975年初，邓小平在毛泽东、周恩来的支持下开始主持国务院工作，继而又同时主持党中央日常工作。邓小平根据毛泽东提出的要安定团结、把国民经济搞上去的指示，果断地对被搞乱了的各条战线进行整顿。

整顿其实就是改革，邓小平强调，整顿要"敢字当头"，敢于打破派性、破除陈规。他说："现在问题相当多，要解决，没有一股劲不行。要敢字当头，横下一条心。这半年来，我讲了多次话，中心是讲敢字当头。"经过邓小平大刀阔斧的整顿，从1月军队整顿开始到10月，整顿从局部、单一的某个方面

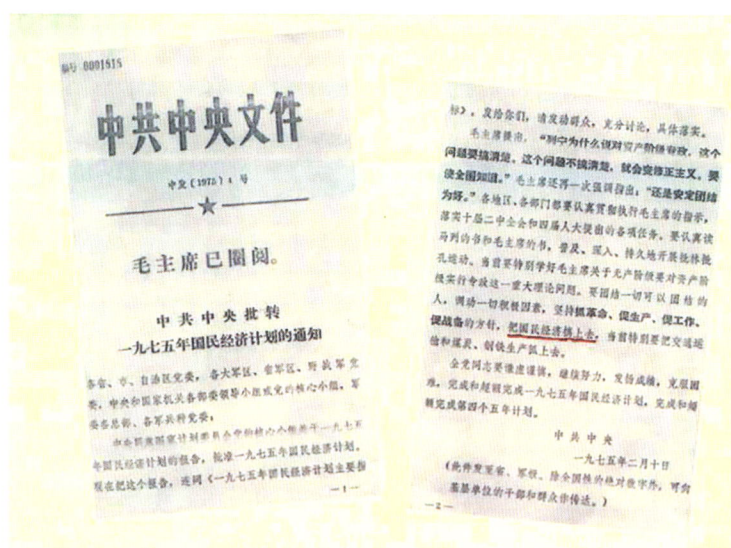

中发[1975]4号文件传达毛泽东"要把国民经济搞上去"的指示

1975年,邓小平在主持中央日常工作期间,同江青反革命集团进行针锋相对的斗争,召开了解决军队、交通、工业、农业、科技等方面问题的一系列重要会议,着手进行全面整顿,全国形势明显好转

或某几个方面，渐次推进，由铁路、钢铁、国防工业扩展到党的建设、工业各行业、科技、教育、文艺、农业、思想理论等多个领域，使社会秩序和各项工作发生显著变化，党心民心为之大振。

从"铁老大"下手

1975年的整顿，首先是从铁路开始的。由于"四人帮"在铁路系统帮派势力的破坏，铁路运输的问题最为严重，铁路运输问题不解决，生产部署统统打乱，整个国民经济计划就都落空。邓小平就从摸"铁老大"这个"老虎屁股"开始，领导整顿。

邓小平抓住这个关键，下决心首先整顿铁路。1月28日，邓小平召见刚上任十天的铁道部部长万里，要他汇报铁路情况。过了九天，2月6日晚邓小平再次召见万里，提出，要铁道部代中央起草一份解决铁路问题的文件。对文件的指导思想和写法，他扼要地讲了意见。

2月11日，农历大年初一，邓小平找副总理余秋里、谷牧和万里、袁宝华到他家里，讨论铁路和工业问题。万里表示，以解决铁路问题为重点的全国工业书记会议准备在3月召开。邓小平说：不行，要在2月25日开。邓小平要求抓紧把文件搞好，口授了这个文件的主要内容，强调铁路要集中，要实行军事化管理。在审改中共中央《关于加强铁路工作的决定》稿时，邓小平增写了一段话："对于少数资产阶级派性严重、经过批评和教育仍不改正的领导干部和头头，应该及时调离，不宜拖延不决，妨害大局。对严重违法乱纪的要给予处分。"

2月25日，全国工业书记会议如期在北京京西宾馆召开。3月5日，会议结束。中共中央9号文件《关于加强铁路工作的决定》正式发出。《决定》要求全国所有铁路单位必须贯彻"安定团结"方针，实行以铁道部为主的管理体制。重申全路由铁道部统一管理，集中指挥，反对资产阶级派性，建立健全必要的规章制度，整顿运输秩序，同各种破坏行为做斗争，加强组织性纪律性，确保运输安全正点。

这一天下午，邓小平同党中央、国务院负责人一起在人民大会堂东大厅接见出席会议的人员。他没有按惯例同大家握手，说：不拉手了，现在工业情况还不好，等你们工业搞上去了，再拉手。邓小平在这次会上提出解决铁路问题的三条措施：一是"还是要加强集中统一"；二是"建立必要的规章制度，增强组织性纪律性"；三是"反对派性"，铁路部门的人

经过整顿后，徐州铁路局列车运行恢复正常

事调动,由铁道部统一管理。

"擒贼先擒王",邓小平的讲话强调解决铁路问题办法是反对派性,抓住了主要矛盾,把握了解决铁路问题的关键。邓小平指出:反对派性,"解决问题要有一点办法":一条是把铁路系统里闹派性的人同地方上闹派性的人之间的联系切断;一条是把闹派性的头头从原单位调开。邓小平要求把9号文件同群众直接见面,用中央的决定来动员群众。他说:"3月份的动员要很深入,包括对职工家属、铁路沿线农民,都要做到家喻户晓。"

中共中央9号文件和邓小平讲话,成为指导铁路整顿的纲领。主管交通的副总理王震在会上立下"军令状":保证一个月内见效。会后,铁道部采取果断措施,调整、充实、加强各铁路局、铁路分局的领导班子,调离、撤职、逮捕了一小撮破坏铁路运输、专搞资产阶级派性的坏头头,初步稳定了铁路运输秩序。到了4月份,原来严重堵塞的几个铁路局都疏通了;全国20个铁路局,有19个超额完成装车计划;剩下的南昌局虽然没有完成计划,但情况也有好转;全国铁路货物运输量,由上年的下降52%变为增长129%。

大刀阔斧整顿钢铁工业

邓小平以钢铁工业为重点,狠抓了对整个工业生产的整顿。

在"文革"中,钢铁工业是一个"重灾区",受到的破坏特别严重。这是由于大型钢铁企业实力雄厚,人数众多,在当

1958年9月25日,武汉钢铁公司举行一号高炉建成投产庆祝大会

2000年前后的武钢。武汉钢铁(集团)公司是新中国成立后兴建的第一个特大型钢铁联合企业,1958年9月13日投产,现具备生产钢、铁各800万吨的综合生产能力,是中国重要的板材生产基地。图为武钢5号高炉

地大都处于举足轻重的地位,是"文化大革命"中各派群众组织都竭力争夺的地方,因而"内战"不断,硝烟四起,折腾得格外厉害,几乎没有一个大钢厂不曾发生武斗。1974年的情况尤为严重,鞍钢、武钢、包钢、太钢频频告急。包钢四座焦炉仅有一座带"病"生产。武钢本来经过一年多的落实政策,狠抓管理,情况大有好转,冶金部专门在武汉召开现场会推广武钢经验,国务院还批转了这次会议报告,人称武钢"一年巨变"。可是"四人帮"大搞"批林批孔"运动,又使武钢形

势急转直下，结果，1974年钢产量由上年的上升态势，一下子跌到"低谷"。其他企业的情况也大体相同，生产秩序被搞乱，设备遭到严重破坏，职工情绪非常低落。

5月21日，邓小平主持召开国务院办公会议，专门讨论钢铁工业问题。针对钢铁工业的严重混乱局面，他斩钉截铁地指出：这种情况继续下去，是破坏！现在是到了下决心解决钢

按照邓小平"把钢铁工业搞上去"的要求，首都钢铁公司工人奋战在高炉前

1975年7月1日，二汽第一个基本车型——2吨越野车生产线正式建成

铁问题的时候了。根据邓小平的意见，5月8日至29日，中共中央在北京召开钢铁工业座谈会，国务院有关部委、十七个省市和十一个大钢厂的负责同志参加会议。6月4日，中共中央作出《关于努力完成今年钢铁生产计划的批示》，并转发了冶金部党的核心小组《关于迅速把钢铁工业搞上去的报告》。这是1975年中央第13号文件。文件要求，钢铁工业要"认真落实党的政策，调动一切积极因素，坚决把国民经济搞上去"。

邓小平对钢铁工业大刀阔斧的整顿，立刻收到显著成效。6月份全国钢的平均日产量72400吨，超过了全年2600万吨钢计划的平均日产水平；鞍钢、武钢、太钢等重点企业的生产经营形势，也有了喜人的变化。这种发展势头一直持续到1975年第四季度。

经过几个月坚决果断的整顿，经济形势明显好转。7月17日，中共中央转发国务院《关于今年上半年工业生产情况的报告》中指出：3月以来，"工业生产和交通运输一个月比一个月好。"5月和6月，原油、原煤、发电量、化肥、水泥、内燃机、纸及纸板、铁路货运量等，创造了历史上月产的最高水平。"文革"以来全面混乱和工业发展停顿的状况得到了扭转，工业生产呈现出一派大好形势。

敢字当头，全面整顿

在1975年7月以前，邓小平只是主持国务院工作。党中央日常工作和政治局会议是由王洪文主持的，但在上半年的"反经验主义"斗争中，在毛泽东的支持下，周恩来、邓小

毛泽东与邓小平（1974年底）

平、叶剑英等老一辈革命家再次取得同"四人帮"斗争的重大胜利，使其遭遇到了"文化大革命"以来从未有过的挫折。实际上，王洪文担任中共中央副主席后，原来对他并没有很多了解的毛泽东一直在留心观察。王洪文这个时期的表现，使毛泽东深感失望。他向周恩来、邓小平表示：王洪文政治上不强，"威望不高"。根据他的意见，王洪文于6月下旬被派往浙江、上海"帮助工作"，不再主持党中央日常工作。从此，邓小平开始全面主持党中央和国务院的工作。善于抓住机遇的邓小平，立即抓住有利时机，领导1975年整顿进入一个新的阶段，即全面展开和向纵深发展的阶段。

铁路系统和钢铁工业整顿的成功经验，为全面整顿树立了典型，邓小平将其向全国推开，抓了对整个工业的整顿。为了尽快改变"文化大革命"造成的国防工业混乱局面，为人民解放军提供较好的武器装备和技术装备，形成强大的国防力量，中共中央于1975年7月召开国防工业重点企业会议，研究对国防工业的整顿问题。

8月3日，邓小平到会讲话。他首先指出：几个月来，中央连续发了关于解决铁路问题、钢铁生产问题等几个文件，方针政策都明确了。这次会议要我讲几句，还是些老话。然后，他以干脆利落的讲话风格，提出了整顿国防工业的三条措施：第一，一定要建立敢字当头的领导班子。"老大难"单位，无非是这么个问题。怕字当头，不干工作，小病大养，无病呻吟，这样的领导干部，索性请他好好休息，不然占着茅坑不拉屎怎么行？主要是配备好一、二把手，一、二把手敢字当头，就可

毛泽东和叶剑英在天安门城楼上

以把队伍带起来。第二,一定要坚持质量第一。这个问题很重要,特别是军工产品。我们有几次科学试验没有成功,经过检查,并不是技术没有过关,而是那百分之一甚至百分之零点五的零部件质量没有过关,就是那么一点点没有达到要求。质量问题与建立规章制度有关。没有必要的责任制度,质量难于保证,这方面要很好地整顿。第三,一定要关心群众生活。这个问题不是说一句话就可以解决的,要做许多踏踏实实的工作。现在搞重体力劳动还很艰苦,不搞好职工生活不行。群众对生活方面的议论是相当多的,不要以为都是讲怪话。我们党和国家一定要关心群众生活,现在应该提出这个问题了。

邓小平的讲话,解决了长期以来困扰国防工业发展的几个关键问题。叶剑英在讲话中,着重批判了帮派势力的活动。李先念指出,企业要建立和健全总工程师、总会计师责任制,保证企业的正常生产秩序。

1975年,毛泽东与李先念在一起

这些讲话深入贯彻后，国防工业系统很快有了较大的改变。1975年下半年，国防尖端武器的研制连续取得突出成就，战略导弹、运载火箭和卫星的研制都有很大进展。7月26日，我国成功发射一颗技术试验人造地球卫星；10月27日，我国第十七次地下核试验爆炸成功；11月26日，我国成功发射返回式遥感人造地球卫星，成为继美、苏之后第三个掌握回收卫星技术和航天遥感技术的国家；12月16日，我国又成功发射一颗技术试验人造地球卫星。一年里成功发射三颗人造地球卫星，这在中国航天史上是史无前例的。人们把此称为"三星高照"。

指导工业全面整顿的二十条

当全面整顿进行到一定深度的时候，邓小平决定用文件的形式把改革的成果固定下来。他说，前一段解决铁路问题、钢铁问题，都是一个一个地解决，光这样不行，要通盘地研究。6月间，他提议国务院召开计划工作务虚会，集中研究怎样加快速度把国民经济搞上去，要求从指导思想到具体要求制定一个共同遵守的"条例"，探索国民经济持续快速发展的路子。根据邓小平的意见，7月下旬到8月上旬，国务院接连开会六次，听取体制、钢铁、工业和企业管理、基本建设、机械工业、轻工农林商业等六个小组的汇报，并进行讨论。

8月18日，邓小平主持召开国务院会议对《关于加快工业发展的若干问题》初稿进行讨论。他就加快工业发展的几个关键问题谈了七点意见：第一，确立以农业为基础、为农业服务的思想。工业支援农业，促进农业现代化，是工业的重大任务。农业现代化不单单是机械化，还包括应用和发展科学技术等。工业越发展，越要把农业放在第一位。第二，引进新技术、新设备，扩大进出口。要争取多出口一点东西，换点高、精、尖的技术和设备回来，加速工业技术改造，提高劳动生产率。第三，加强企业的科学研究工作。随着工业的发展，企业的科技人员数量应当越来越多，在全部职工中所占的比例应当越来越大。大厂要有自己独立的科研机构；小厂的科研可以由市里综合办，也可以由几个厂联合在一起搞。第四，整顿企业管理。企业管理是一件大事，一定要认真抓好。要考虑今年十一、十二两个月集中整顿一下企业管理秩序，加强设备维修，为明年的生产打好基础。第五，抓好产品质量。质量第一是个重大政策，提高产品质量是最大的节约。要想在国际市场上有竞争能力，必须在产品质量上狠下功夫。第六，恢复和健全规章制度。关键是建立责任制，执行规章制度要"严"。要有一点精神，不要怕挨批判，不要怕犯错误。你不严，规章制度就恢复不起来，企业的混乱情况就无法改变。第七，坚持按劳分配原则。这在社会主义建设中始终是一个很大的问题，大家都要动脑筋想一想。所谓物质鼓励，过去并不多。如果不管贡献大小、技术高低、能力强弱、劳动轻重，工资都是四五十块钱，表面上看来似乎大家是平等的，但实际上是不符合按劳分配原则的，这怎么能调动人们的积极性？

修改后的稿子从原来的十四条增加为二十条，简称《工业二十条》。这是在当时历史条件下对1961年制定的《工业七十条》的继承和发展，是指导工业全面整顿的一个重要文件。文件把采用先进技术、赶超世界先进水平和扩大进出口放到重要位置，在要求更好地发挥中央和地方两个积极性的前提下强调集中统一，对整顿企业、加快发展工业提出了一系列政策、措施。《工业二十条》虽然未能形成正式文件下发，但它的主要精神客观上在实际工作中产生了积极的影响。

军队整顿

军队整顿是各方面整顿中非常重要的一环，1975年年初已经开始。任命邓小平担任中央军委副主席兼总参谋长的中共中央1号文件刚刚发布，邓小平即于1月中旬分别召集三总部、各大军区和空军、海军负责干部进行座谈，讨论压缩军队定额和落实干部政策等军队整顿的重大问题。

在1月19日各大军区负责人座谈会上，邓小平根据毛泽东"军队要整顿"的指示提出：军委只准备两个工作，第一是召开军委扩大会议，其中一个大题目就是军队要整顿；第二是战备，要准备打仗，解决战备方针、装备等问题。

1月25日，邓小平在总参谋部机关团以上干部会议上和大家见面，发表《军队要整顿》的重要讲话，传达毛泽东"军队要整顿"的指示，分析军队的现状，批判林彪主管军队造成的混乱，提出军队整顿的任务。邓小平指出，林彪主管军队以后出现两个突出问题："好多优良传统丢掉了，军队臃肿不堪。"邓小平从中国人民解放军的优良传统讲起，把军队存在的问题尖锐地端到大家的面前。在这里，邓小平提出了军队整顿的两项最主要的任务：一是消肿，这是邓小平精兵强军的军队现代化建设思想的精髓;二是恢复优良传统和作风,坚持党指挥枪。这是人民军队建设的根基和灵魂。

按照邓小平的部署,6月24日至7月15日,中央军委召开扩大会议。6月24日下午,邓小平和叶剑英主持了这次会议。邓小平在7月14日发表重要讲话,分析军队的状况,论述军队整顿的任务。他指出:军队要解决"肿、散、骄、奢、惰"的问题;要抓编制、抓装备,还要抓战略。在谈到抓战略时,邓小平特别强调训练的重要。他清醒地指出,"现在是合成军队作战,不是过去的小米加步枪了","战略要研究的问题,不仅是作战问题,还包括训练。要把训练放在战略问题的一个重要位置上"。这是邓小平根据新形势、新情况提出的在和平时期建设现代化、正规化军队的又一重要思想。他还提出要继承政治机关管干部的传统,首长要经过政治机关去考核、审查干部;要特别注意加强连队政治工作。这篇讲话,是继1月25日在总参机关干部会上讲话后关于军队整顿更为系统、更为深刻的讲话,是1975年军队整顿的纲领性文献。

7月15日,叶剑英做总结讲话。他强调,军队要高度集中统一,绝不允许资产阶级派性存在。他特别指出:现在有的人到处送书、送材料、写信,把部队思想搞乱了。以后没有军委的同意,任何人不得这样做!不容许任何野心家插手军队,搞阴谋活动。会议期间,叶剑英还通过个别谈话、出席小组会,把毛泽东对"四人帮"的多次批评告诉大多数与会人员,向出席会议的大多数高级干部打招呼,要他们听从指挥,注意形势,掌握动向,站稳立场,看清方向。

会后,在叶剑英主持下,对各大军区、各总部、各军

1975年,科技部门经过整顿,调动了广大知识分子的积极性

兵种和北京卫戍区、国防科委、军事科学院、军政大学等二十五个大单位的领导班子进行考察,提出调配方案,由中央军委常委会讨论做出最后调整决定后报政治局讨论。这些措施有力地稳定了军队,对于抵制"四人帮"夺取军队领导权的阴谋起了重要作用。

科教整顿

在1975年整顿中,邓小平在抓经济整顿的同时,开始进行科教领域的整顿。整顿的重点,是为知识分子、教育工作者恢复名誉,恢复和加强科技、教育工作;创造宽松的政治环境,繁荣社会主义文艺,并指导形成了《科学院工作汇报提纲》,还提出"科学技术是生产力,科技人员就是劳动者"的判断。虽然由于后来政治形势的变化,《科学院工作汇报提纲》没有正式印发,但它是在科技领域系统提出纠正"左"倾错误、恢复和建立正确政策的重要文件,这个文件实际上已不限于整顿的内容,在一些问题上很有远见地提出了改革科技工作的重要思想,为以后这方面的改革做了准备。

1975年,邓小平主持开展的全面整顿大刀阔斧,雷厉风行,只用了短短八九个月时间,就初步扭转了"文化大革命"造成的严重混乱局面,把中国从动乱中初步解脱出来。

全面整顿的实质是纠正"文化大革命"的错误,许多做法实际上是探索中国发展新道路的一种"试验"。后来邓小平几次提到它,说:"拨乱反正在一九七五年就开始了。那时我主持中央党政工作,提出了一系列整顿措施,每整顿一项就立即见效,非常见效。这些整顿实际上是同'文化大革命'唱反调"。"改革,其实在一九七四年到一九七五年我们已经试验过一段。""那时的改革,用的名称是整顿,强调把经济搞上去,首先是恢复生产秩序。凡是这样做的地方都见效。"

(文/叶帆子)

与周恩来的战友情

1980年的8月,邓小平在接受意大利女记者奥琳埃娜·法拉奇的采访中,曾这样谈起过周恩来:"周总理是一生勤勤恳恳、任劳任怨工作的人。他一天的工作时间总超过十二小时,有时在十六小时以上,一生如此。我们认识很早,在法国勤工俭学时就住在一起。对我们来说他始终是一个兄长。我们差不多同时期走上了革命的道路。他是同志们和人民很尊敬的人。"

1980年8月21日和23日,邓小平两个上午接受意大利记者奥琳埃娜·法拉奇的采访

邓小平的女儿曾经问过父亲，你这辈子跟谁最亲密？邓小平想了一想说是还是周总理，我把他看作我的兄长。

二十年代初识于法国

1920年9月，十六岁的邓小平远渡重洋赴法勤工俭学。但由于华法教育会停止资助留法勤工俭学的学生，邓小平等留学生在入学仅几个月后就不得不离开学校，去工厂做工。所幸的是，邓小平很快结识了同样在法国勤工俭学的周恩来、赵世炎等。在他们的影响下，邓小平开始走上革命道路。1923年，邓小平加入了旅欧中国共产主义青年团，并在周恩来的指导下，从事《赤光》杂志的编辑工作。这段时间，邓小平和长他六岁的周恩来十分亲近。

对于邓小平而言，要说在法国勤工俭学最大的收获，无疑是从此真正走上了共产主义道路，认识了一批志同道合的人。这其中，他最看重的一位，便是周恩来。年轻时的周恩来稳健潇洒、朝气蓬勃，更是一位善解人意的兄长，邓小平从他身上学到了很多东西。白天，邓小平负责杂志的刻写、印刷、装订，晚上，要是工作得太晚，他就在周恩来的小房间里打起地铺。

这个时期，邓小平和周恩来留下了他们的第一张合照。这张照片摄于1924年的巴黎，是出席旅欧中国共产主义青年团第五次代表大会的代表合影。在第一排中间就座的这个人是周恩来，后排右三则是看起来还略显稚气的邓小平。这一年，周恩来二十六岁，邓小平二十岁。

1924年7月,出席中国社会主义青年团旅欧区第五次代表大会的代表在法国巴黎合影。后排右三为邓小平,一排右六为周恩来

白色恐怖中并肩战斗

上海,石门一路336弄9号(原同孚路柏德里700号)这栋两楼两底的石库门房子,曾是中共中央政治局1927年至1928年的联络点。在白色恐怖的上海,周恩来和邓小平就曾在此工作。那时周恩来是中央政治局常委会的秘书长,负责主持中央工作。邓小平是中共中央的秘书长,主持中央机关日常工作。多年的相识,使两个人的配合十分默契。

据邓小平自己回忆,那时候的地下工作非常危险。有一次,他和罗亦农接头,办完事,他刚从后门出去,巡捕就从前门进来了,罗亦农当场被捕。而邓小平出门后看见一个扮成擦鞋匠的同志,用手悄悄一指,才知道出事了,前后只差不到一分钟的时间。用邓小平自己的话说:"那个时间很危险啊,半分钟都差不得。我们在上海做秘密工作,是吊起脑袋干革命。"

原同孚路柏德里700号（今石门一路336弄9号），中共中央政治局联络点旧址

在白色恐怖的上海，除去高压的工作，也总有着温馨快乐的时光。整日一起工作生活的周恩来和邓颖超发现，他们的共同的战友，那时还不到二十三岁的邓小平恋爱了。在上海，邓小平重遇了莫斯科中山大学的同学张锡瑗，1928年，邓小平和张锡瑗在上海结婚。

得知邓小平要结婚，党中央的同志们都很高兴，尤其是周恩来和邓颖超，他们特意找了一个小饭馆，为邓小平和张锡瑗举行了一个简单的婚礼。婚后，周恩来夫妇和邓小平夫妇合住在公共租界的一栋房子里，周恩来和邓颖超住在楼上，新婚宴尔的邓小平和张锡瑗住在楼下。邓颖超后来回忆，那时候楼下经常会传来邓小平夫妻俩幸福的笑声。

然而，这样幸福的日子却没能一直持续。1930年，张锡瑗因为难产导致产褥感染不幸去世，年仅二十四岁。急于赶往广西发动百色起义的邓小平连妻子的丧事都来不及置办就匆匆上路了，还是由邓颖超亲自为张锡瑗送葬的。

在之后十余年的战争岁月里，周恩来和邓小平，通常的情况下，一个坐镇后方，一个在一线直面强敌，难得的几次相聚，也是匆匆而别。

1937年秋，邓小平（右一）与周恩来（右二）等在山西

一个是党内总管,一个是政府总理

1952年7月,邓小平奉命进京担任政务院副总理,周恩来和邓小平才又一次开始并肩合作。

1954年10月,参加国务院第一次全体会议的成员合影。前排右三为邓小平,右七为周恩来

1954年10月15日,国务院召开第一次全体会议,留下了这张照片。这一年,周恩来五十六岁,邓小平刚好五十岁。从这个时候开始,邓小平一直作为国务院副总理协助周恩来工作,两人的默契合作持续了十几年。

1956年,邓小平在八届一中全会上当选为中央委员会总书记。他与周恩来一个是党内总管,一个是政府总理,互相信任,互相理解。

这张照片摄于1963年的北京颐和园,照片中的周恩来和邓小平、卓琳都是神情悠然、笑容满面。这一年周恩来六十五岁,邓小平五十九岁。

然而这段美好的时光并没有一直持续下去,周恩来和邓

与周恩来的战友情　　　　141

1963 年，周恩来与邓小平、卓琳在北京颐和园

小平两人之间良好的合作关系，因为突然到来的"文化大革命"而中断。1969年，在"文革"中被打成"党内第二号走资派"的邓小平，被疏散到江西劳动。在北京苦苦支撑的周恩来，仍竭尽所能地为老友一家做了细致安排。

周恩来特意给江西省革委会打电话交代邓小平即将去江西疏散的情况。在接到周恩来的指示后，江西省革委会提出让邓小平夫妇去赣州。周恩来否定了这个方案。在周恩来看来，赣州交通不便，山区条件差，他提出应该将邓小平安排在江西南昌市郊，并住两层楼房，独家独院，便于照顾和保证安全。周恩来对邓小平的疏散做了极为细致的安排，连屋里有没有暖气，房费收得高不高这些问题都一一过问。

在"文革"时极端困难的情况下，哪怕是一个小小的安排都是最温暖的呵护，这些呵护陪伴着邓小平一家默默地度过了人生中最寒冷的冬天。

"我们去看总理，看到他瘦得不成样子了。我们相对无言。"

1972年1月6日，在"文革"中受到冲击的陈毅元帅在北京与世长辞，毛泽东带病出席了追悼会。在追悼会上，里穿睡袍外罩大衣的毛泽东当众提到邓小平属于人民内部矛盾。一旁的周恩来敏锐地捕捉到了这个积极的政治信号，开始为邓小平的复出铺路。

1973年2月，邓小平一家在江西被软禁了三年之后终于踏上返京之路。随后，他们住进了周恩来为他们准备好的住地。

第一个到邓家看望邓小平的就是邓颖超。从1969年邓小平离开北京，到1973年在北京与周恩来、邓颖超重逢，这是一次跨越了若干个动荡春秋的见面。随后的谈话内容，充满了浓浓的伤感。在江西一直与世隔绝、不知中央情况的邓小平，第一次从邓颖超口中得知了周恩来的病情。卓琳当场就哭了，

1972年1月10日,毛泽东到八宝山参加陈毅追悼会

邓小平则陷入了长久的沉默。

事实上,自从1972年5月周恩来被确诊后,医护人员就一再要求周恩来减少日常工作以配合治疗。但周恩来坚持一定要等邓小平回来以后再住院。

1973年3月10日,《关于恢复邓小平同志党的组织生活和国务院副总理职务的决定》发至全党、全军、全国。在周恩来的大力推动下,邓小平复出之事终于尘埃落定。在办完这件大事后的当天,心力交瘁的周恩来终于松了一口气,正式向中央提出告假休息。

4月初的一天,在玉泉山,周恩来、邓颖超夫妇见到了邓小平、卓琳夫妇,并共进晚餐。那顿晚餐的气氛,谈话的内容今天的我们已无从得知。邓小平在多年后回忆起此事时只说了一句:"我们去看总理,看到他瘦得不成样子了。我们相对无言。"

最后一次政府工作报告

在周恩来的安排下,1973年4月12日,邓小平亮相在人民大会堂欢迎西哈努克亲王一行的宴会上,这是邓小平自1967年离开政治舞台后的首次亮相。邓小平的正式复出成为世界舆论轰动一时的新闻。

1973年4月,在周恩来举行的欢迎西哈努克亲王的宴会上,邓小平六年来第一次公开露面

同年 12 月 22 日,周恩来亲笔起草了通知,邓小平任政治局委员。邓小平开始参加中共中央军委领导工作。

1974 年 4 月 6 日,邓小平前往美国参加联合国第六次特别会议。出行当天周恩来不顾病体,亲自率领众人到机场送行。站在舷梯上的邓小平,面带微笑地挥手告别,但老友消瘦的身形却提醒着邓小平,相聚的时刻已所剩无几。这让他怀念起了两人意气风发的青年时代,所以在法国巴黎转机时,邓小平突然提出要探访戈德弗鲁瓦街 17 号的那间小旅馆,那个邓小平与周恩来伟大友谊的开始的地方。半个世纪前,正是在这

1974 年 4 月,邓小平率中国代表团前往纽约出席联合国大会第六届特别会议,周恩来抱病亲自到机场送行

家小旅馆，初出茅庐的周恩来和邓小平曾一起度过了许多不眠之夜，写下了众多文采飞扬的革命文章。

几天后，邓小平从联合国归来。在踏出机舱门的那一刻，第一个落入他视线的，就是周恩来那瘦弱却依然坚挺的身影。这一刻，周恩来和邓小平的双手紧紧地握在一起，一切信任和嘱托都在不言中。这一年，周恩来七十六岁，邓小平七十岁。

此时，周恩来的病情已越发严重。在经过几次大手术后，他的体重直线下降，身体虚弱到已不允许他进行任何长时间的工作。于是，他将起草四届人大《政府工作报告》的任务交给了他最信任的邓小平。

从1949年起，这是周恩来担任总理的第二十六个年头。虽然不愿承认，但邓小平此时也许隐隐感觉到了，这将是他敬爱的兄长所做的最后一次政府工作报告。

因为周恩来需要在会场上站着念完《政府工作报告》，而他的身体状况根本不允许他坚持太长时间，于是，邓小平建

1975年1月，周恩来在四届人大一次会议上做《政府工作报告》

议，并报毛泽东同意，决定把此次《政府工作报告》限定在五千字以内。这是1974年的11月，距离三届人大已经过去了十年。太多的问题和工作要说，但字数却只能限定在五千字以内。为了周恩来能做好或许是他最后一次的《政府工作报告》，邓小平亲自草拟了三段文字，再和起草班子一起研究，一个字、一个字地将总字数压了下来。

1975年1月13日晚8时，从医院直接来到人民大会堂的周恩来，在两千八百六十四名代表的瞩目下，做完了他人生中最后的这份政府工作报告。

会议结束后，周恩来向中央提出了一项重大建议。他建议国务院的日常工作由邓小平全面负责。复出工作仅一年多，邓小平就被赋予了党政军大权，并大张旗鼓地开展整顿。面对这样的情形，"四人帮"在恼怒、恐慌之余，开始不断寻找并利用一切机会，企图阻碍邓小平的正常工作。压力再大，工作再忙，邓小平也会抽出空来，陪着邓颖超一起同周恩来的主治医生定期开会，研究治疗方案。

"过去一年多的工作证明你比我强得多！"

1975年9月的一天，一阵急促的脚步声打破了三〇五医院走廊的宁静。周恩来因为病情迅速恶化，需要进行一次大型手术。邓小平、李先念、汪东兴、邓颖超等都在医院守候，这其中还有张春桥。

在将要到达手术室门口的时候，周恩来突然问道："小平同志在吗？"邓小平赶紧走了过来，俯在周恩来的头旁。周恩来紧紧握着邓小平的手,激动地看着他,声音扬得很高地说:"过去一年多的工作证明你比我强得多!"

多年后,当邓小平再次回忆起那时的情景曾说:"总理讲的是心里话,也是讲给'四人帮'听的。"病榻上的周恩来深知此时邓小平处境的艰难,用尽生命的全部气力喊出的话语,既是对邓小平这一年多所付出努力的肯定,也坚定地表达了自己对邓小平的绝对支持。

经过五个小时的手术,医生发现周恩来体内的癌细胞已

1976年1月15日,邓小平在周恩来追悼会上代表中央致悼词

经扩散到全身，无法医治，得知这个消息后的邓小平内心极度悲伤，但他唯一能做的也只有指示医疗组，减少痛苦，延长生命。

1976年1月8日，七十八岁的周恩来永远停止了呼吸。在那场举国哀痛的追悼会上，邓小平语带哽咽地为周恩来致悼词，留下了两人长达半个多世纪的人生交往中的最后一次合影。此时，邓小平已经七十二岁，周恩来则永远地停留在了七十八岁。两个当年意气风发的少年如今已是生死永隔。

周恩来去世后，按照他的遗嘱，将骨灰撒向了祖国的山川大海；无独有偶，邓小平对自己百年后的归宿也做了相同的选择。周恩来与邓小平，这两位为了党和国家事业奉献了毕生所有的革命者，最终在大海中得以永生。

（文/叶帆子）

决策恢复高考

恢复高等学校招生考试制度,是 1977 年邓小平重新走上党和国家领导岗位之后做出的一个具有深远历史意义的重大决策。它改变了整整一代甚至几代中国青年的命运,开启了全面拨乱反正的大幕。

尊重知识、尊重人才

对于恢复高等院校正常的招生考试制度,邓小平在 1975 年就有过这方面的考虑,他说:"我们有个危机,可能发生在教育部门,把整个现代化水平拖住了。""大学究竟起什么作用?培养什么人?有些大学只有中等技术学校水平,何必办成大学?""一点外语知识、数理化知识也没有,还攀什么高峰?中峰也不行,低峰还有问题。"遗憾的是,由于"四人帮"的干扰和很快发生的"批邓、反击右倾翻案风"运动,邓小平的这些正确主张没能得到实施。

"文化大革命"结束后,教育改革怎么搞,大学怎么办,成为全社会关注的焦点之一。1977 年 5 月,邓小平尚未正式恢复工作,就在同中央两位同志的谈话中,明确提出了"尊重知识、尊重人才"的重要思想。他说:"我们要实现现代化，关键是科学技术要能上去。发展科学技术，不抓教育不行。靠空讲不能实现现代化，必须有知识，有人才。没有知识，没有人才，怎么上得去？科学技术这么落后怎么行？要承认落后，承认落后就有希望了。现在看来，同发达国家相比，我们的科学技术和教育整整落后了二十年。科研人员美国有一百二十万，苏联九十万，我们只有二十多万，还包括老弱病残，真正顶用的不很多。抓科技必须同时抓教育。办教育要两条腿走路，既注意普及，又注意提高。要办重点小学、重点中学、重点大学。要经过严格考试，把最优秀的人集中在重点中学和大学。一定要在党内造成一种空气：尊重知识、尊重人才。要反对不尊重知识分子的错误思想。不论脑力劳动、体力劳动，都是劳动。从事脑力劳动的人也是劳动者。"

对于在高等学校招生是否要恢复文化考试制度，邓小平态度十分鲜明。他在同王震、邓力群谈话时说：要经过严格考试，把最优秀的人集中在重点中学和大学。在同张文峰、高勇

1978年4月22日，邓小平在全国教育工作会议上讲话，呼吁全党要尊重知识、尊重人才

谈话时,邓小平讲得更加明确:不管招多少大学生,一定要考试,考试不合格不能要。不管是谁的子女,就是大人物的也不能要,不能"走后门"。同时,邓小平针对"文化大革命"中实行的大学招生办法的弊端,尖锐指出:"是否废除高中毕业生一定要劳动两年才能上大学的做法?在中小学完成了劳动任务,为什么还要集中搞两年劳动?"他在不同场合多次讲话明确提倡办教育要两条腿走路,要允许高中毕业生直接上大学。

当场决断恢复高考

1977年7月16日至21日,中共十届三中全会召开,全会一致通过《关于恢复邓小平同志职务的决议》,决定恢复邓小

1977年7月,中共十届三中全会决定恢复邓小平党政军领导职务。图为邓小平在会上讲话

平中共中央委员,中央政治局委员、常委,中央副主席,中央军委副主席,国务院副总理,中国人民解放军总参谋长的职务。在这次会议上,邓小平自告奋勇地提出分管科学教育工作。

在十届三中全会开会的同时,教育部组织召开的全国高等学校招生工作会议在太原开了整整一个月。在当时"两个凡是"的束缚下,虽在招生的具体做法上有些改进,但基本上仍沿袭着"文革"中推荐上大学的办法,引起到会代表的不满。

面对这种局面,为倾听科教界的意见,了解科教工作的实际情况,打开科教工作的新局面,邓小平决定主持召开一个科学和教育工作座谈会。他提出,座谈会要找一些敢说话、有见解,不是行政人员,在自然科学方面有才学,与"四人帮"没有牵连的人参加。按照邓小平的意见,中国科学院和教育部分别在科学院系统和高等院校邀请了三十三位专家学者。

8月4日至8日,科学和教育工作座谈会在北京饭店举行。邓小平自始至终亲自主持座谈会。

1977年8月8日,邓小平在科学和教育工作座谈会上讲话,对中华人民共和国成立后十七年教育战线的工作和广大知识分子的历史地位作出了正确的评价

这是一个真正的畅所欲言的座谈会。没有事先准备好的长篇报告、讲话，五天全部是即兴的自由发言。邓小平开门见山地说："请大家来，就是想听听意见。题目就是科研怎么搞得更快些更好些，教育怎么合乎四个现代化的要求，包括学制、教材、教员的来源、办学的方针、具体措施、有什么想法，征求同志们的意见。方法，就是想说什么说什么，发言可长可短，讲一次两次可以，十次都可以，插话都可以。自由一点，什么话都可以讲。这里没有棍子。要消灭棍子。三个公司，钢铁公司、帽子公司，还有鞋子公司，都丢掉。"

在邓小平的引导下，与会专家的议题很快从揭批"四人帮"罪行转到为振兴科学教育献计献策方面。而提高教学质量、改革招生制度，成为其中的主要话题之一。

在这次座谈会上，武汉大学的查全性教授抨击了现行招生制度的严重弊病，建议改变目前的高等学校招生方式，恢复"文化大革命"以前的做法，即实行高等学校招生考试制度，为高等学校选拔合格的人才。查全性教授在会上的慷慨陈词，引起了与会者的强烈共鸣。吴文俊、王大珩、邹承鲁、汪猷等纷纷发言，赞同查全性的意见。

专家们的意见震动并激励了邓小平。他问坐在身边的教育部部长刘西尧：今年就恢复高考还来得及吗？刘西尧说，推迟半年招生，还来得及。邓小平听了，当场决断：既然今年还有时间，那就坚决改嘛！把原来写的招生报告收回来，根据大家的意见重写。招生涉及下乡的百万青年，要拿出一个办法来。今年就开始改，不要等了。

8月8日，科学和教育工作座谈会结束。邓小平在总结发言中再次明确宣布：今年就要下决心恢复从高中毕业生中直接招考学生，不要再搞群众推荐。从高中直接招生，我看可能是早出人才、早出成果的一个好办法。

根据邓小平的意见，教育部很快报送了《关于推迟招生和新生开学时间的请示报告》，决定将高等学校和中专推迟到第四季度招生，录取新生次年2月底前入学，推迟三个月。

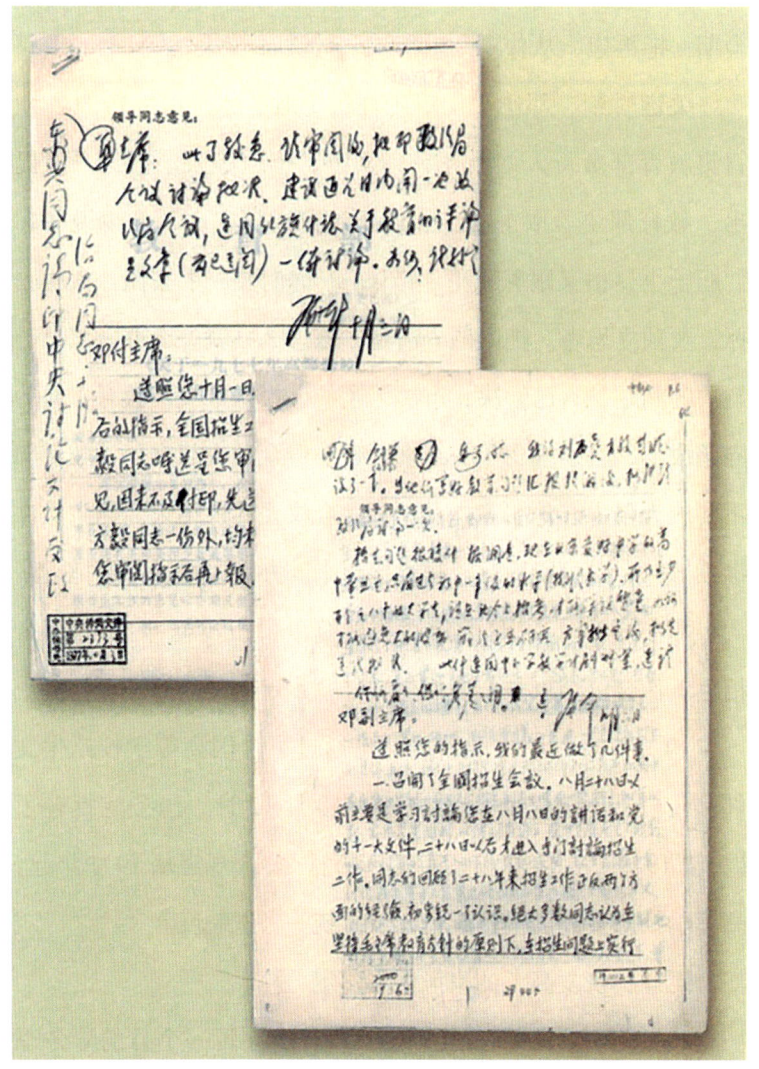

图为邓小平对教育部关于1977年高等教育招生工作的意见的请示报告的两次批示

持续推动，尘埃落定

自 8 月 13 日起，教育部在北京再次召开 1977 年第二次全国高校招生工作会议。由于当时正在举行党的十一大，"两个凡是"思想还有较大市场，在要不要废止群众推荐、恢复高考招生制度，以及怎样看待"文化大革命"前十七年教育路线"两个估计"等问题上，与会人员分歧很大，争论不休。结果会期一拖再拖，从仲夏到中秋，总是议而不决。

关键时刻，邓小平中流砥柱，勇敢破冰。9 月 19 日，他召集教育部负责人刘西尧、雍文涛、李琦等人谈话，严肃提出，教育部要争取主动。你们还没有取得主动，至少说明你们胆子小，怕又跟着我犯"错误"。你们要放手去抓，大胆去抓，要独立思考。把问题弄清楚，该怎么办就怎么办。该自己解决的问题，自己解决；解决不了的，报告中央。教育方面的问题成堆，必须理出个头绪来。现在群众劲头起来了，教育部不要成为阻力。他明确指示：招生会议要尽快结束。招生文件继续修改，尽可能简化，早点搞出来。办事要快，不要拖。

邓小平 9 月 19 日的谈话掷地有声，扭转乾坤。几天后，招生工作会议结束，新的招生文件基本定稿。

10 月 5 日，中央政治局讨论通过了全国高等学校招生文件和《红旗》杂志评论员文章。10 月 12 日，国务院批转了《关于 1977 年高等学校招生工作的意见》，规定从 1977 年起，高等学校招生制度进行改革，恢复统一考试制度。

至此，恢复高考的决策尘埃落定。

1977 年 11 月 28 日至 12 月 25 日，在近一个月的隆冬季

参加高考的考生正在认真地答卷

节,满怀激情的 570 万名工人、农民、战士、上山下乡和回乡知识青年、应届高中毕业生、机关学校青年工作人员等踊跃报名参加了高考,此年录取新生 27.8 万人。1978 年夏,全国共有 610 万名考生参加高考,录取新生 40.2 万人。

高考制度的恢复,为被"文化大革命"耽误的大批知识青年敞开了上大学之门,国家现代化建设所需要的大批人才开始得到有计划的培养。邓小平决策恢复高考,体现了一代伟人的高瞻远瞩与英明决断,在中国特色社会主义发展史上书写了浓墨重彩的第一笔,历史将永远铭记!

(文/蒋永清、卢佳)

伟大转折

1978年12月18日至22日召开的中共十一届三中全会，实现了党和国家历史上的伟大转折。全会之前，11月10日至12月15日，中共中央召开了为期三十六天的中央工作会议。这本来是一次主要讨论经济工作的会议，邓小平首先提出了全党工作重心转移的问题，导致会议主题发生重大变化，会议转为围绕党的工作重点转移，讨论了若干重大问题，为十一届三中全会作出具有深远影响的重大决策，实现历史转折，做了充分的准备。

中共十一届三中全会通过会议公报

会议原定主题改变

图为邓小平、陈云在十一届三中全会上

党的十一届三中全会召开前,按照惯例,先召开中央工作会议。这次"规模很大,规格很高"的中央工作会议,于1978年11月10日至12月15日在北京召开,历时三十六天。参加会议的有各省市自治区和各大军区的主要负责人,中央党、政、军各部门和群众团体的主要负责人,共二百一十二人,分六个组进行讨论。

由于当时的指导思想还没有发生根本改变,原定议题有三项:讨论关于农业问题的两个文件,商定1979年、1980年两年国民经济计划的安排,讨论李先念在国务院务虚会上的讲话。按照这个议程,这次会议主要是讨论经济工作,并不涉及全党工作重点转移的根本问题。如果按照这个思路开会,十一届三中全会就不可能发生重大转折。

关键时刻,邓小平提出应该在讨论经济工作之前,首先讨论一下全党工作重点转移的问题,这一建议得到了中央政治局大多数常委的支持。于是,11月10日在中央工作会议开幕会上，中央政治局确定，在讨论这三项议题前先讨论一下结束全国范围的揭批林彪、"四人帮"的群众运动，从1979年起把全党工作着重点转移到社会主义现代化建设上来的问题。这个问题的提出，引出了一系列与之相关的问题，实际上根本改变了会议原定的主题。

代表们围绕工作重点转移问题，展开了热烈的讨论，迅速突破了原定议题。11月12日，陈云在东北组讨论时率先发言，提出：党的工作重点转移绝不仅仅是党的工作任务和工作阶段的转变，是关系到全党全国人民根本利益的根本性转变，必须以社会的安定和党内外的团结作为基本保障。而当前影响社会安定和党内外团结最大的隐患是"文化大革命"及其以前遗留的大量的冤假错案。只有先解决好这些历史遗留问题，才能够实现党的工作重点的转移。

中央工作会议期间，经中共中央政治局常委批准，中共北京市委宣布天安门事件完全是革命行动。图为1978年11月16日《人民日报》的报道

陈云的发言迅即在中央工作会议上引起强烈反响，各组同志纷纷效仿，会议原定的秩序和议题已经被打乱了。11月14日，经中央政治局常委会批准，北京市委正式为1976年天安门事件平反，进一步激发了党内外要求平反冤假错案的热情。

陈云在中共十一届三中全会上

在这种情况下，11月25日，中央工作会议召开第三次全体会议。根据分组讨论的实际情况和要求，华国锋代表中央政治局宣布，对天安门事件、"二月逆流"、"薄一波等六十一人案件"以及彭德怀、陶铸、杨尚昆案彻底平反；并就"文化大革命"期间中央和地方遗留下来的比较重要的若干问题做了答复。

"向后看是为了向前看"

中央工作会议开幕之时，邓小平并不在国内。但他始终高度关注这次会议。会议期间，邓小平先后发表一系列讲话和外事谈话，将一系列鲜明观点、明确信号和清晰思路表达出来，在历史转折的进程中发挥了关键的引导作用。

11月25日之后，各组的注意力开始由解决历史遗留问题转到讨论现实问题上。对"两个凡是"的批评，最终发展成对中央领导层人事变动的讨论。十一届三中全会原本没有领导层人事变动的议题，突然被提了出来，政治形势骤然复杂、严峻起来。

正是这些新情况，引起出访归来的邓小平的高度关注，也引起他新的思考。历史遗留问题固然需要实事求是地加以解决，不然不能放下包袱，轻装前进。但是，如果纠缠下去，势必影响工作重点转移，影响现代化建设这个大局。于是，一个新的思路在他的脑海中逐渐明确。邓小平果断地提出，"不能再向后看了"，"向后看是为了向前看"。他强调："我们这次会议是向前看的会议，不是向后看的会议，当然向后也要看一下，为的是向前看。"他的思路已不再停留在工作重点转移上，而是要引导全党全国人民解放思想，开动脑筋，实事求是，团结一致向前看，紧紧围绕工作重点转移和现代化建设，不断研究新情况，解决新问题。

开辟新道路的宣言书

在12月13日中央工作会议闭幕会上，邓小平作了《解放思想，实事求是，团结一致向前看》的重要讲话。这篇讲话，围绕党的工作重点转移，着重讲了四个方面的问题：一、解放思想是当前的一个重大政治问题；二、民主是解放思想的重要条件；三、处理遗留问题为的是向前看；四、研究新情况，解决新问题。

邓小平的讲话抓住历史转折中最根本的问题，提纲挈领

1978年12月13日,中央工作会议在北京闭幕。图为邓小平等在主席台上

地提出了解决中国社会发展的指导思想和一系列重大方针政策,从而为未来中国社会发展指明了正确的道路。邓小平的讲话不仅引导了中央工作会议的进程和方向,而且为随后召开的十一届三中全会确定了解放思想,开动脑筋,实事求是,团结一致向前看的指导方针。

在邓小平讲话精神的指引下,全会既实事求是地解决重大历史遗留问题,又解放思想,团结一致向前看,研究新情况,解决新问题,作出了一系列关系党和国家前途命运的重大决策。由于十一届三中全会没有安排中央领导人做报告,所以,邓小平的这篇重要讲话就被公认为是"实际上的十一届三中全会的主题报告",是开辟中国特色社会主义新道路的宣言书。

按照邓小平提出的"会议要开得紧凑一些,不要开得太长"的意见,十一届三

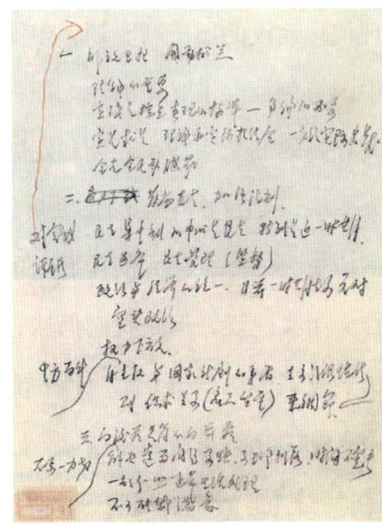

图为邓小平讲话提纲手稿

邓小平在十一届三中全会上

中全会一共开了五天。两天看文件，三天分组讨论，中间没有发生更多的波折。12月22日晚举行闭幕会。

随后发表的十一届三中全会公报以邓小平在中央工作会议闭幕会上的讲话为基础，分五个部分系统阐述了十一届三中全会提出的实现伟大历史转折的新思想、新思路和新政策，会议决定停止使用"以阶级斗争为纲"的错误提法，确定把党和国家工作重心转移到经济建设上来，实行改革开放的历史性决策，重新确立了马克思主义的思想路线、政治路线和组织路线。

经过这次全会，开始形成以邓小平为核心的党的第二代中央领导集体。华国锋虽然仍然担任党中央主席，但经过这次全会，就体现党的正确指导思想、决定党和国家重大方针政策的实际工作来看，邓小平实际上已经成为党中央领导集体的核心。

从十一届三中全会开始，我国进入改革开放和社会主义现代化建设的历史新时期，中国共产党人和中国人民踏上建设中国特色社会主义新的伟大征程，以一往无前的进取精神和波澜壮阔的创新实践，开创和发展中国特色社会主义。邓小平后来多次谈到这次全会的重大贡献和历史意义。他说："这是我国历史上的一个伟大的转折。虽然过去我们已经进行了多年的社会主义建设，但是我们仍然有足够的理由说，这是一个新的历史发展阶段的开端。"十一届三中全会作为一个伟大转折点载入党的光辉史册。

（文／蒋永清、卢佳）

1978年12月18日至22日，中共十一届三中全会在北京召开

1978年12月24日,《人民日报》刊登中共十一届三中全会公报

访问美国

1978年12月中旬,在中美建交谈判的关键时刻,邓小平三次会见美国驻华联络处主任伍德科克,12月14日会见时,双方商定邓小平于1979年1月底访美。图为1979年1月1日,邓小平在美国驻华联络处举行的招待会上和伍德科克举杯,庆祝中美建交

中美两国于1979年1月1日起建立外交关系,实现关系正常化,结束了世界上人口最多的发展中国家同世界上最发达的国家将近三十年的不正常状态,这是两国关系中的历史性事件,也是对国际关系有着深远影响的大事。

访问美国　167

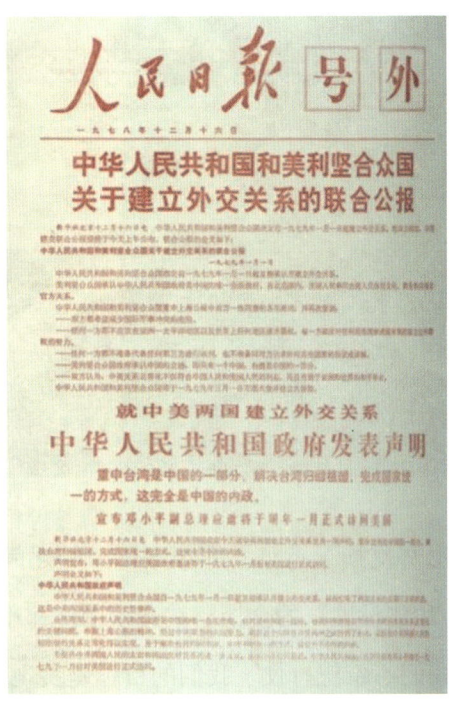

1978年12月16日，中美两国政府发表联合公报，决定自1979年1月1日起建立外交关系。在中美建交的同日，美国将宣布断绝同"台湾当局"的外交关系。图为1978年12月16日《人民日报》印发的号外

具有全球地缘政治意义的高峰会谈

　　为了进一步巩固中美关系正常化的成果，增进两国政府之间在重大国际问题上的互相沟通，时任副总理的邓小平接受美国总统邀请，于1979年1月28日——中国农历大年初一，飞赴太平洋彼岸，对美国进行正式访问。这是新中国成立后中国领导人第一次访问美国，对中美两国乃至世界产生了深远影响。邓小平的访问受到美方的破格接待，在邓小平访美期间，除了按照他作为副总理的级别鸣礼炮十九响之外，其余所有接待活动都是按国家元首级标准进行的。

　　邓小平这次访问的重要性超出了一般性的外交活动，成为中美之间的一次重要的战略对话。在这次中美会谈中，双方

邓小平出席美国总统卡特在白宫举行的欢迎仪式并发表讲话,指出:中美关系正常化的意义远远超出两国关系的范围。位于太平洋两岸的两个重要国家发展友好合作关系,对于促进太平洋地区和世界的和平,无疑地将是一个重要因素

主要就国际形势交换了意见。邓小平同卡特之间举行了三次"极其有益的和建设性"的会谈。在会谈中,邓小平表示:就中国来说,我们不希望打仗。我们的目标是实现四个现代化,这就需要有一个比较长的和平环境。卡特表示赞成美中加强合作,在一些麻烦地区协调行动。邓小平访美期间同卡特的三次会谈,意味着中美关系正常化后两国进行了初步的外交协调。无疑,这一协调会对全球地缘政治产生深刻影响。

对于涉及中国内政和主权的重大原则问题,邓小平始终坚持维护国家利益的立场和原则,这个立场和原则突出表现在台湾问题上。邓小平访美期间多次在不同场合反复阐明中国的愿望是力求和平解决,但是声明中国绝不能承担不使用武力的义务,邓小平说,如果我们束缚自己的手脚,反而会不利于台湾与大陆的和平统一。邓小平希望美国不要做使台湾当局翘尾巴的事。

布热津斯基后来回忆说:"从原先设想的仅是礼仪性的外交访问,变成为一次具有全球地缘政治意义的高峰会谈。"

中美合作新时代

邓小平访美的目的除了同卡特总统就紧迫的国际局势交换意见之外，还担负着全面推进中美在经济、文化、科技等方面的交流与合作的任务，为中国刚刚兴起的改革开放事业创造良好的外部条件。1月30日，邓小平在美国外交政策协会等团体举行的招待会上指出，中美建交"为促进中美人民的了解和接近，为进一步发展两国政治、经济、文化、科学、技术等领域的交流和合作，开辟了新的广阔的前景。今天，中国正在加快现代化建设。我们要在自力更生的基础上积极发展同世界各国平等互利的经济合作。中美两国之间的经济往来，对于双方都有好处"。

邓小平以一种谦虚的态度学习一切对社会主义现代化建设有用和有利的东西。他在接受美国广播电视界评论员的采访时指出，这次访问美国的使命之一就是了解美国"建设的

邓小平参观林登·约翰逊航天中心，登上模拟航天飞机

经验，学习一切对我们有用的东西"。他在参观亚特兰大地区时指出："你们有许多东西值得我们借鉴，我们愿意向你们学习。"在得克萨斯州的休斯敦市时，邓小平被邀请去美国国家航空航天局的林登·约翰逊航天中心参观。邓小平会见了美国首批宇航员之一约翰·格伦，并且登上航天飞机模型座舱进行模拟飞行。邓小平在模拟座舱坐了好一会儿，操纵飞行杆时，他露出了儿童般的兴奋和欣喜，表现出对高科技的向往和认真。

正是本着这样的精神，在访问期间，邓小平代表中华人民共和国政府，卡特总统代表美国政府签署了具有重要意义的中美科技使用协定和文化协定。方毅副总理、普雷斯总统科学顾问签署了两国在教育、农业、空间方面的合作的谅解的换文。方毅副总理、施莱辛格能源部部长签署了两国在高能物理方面的合作协议。黄华外长、万斯国务卿签署了关于建立领事关系互派和互设总领馆的协议。中美双方还同意为互派常驻新闻记者提供方便；并同意签订贸易、航空、海运协定，双方将就此进行商谈。这些协定的签订有利于中国的现代化建设，也有利于美国加强同中国的交流，它们是中美之间三十年来签订的第一批政府对政府的协定，标志着中美之间的合作进入了一个新的时代。

"入乡随俗"的魅力

著名中国问题专家兰普顿指出，邓小平在访美期间"入乡随俗"，改变了美国人对中国领导人和中国的传统看法，这

1月29日,邓小平在华盛顿肯尼迪艺术中心观看美国艺术家演出后,走上舞台祝贺小演员演出成功

是他在外交战略上成功的一个具体体现。

访美期间,邓小平在肯尼迪艺术中心观看了演出,这场演出通过电视向全美播出,布热津斯基形容它"非常精彩"。当美国儿童唱完中文歌曲《我爱北京天安门》之后,邓小平出现在舞台上,同小演员一一握手并向观众致敬。当邓小平弯腰亲吻一个小男孩的前额时,全场观众起立鼓掌,这种情感交流是如此自然,超越了所有政治和意识形态的樊篱,很多观众流下了热泪。最后,当卡特和邓小平手拉手站在一起被介绍给观众的时候,乐队演奏《开始了解你》。

作为一个成熟的政治家,邓小平还与美国媒体做了很多交流,通过媒体与美国公众进行对话。在华盛顿特区访问的最后一天,邓小平同美国十一家大报和通讯社的记者们座谈,并接受美国三大电视网现场采访。在三十分钟的采访过程中,邓小平表现了令人敬服的魄力和魅力。邓小平回答了有关中国改革开放、中美友好关系的发展、反对霸权主义和美苏关系的诸多问题,态度自然,逻辑清晰,说理明快。他给媒体的强烈印象是：坚强有力，直截了当，机智老练。

邓小平此次访美，在八天的行程中密集会见了美国政治、经济、科技各界上百名代表，向人们介绍中国走向开放的政治和经济政策，他在西雅图机场发表告别讲话，说：中国的大门对一切朋友都是敞开的。新加坡总理李光耀看到邓小平访美的报道后感叹：我感到，中国的大门再也关不上了。

（文／王达阳）

旅游事业大有文章可做

北京国际旅游年

1988年1月22日，为北京国际旅游年题字

粉碎"四人帮"以后的两年，中国的经济仍然在徘徊中，为了尽快结束这种局面，邓小平号召全党要解放思想，开动脑筋，多想些办法，加速社会主义现代化建设。他将目光投向了旅游业，他认为，发展旅游业可先行一步，并率先提出"旅游事业大有文章可做"，推动了旅游事业不断发展。

为旅游事业算算账

1978年10月9日，邓小平会见了来访的美国泛美航空公司董事长西威尔。在会见西威尔前后，邓小平同在座的中国民航总局和旅游总局的负责人谈话，第一次明确提出，要大力发展旅游业。他说，民航、旅游这两个行业很值得搞。要用管理经济的办法来管理。要抓利润，利润不是帅也是将嘛。为了鼓励众人，他亲自算了一笔账：一个旅行者花费一千美元，一年

1978年10月9日，邓小平会见美国泛美航空公司董事长威廉·西威尔，首次纵论旅游

接待一千万旅行者，就可以赚一百亿美元，就算接待一半，也可以赚五十亿美元。一百亿美元，比当时全国外贸出口商品的总额还要多，是当时许多人想都不敢想的目标，这正体现了邓小平的眼界、胸怀和气魄。

一个多月后，邓小平访问新加坡、马来西亚、泰国，与中国相比，这些旅游资源并不十分丰富的国家，旅游业却搞得红红火火，这些国家旅游业所产生的巨大经济效益，进一步坚定了他大力发展我国旅游业，以旅游业为突破口解决外汇资金短缺的决心。特别是新加坡的经验更加深了他的认识。五十八年前，十六岁的邓小平在赴法途中曾在新加坡短暂停留，当时的新加坡和中国沿海大多数地方一样，破败、陈旧，主业是打鱼和种田，没有任何工业。而如今，它却变成了一个经济高速发展、城市规划井然有序的现代化都市。更让邓小平吃惊的是，这个面积只有五百八十七平方公里，人口只有二百三十万人，规模仅相当于上海十分之一的国家，每年能吸引二百多万外国

1978年，邓小平访问新加坡

游客，一年仅旅游收入就高达9.9亿美元。而中国当时一年的旅游收入仅有2.6亿美元。

回国后不久，邓小平在半个月的时间内，连续三次同国家旅游总局负责人、国务院负责人、工商界负责人谈到发展旅游业的问题。

1979年1月2日，邓小平在同国家旅游总局负责人谈话时说：搞旅游业要千方百计地增加收入。既然搞这个行业，就要看看怎样有利可图。

1月6日，他在谈话时说：旅游事业大有文章可做，要突出地搞，加快地搞。旅游赚钱多，来得快，没有还不起外债的问题，为什么不能大搞呢？

1月17日，他再次指出：要多想些办法，千方百计选择收效快的来搞，不要头脑僵化。在这次谈话中，邓小平又一次提到了创汇五十亿美元的战略目标："如果一年接待五百万人，每人花费一千美元，就是五十亿美元。"要知道，此时的中国，旅游业还是个"吃皇粮"的事业单位,主要任务是搞政治接待,是外事接待活动的一个补充,旅游业是不讲也不能讲求经济效益的。而在邓小平的这几次谈话中,他都明确提出了搞旅游就是要赚钱,要赚取外汇,要发财致富的思想,从而把我国旅游业真正引向了以经济创收为主的产业化的道路。

黄山谈话

黄山,位于安徽省南部,以奇松、怪石、云海而名扬天下。明代旅行家徐霞客游览黄山后盛赞:"登黄山,天下无山,观止矣。"

如今的黄山不仅有了贯通南北的高速公路和火车班次,还打通了多个通往全国大中城市的航线,每周还有两班直飞韩国首尔和釜山的航班。但在1979年,黄山由于地处偏僻、交通不便,对大多数中国人来说仍然遥不可及。

1979年7月11日,邓小平的专列停靠在距黄山二百三十七公里之遥的皖南山区小城——繁昌,这是当年离黄山最近的火车站。邓小平谢绝了安徽省委事先安排好的小轿车,在安徽省委第一书记万里等陪同下,同大家一

1979年7月,七十五岁高龄的邓小平登临黄山

邓小平登山途中小憩

起坐上中型面包车直奔黄山。得知为他第二天上山准备了滑竿儿，邓小平对万里说：我下了决心，要步行上去。同时特别交代：第一，不能因为我来黄山而妨碍群众游山。第二，这次是利用休假来黄山的，对外不宣传。

如今，黄山上已建成了三条索道，年迈的老人也可以轻松到达山顶。但在当时，黄山还没有缆车，想要登上黄山，除了乘坐滑竿儿，就只能靠两条腿。于一个年逾古稀的老人来说，登上山顶绝非易事。尽管邓小平有交代，要步行登山，黄山管理处的同志考虑到他已七十五岁高龄，还是预备了滑竿儿。邓小平见到后表示坚决不坐滑竿儿，要完全自己走上去。

玉屏楼宾馆是当时黄山上仅有的三家宾馆之一，此前只是用来接待贵宾，1978年随着游客的增多，也逐步放开面向普通游客。然而，仅两层楼的玉屏楼宾馆房间十分有限，一楼仅有六间房，二楼也只有十二间房。一旦游客增多，便勉强安排在临时搭建的房间里。这一切邓小平都看在了眼里。

三天后，在黄山山脚下的观瀑楼，一身疲惫却又兴奋不已的邓小平在这里召集了安徽省委和徽州地委的负责人，对旅游业的发展进行座谈，也就是后来被称作是中国旅游产业奠基之作的"黄山谈话"。

在"黄山谈话"中，邓小平提出"要有点雄心壮志，把黄山旅游的牌子打出去"，十分具体地解答了中国旅游业发展面临的理论问题和现实问题，重申了旅游行业发展的目标——在二十世纪末实现旅游创汇一百亿美元，还在具体的

邓小平为黄山温泉题词

细节上提出了改进的方法和要求："旅社建设要搞得古色古香，将来要装冷风机。宾馆要设小卖部。你们的祁红、绿茶世界有名，可以搞小包装，一两、二两的。包装一定要很漂亮。外国人不是为喝茶，是当纪念品，带回去送人，表示他到过黄山了不起。安徽的纸、墨、笔、砚，也要搞好包装，赚外汇。还要搞些好的黄山风景照片、画册，搞一套黄山风景明信片，让游客买去做纪念。小卖部卖这些特产，定出国际价格，大有买卖可做。"今天这些做法我们司空见惯，然而在当时人们完全没有这样的意识，邓小平却以小见大，想得很多，设计得很细。

为兆龙饭店题字

改革开放初期的中国，海外客商及旅游者迅速增加。但令人尴尬的是，当时偌大的中国，尚无一家现代旅游饭店，国际化的酒店管理与服务都属空白。1977年，北京只有七家涉外饭店，达到接待标准的只有一千张床位左右。接待旅游外宾的客房经常爆满，许多外国旅游者来到北京以后，由于住不进房间，只好在大厅过夜；有的则先将客人用车子拉到天坛或故宫游览，等腾出房间后再回饭店休息；有的则将客人用车子拉到遵化或天津过夜，次日再用车子拉到北京观光游览。其他重点旅游城市和风景名胜地区，如上海、广州、杭州、西安、桂林也是旅客过剩，拥挤不堪，有时不得不让客人住在不具备接待外宾条件的社会旅馆，或让客人在会议室、餐厅搭行军床，搭地铺。到桂林来的游客反映："桂林山水甲天下，来到桂林住地下。"

为了彻底解决住房供不应求的矛盾，进一步扩大接待能力，各地都急需加紧建设新的旅游饭店。但当时国家建设百废待兴，资金不足，没有能力进行大规模的旅游基础设施建设。而适逢改革开放之初，一些华侨、港澳同胞十分看好国内的旅游市场，他们多次提出投资修建宾馆的建议，一些外商也看好中国的旅游市场，表示出资兴建旅游设施的意向。利用外资，现在是很明确的改革开放的发展战略，但这第一步，并不是那么容易迈出的。利用外资发展旅游业，外商进入这个市场，意味着"公有制"要受到极大的冲击和影响。这时，旅游业不少同志打破旧的观念，主张大胆利用外资兴建旅游设施。在党和国家领导人中，邓小平第一个站出来，热情支持这个主张。他鼓励说，利用外资建旅馆可以干嘛！应该多搞一些。昆明、桂林、成都都可以搞，一个地方设一两千个床位。他还说，搞旅游，经理看来要请人，城市规划设计也要请人。有些华侨爱国心很强，要"发挥他们的作用"。

1984年1月，邓小平视察广州市白天鹅宾馆

1981年7月6日,邓小平在人民大会堂会见香港环球航运集团名誉主席包兆龙、主席包玉刚一行

正是在这一思想指导下,一批批由外商独资、中外合资的旅游饭店如雨后春笋般涌现在中华大地上。北京的兆龙饭店就是其中之一。

香港"船王"包玉刚在新中国成立前夕移居香港,早在1978年就应廖承志的邀请,以私人名义到北京访问。1980年3月,包玉刚来京谈合作造船时提出:父亲包兆龙和我本人愿捐赠一千万美元给国家旅游总局,用以在北京建造一座现代化高规格的旅游饭店和办公楼,建成后归旅游总局管理与使用。3月21日,包玉刚又亲笔给中央领导写信,再次表达上述愿

1985年,为兆龙饭店题字

1985年10月，邓小平出席兆龙饭店开业仪式

望，并且小心翼翼地说："我只有一个要求：纪念我的父亲，我父亲已经八十多岁了，饭店就叫兆龙饭店……"

但是令包玉刚父子始料不及的是：他们的热心肠遇到了冷面孔。当时有关部门不敢表态，怕用一个大老板的名字命名，要冒"丧失立场"这个政治风险。所以，尽管卢绪章为局长的国家旅游总局在1980年4月和1981年5月两次给国务院打报告，尽管国务院两次都批准了，但眼看包玉刚都要来了，他的那张一千万美元的支票还是没有人敢接。

最终此事汇报到邓小平那里，邓小平发话了：用他一个名字，也没有关系嘛，为什么不可以？人家有贡献也可以纪念啊！别人不同意，我来替他题字。不久，邓小平批示：兆龙饭店问题是政治问题，包玉刚捐献一千万美元，并非投资、合营，搞得不好，谁还来呀！请国家旅游局在北京最好的地方给包玉刚建一个饭店。

1985年9月，邓小平为兆龙饭店题写了店名，并出席了

10月兆龙饭店的落成剪彩活动。"兆龙饭店"四个大字,正是邓小平对于全面开放旅游行业的支持和鼓励,这唯一的一次为外资旅游饭店的题名,给了当时处于困惑中的旅游从业人员以信心,也让旅游业更迅速地全面发展起来。

(文/叶帆子)

谋划世界高科技领域一席之地

邓小平曾对著名科学家李政道说:"对于科学我是外行,但我是热心科学的。"对于我国科技事业,他始终关心、大力支持,尤其是对中国高科技事业的发展,给予了大量的关注。

第三次复出后,邓小平主动请缨主管科技和教育,多次呼吁要"尊重知识、尊重人才"。他提出了"科学技术是第一生产力"的论断,并一直关注着世界高科技领域的动向和发展,利用各种方式与有关方面商议我国高科技的发展规划,并亲自领导了一系列重大项目的制定和决策。

邓小平在接见出席全国科学大会代表时与陈景润握手

决策建设正负电子对撞机

1978年初,全国科学大会召开,史称"科学的春天"。3月18日,邓小平发表讲话:"正确认识科学技术是生产力,正确认识为社会主义服务的脑力劳动者是劳动人民的一部分,这对于迅速发展我们的科学事业有极其密切的关系。我们既然承认了这两个前提,那么,我们要在短短的二十多年中实现四个现代化,大大发展我们的生产力,当然就不能不大力发展科学研究事业和科学教育事业,大力发扬科学技术工作者和教育工作者的革命积极性。"邓小平重申并进一步阐明"科学技术是生产力"的观点,在六千人的会场内外激起强烈反响,已经八十二岁高龄的农科院院长金善宝说:"我要像二十八岁那样来继续奋斗。"

为了发展我国的高能物理,我国科学家希望能建造自己

1977年8月17日,邓小平会见美籍华人物理学家丁肇中。在谈到科技工作发展问题时,邓小平说,对科技工作,要想得远一些,看得宽一些。一是要派人出去学习,二是要请人来讲学。不但科研机构这样,企业也要这样

1977年10月,邓小平会见美籍高能加速器专家邓昌黎和夫人黄乃申

的一台高能加速器,先后做过七八个方案,都因经费不落实而束之高阁。当时,很多人对中国搞高能物理研究感到不理解,认为中国经济处于落后状态,没有必要搞。

1977年9月26日,邓小平在会见欧洲核子研究中心总主任阿达姆斯时,富有远见地说:"建造加速器是很花钱的,又很费时间。但从长远发展的利益着眼,既然要搞四个现代化,就得看高一点,看远一点,不能只看到眼前。"10月10日,邓小平在会见美籍华人高能加速器专家邓昌黎教授时做出了决定:"建造加速器很花钱,又费时间,但是从长远来看,很有意义,应及早着手。可以通过加速器的研究带动其他方面的研究和工业生产。"

1981年12月22日,中科院负责人向邓小平和中央领导报告,请求批准在北京建设正负电子对撞机的方案。邓小平当日即批示:"这项工程进到这个程度,不宜中断,他们所提方针,比较切实可行,我赞成加以批准,不再犹豫。"12月25日,邓小平在会见美籍华人物理学家李政道教授前再次指示:"要坚持,下决心,不要再犹豫了。"在谈到工程进度和经费时,

邓小平参加北京正负电子对撞机国家试验室奠基

邓小平指示:"按五年为期,经费要放宽一些,不要再犹豫不决了,这个益处是很大的。"1984年10月7日,北京正负电子对撞机工程破土动工,邓小平亲临建设基地现场,为实验室奠基题写基石:"中国科学院高能物理研究所北京正负电子对撞机国家实验室奠基",并掀起了第一铲土。

1988年10月24日,实验室建成后,邓小平又亲临现场视察。听取汇报并参观了对撞机。那天,八十四岁的老人先讲了一个故事:有一位欧洲朋友,是位科学家,向我提了一个问题:"你们目前经济并不发达,为什么要搞这个东西?"我就

1988年10月24日,邓小平参观北京正负电子对撞机国家实验室

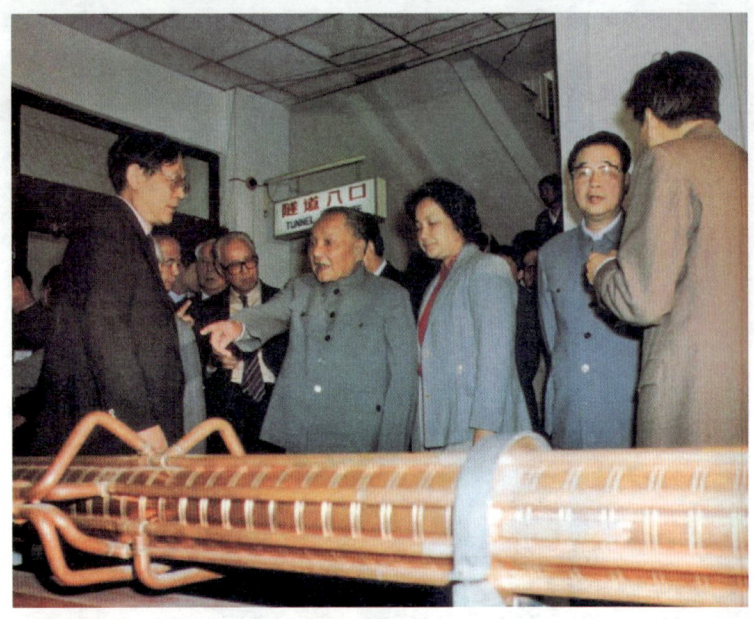

回答他,这是从长远发展的利益着眼,不能只看到眼前。他说:"下一个世纪是高科技发展的世纪。……过去也好,今天也好,将来也好,中国必须发展自己的高科技,在世界高科技领域占有一席之地。如果六十年代以来中国没有原子弹、氢弹,没有发射卫星,中国就不能叫有重要影响的大国,就没有现在这样的国际地位。这些东西反映一个民族的能力,也是一个民族、一个国家兴旺发达的标志。""现在世界的发展,特别是高科技领域的发展一日千里,中国不能安于落后,必须一开始就参与这个领域的发展。搞这个工程就是这个意思。还有其他一些重大项目,中国也不能不参与,尽管穷。因为你不参与,不加入发展的行列,差距越来越大。"邓小平对发展高科技是有长远目光的,他把科技发展提到国家安全的战略高度考虑。正负电子对撞机的建成标志着我国相关领域的高科技水平跻身于世界先进行列,是高能物理研究的重要里程碑。

批示实施"八六三"计划

二十世纪八十年代,高技术及高技术产业已成为国与国之间,特别是大国之间竞争的主要手段。许多国家都把发展高技术列为国家发展战略的重要组成部分,不惜花费巨额投资,组织大量的人力与物力,我国许多科学家对此心急如焚。

忧患意识和危机感加重了科学家的历史责任。1986年3月3日,王大珩、王淦昌、陈芳允、杨嘉墀四位中科院院士联名给邓小平写信,提出为了抢占世界高科技的制高点,应尽快制订发展我国高技术的计划。邓小平在看完信后的当天,便迅速地给予批示:"这个建议十分重要……找些专家和有关负责同志讨论,提出意见,以凭决策。此事宜速做决断,不可拖延。"从而催生了我国的"八六三"高技术计划。

根据邓小平的重要批示,中共中央有关部门立即邀请部分科学家进行座谈讨论。随后,国家科委成立"八六三"计划

1986年3月,由四位老科学家倡议,经邓小平批示,中国制订实施了高技术研究发展计划。图为"八六三"计划的四位倡导人王大珩(左二)、王淦昌(左三)、杨嘉墀(左一)、陈芳允(左四)

在《高技术研究发展计划（"八六三"计划）纲要》等三个文件送审报告上的批示

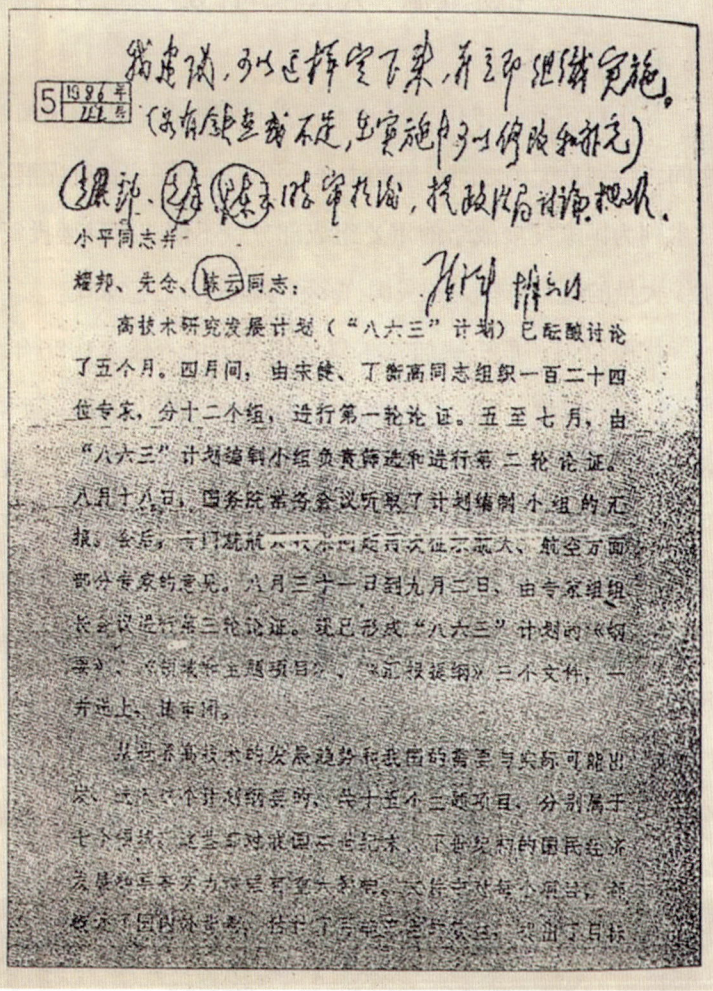

编制小组。此后的半年时间里，中共中央、国务院组织了二百多位专家，研究部署高技术发展的战略。

经过了三轮极为严格的科学和技术论证，计划小组形成了《高技术研究发展计划（"八六三"计划）纲要》。9月25日，国务院负责人将该报告和有关文件送邓小平并胡耀邦、李先念、陈云审阅。10月6日，邓小平审阅了报告，并作出批示："我建议，可以这样定下来，并立即组织实施（如有缺点或不足，在实施中可以修改和补充）。耀邦、先念、陈云同志审核后，提政治局讨论、批准。"

1986年11月，中共中央、国务院批准《高技术研究发展计划（"八六三"计划）纲要》。《纲要》确定从世界高技术的发展趋势和我国的需要与实际可能出发，坚持"有限目标，突出重点"的方针，选择十五个主题项目，分别属于七个领域，包括生物技术、航天技术、信息技术、先进防御技术、自动化技术、能源技术和新材料技术的一些领域（1996年增加了海洋技术领域），以此作为突破重点，在几个重要的高技术领域跟踪世界水平。

该计划于1987年3月正式开始组织实施，上万名科学家在各个不同领域，协同合作，各自攻关，很快就取得了丰硕的成果。1991年4月，时刻关心着我国高科技发展的邓小平又挥笔为"八六三"计划工作会议题词："发展高科技，实现产业化"，再次给为实现"八六三"计划而攻关的科学家以鼓励，也为我国高科技发展指明了方向。

1991年4月23日，邓小平为全国"八六三"计划工作会议题词

邓小平高兴地同年轻科技人员握手

在当时国家财政并不宽裕的条件下,邓小平以战略家的眼光,以对科学技术的深刻认识和对国家发展未来的远见卓识,果断作出了划时代的战略决策。王大珩后来回忆说:"当初我们谁也没想到小平同志会批得那么快。小平同志对这方面这样重视,远远出乎我们的意料。这件事对我来说简直是喜出望外……可见,他对我国的高技术发展审时度势,高瞻远瞩,已经是胸有成竹。"

"搞科技,越高越好,越新越好"

邓小平反复要求全党要充分认识新科技革命,要努力赶超世界先进水平,并把对当代高科技发展形势的认识,提高到继承和发展马克思主义的高度。他说:"世界形势日新月异,特别是现代科学技术发展很快。现在的一年抵得上过去古老社会几十年、上百年甚至更长的时间。不以新的思想、观点去继承、发展马克思主义,不是真正的马克思主义者。"

这一思想,在1992年的南方谈话中他再次予以强调。他说:"经济发展得快一点,必须依靠科技和教育。我说科学技术是第一生产力。近一二十年来,世界科学技术发展得多快啊!高科技领域的一个突破,带动一批产业的发展。我们自己这几年,离开科学技术能增长得这么快吗?""搞科技,越高越好,越新越好。越高越新,我们也就越高兴。不只我们高兴,人民高兴、国家高兴。"

(文/孔昕)

决策建立博士后制度

博士后制度是二十世纪八十年代中期在邓小平亲自决策和大力支持下建立起来的。现在已成为我国有计划、有目的培养高层次人才的一项重要制度。博士后研究人员成为最活跃、最具创新能力的高层次青年人才群体。

提出要成千上万地派遣留学生

"文化大革命"结束后,自告奋勇抓科技、教育的邓小平提出,科学研究方面的先进东西是人类劳动的成果,接受这些

邓小平第三次复出后,主动向中央要求分管科学和教育工作

决策建立博士后制度　　195

1979年1月，中美关系实现正常化后，邓小平出访美国，推动了中美关系的进一步发展。这是新中国成立后中国领导人第一次访问美国

东西没有什么可耻的。

1977年7月23日，他在同长沙工学院负责人谈话时提出，为了学习外国的先进技术，"也可以派留学生去学"。8月8日，他在科学和教育工作座谈会上的讲话中再次提出："派人出国留学也是一项具体措施"。

这样，就有了派十个人到美籍华人丁肇中教授的实验室学习的探索。另外，还派人到美籍华人、高能加速器专家邓昌黎教授那里学习。

1978年7月11日，教育部向中央提出了《关于加大选派留学生的数量的报告》。随后，中国开始大批选派留学生出国深造。1979年，韦钰作为中华人民共和国第一批赴德留学人员远赴联邦德国亚琛工业大学学习，1981年，获工学博士学位，成为新中国第一位电子学女博士。图为学成回国后担任东南大学校长的韦钰在为博士生颁发证书

派遣留学生政策的大幅度调整是在1978年。1978年6月23日，邓小平在听取刘达关于清华大学情况的汇报时，同在座的方毅、蒋南翔、刘西尧等谈道："我赞成增大派遣留学生的数量，派出去主要学习自然科学。要成千上万地派，不是只派十个八个。"

教育部迅速落实这一重要指示，于7月11日向中央提出了《关于加大选派留学生的数量的报告》，同时作出了派遣三千人的计划。

1979年元旦中美正式建交，1月28日至2月5日，邓小平访问美国。访美期间，正式签订了中美互派留学生协议。美方确定在1978年至1979年度接受来自中国的五百至七百名留学人员。

1979年初，最初的五十二个访问学者被分到了美国的几十个不同的学校里。两年后，他们学成归国。

李政道的"CUSPEA"计划

对中国十分友好,自1972年起多次回国讲学、探亲、访问并受到党和国家领导人接见的美籍华裔著名物理学家、诺贝尔奖获得者、美国哥伦比亚大学教授李政道博士非常关注中国这一重大举措。

他发现到美国的这五十二名留学生去的都不是美国第一流的大学,哈佛、普林斯顿、耶鲁等校的物理系里没有一个中国正式派去的研究生。

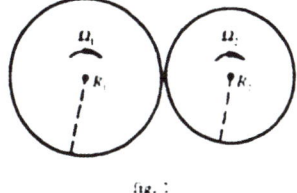

1980年CUSPEA物理试题

这促使他提出一项培养高端研究人员的计划——CUSPEA（中美联合培养物理类研究生计划，China-U.S. Physics Examination and Application），所需费用（生活费、学费、医疗费等）全部由美国民间负担。目的是使中国研究生进入美国第一流的研究院，接受同美国学生完全一样的训练。

这个计划是李政道于1979年春在北京应中国科学院邀请在研究生院系统讲课时提出的。

经过两次小规模的试验后，1980年，李政道正式向国务院副总理方毅提出该计划，受到科学院、教育部的支持，尤其是中国科学院副院长兼研究生院院长、物理学家严济慈的大力支持（他后来担任CUSPEA委员会主席）。这一项目也得到邓小平的大力支持。

美国六十多所大学的物理系几十个专业参与了此项目，其中包括所有美国第一流学校。CUSPEA绝大多数学生学习勤奋，学业优秀，获得好评。

1980年至1982年，共有三百六十二名CUSPEA学生在美国学习，该项目计划办到1985年，共七百多人。到1983年，最早试点的学生已有回国的，1984年、1985年还会有大量学成归来者。1983年当年还计划派遣一百零九人。

关注"博士后流动站"建议

CUSPEA计划这些学生所学专业大都与国家建设有密切关系，回国后如何安排、如何更好地发挥他们的作用成了李政道考虑的大问题。因此，他提出了建立博士后流动站的建议。

决策建立博士后制度

博士后制度是第二次世界大战后，一些发达国家逐渐形成的一种吸引、培养、使用专业人才的制度。

实行这种制度的办法和目的是在高校和科研机构设置一些不固定的职位，挑选一些获得博士学位的人员从事一个阶段的研究工作，以拓宽知识面，进一步培养独立工作能力，使之成为具有更高水平的科研和教学人员。当时，这在国内还是新鲜事物，并不广为人知。

李政道的考虑非常具有现实意义。从1978年开始，我国政府决定向外国增派留学人员。到1984年，共向五十四个国家派出留学人员两万多人。绝大多数留学人员勤奋攻读，取得良好成绩，他们之中已有一万人先后学成归国，正在各个领域发挥着重要作用。

与此同时，自1981年以来，我国在国内招收攻读博士学位的研究生也已近千名。学成归国以及国内培养的高层次科技人员如何安置，如何更好地发挥作用，很现实而又紧迫地摆在党和政府的面前。

博士后制度，是科学发达国家多年来行之有效的培养高级科技人才的重要途径。中科院理论物理所的一批专家学者也建议在我国实行"博士后"的制度。

李政道在这个过程中发挥了关键作用。他于1983年3月5日，第一次向中国国家领导人提出了《设立科研流动站的初步建议》。在《建议》中，他强调"科研流动站"可以成为推动青年科技人员流动的永久方法之一，并在流动中选拔人才，去芜存菁。这个建议引起邓小平的关注。

1983年3月9日上午11点至12点半，邓小平在人民大会

图为邓小平会见美籍华裔科学家李政道

堂福建厅会见了李政道。

在谈到李政道上述建议时,邓小平说:"你提的建立'科研流动站'建议我已看到。我们亦设想过很多方案,但没有那么具体。(人才流动)问题不解决好,出不了人才,是巨大浪费。国内知识分子担心待遇低,但最关心的是自己能否出力,能否各得其所,发挥长处。"

在听了李政道的一番介绍后,邓小平说:"现在我们要避免头脑发热,但不管怎样,科学和教育要多投资。""现在财政情况还好,要着手解决这个问题。"

拍板决策

建立博士后流动站,需要资金和多方面的配合支持。李政道1983年提出该建议后,被转到国家科委研究办理,但一直没有具体行动,原因是科委和派出去的留学生没有直接关系。

1984年4月27日,应中国科学院邀请,李政道来华进行为期四周的讲学访问。这次来华他特意准备了一份详细的书面报告——《如何安排"博士后"科技青年的一些建议》。

5月21日,邓小平在人民大会堂会见李政道及夫人。国务院副总理万里、中共中央书记处书记胡启立、中国科学院院长卢嘉锡等参加了会见和宴会。

邓小平说:"看了你写的这个(指李的《如何安排"博士后"科技青年的一些建议》),恐怕应交给科委、教育部?""有不少新名词,'博士后'对我来说是新名词,在国外可能是老名词了?"

李政道向邓小平详细介绍了博士后在国外的发展情况,还以形象的说法简明扼要地分析了博士后与博士的区别。

1984年,邓小平亲切会见老朋友、美籍华人物理学家、诺贝尔物理学奖获得者杨振宁(右二)、李政道(右四)、丁肇中(右一)

接着，李政道还谈了在中国建立博士后制度的迫切性、条件等。简单介绍完后，李政道提出需要解决两个问题：一是希望国家拨款两千万元人民币建立十几个"博士后流动站"做试点；二是国内主要机构要采取措施，最好能有一位副总理级别的领导来牵头监督落实这件事。

对李政道提出的建立十几个流动站的建议，邓小平说："十个站，只解决两百人，是否太少了。""十个太少，回来几千人，还有其他专业，也要采取同样的方法。"

他拍板说："这是一个新的方法，成百成千的流动站成为制度，是培养使用科技人才的制度。明天就批两千万。无非是盖房子，买设备。""这是新事物，新名词，我第一次听到。第二次世界大战后，四十年了，但我脑子里没有这几个词，是落后分子。我赞成，同意了。"

关于谁来牵头负责这件事，邓小平对在座的国务院副总理万里说："你管吧，你管钱。"万里请在座的中央书记处书记胡启立管，说"他年轻，懂行"，"我当后台"。胡启立表态说："先从科学院和教育部开始。"

邓小平最后做结论说："看准了要行动，起码没有危险吧！现在已出现回来的人不知怎么用的问题，使用不对专业，零零星星已有这个反映，成千上万的人回来是很大的问题。以后各行都可以参照这个办法，是使用培养，也是考核。"

博士后制度正式建立

邓小平谈话后，中国科学院和教育部等有关部门立即采取措施落实。1984年7月21日，全国科技干部管理工作改革座谈会上提出五条促进人才流动的措施。

随后，国家有关部门决定选定二十个单位开展"博士后"研究试点。1984年9月30日，李政道来华参加国庆三十五周年庆祝活动。在科委主任宋健的赞同下，他主持了数次由中科院和教育部有关领导参加的讨论会。

10月10日，初步确定了中国科学院理论物理所建立博士后流动站的"方案"和国家博士后科学基金试行"条例"（均为草案），明确了设站的指导思想，建立了组织协调机构，而且对博士后研究人员从进站条件、工资待遇到离站后的去向等都做了具体规定。

10月下旬，三位不久前从国内外获得博士学位的青年，

1988年10月24日，邓小平在李政道陪同下视察北京正负电子对撞机国家实验室，强调中国必须在世界高科技领域占有一席之地

应聘来到中国科学院理论物理所，从事"博士后"研究工作。自此，继学位制之后，我国开始正式试点"博士后"培养制度。

此后，政府各有关部门加紧在全国普遍试行博士后制度的筹备工作。

1985年5月，国家科委、教育部和中国科学院向国务院提交了《关于试办博士后流动站的报告》。

7月5日，国务院正式批准这个报告，决定在我国试行博士后研究制度，并拨出专款用于建立博士后科研流动站。

7月17日，全国博士后科研流动站管理协调委员会成立。管委会决定，在七十三所高等院校、科研单位设立一百零二个博士后科研流动站，两年招收博士后研究人员二百五十人。

邓小平决策建立的博士后制度，适应国家促进高层次人才流动、学术交流，促进交叉学科发展，促进科研活动服务于社会主义现代化建设的需要，为高层次人才的使用和培养开辟了一条"绿色通道"，具有深远的历史意义。

（文／蒋永清、卢佳）

对西藏的特殊感情

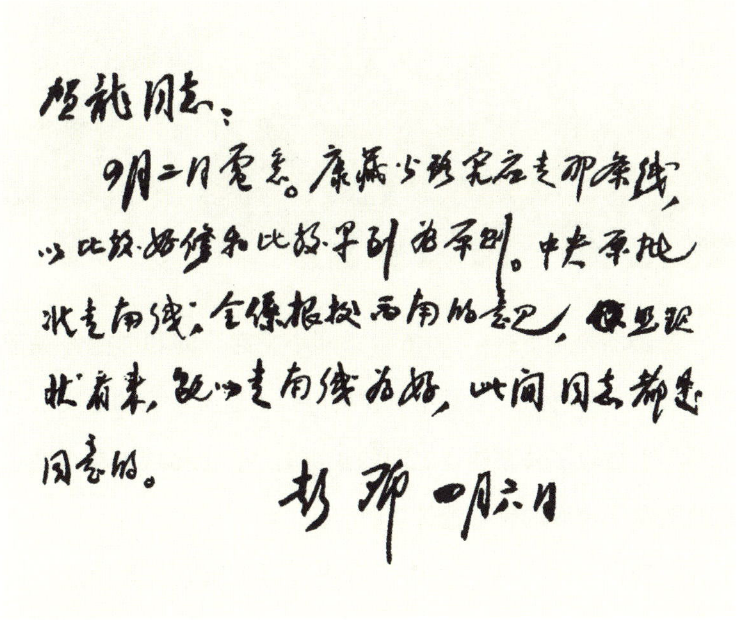

关于康藏公路应走哪条线
问题致贺龙电

贺龙同志：

四月二日电悉。康藏公路究应走哪条线，以比较好修和比较早到为原则。中央原批准走南线，全系根据西南的意见，照现状看来，既以走南线为好，此间同志都是同意的。

彭　邓

四月六日

1992年1月21日,邓小平参观锦绣中华时,同家人在微缩景区的"布达拉宫"前合影

上页图是1953年4月6日,邓小平起草的和彭德怀关于康藏公路应走哪条线问题给贺龙的电报。这份珍贵的电文记录了邓小平与康藏公路建设之间的密切关系,也体现出邓小平心系西藏发展建设的领导情怀。

在我国,邓小平一生中没有去过两个地方,其中之一就是西藏。他对西藏有着特殊的感情,曾多次遗憾地说,自己没有到过西藏。1992年1月21日,邓小平在深圳"锦绣中华"布达拉宫前感慨说:"这里的景点很多我都到过实地,布达拉宫却没有去过,以后也没有机会去了。"最后,他和家人在"布达拉宫"前留下了全家福。虽然邓小平从未到过西藏,但他对西藏的革命和建设作出了伟大的贡献。

进军西藏

1950年1月初,当正在苏联访问的毛泽东,发给"中共中央并彭德怀、邓小平、刘伯承、贺龙"一封电报,提出:"由青海及新疆向西藏进军,既有很大困难","由西南局担负向西藏进军和经营西藏的任务"。

很快,1950年1月8日,时任西南局第一书记、西南军区政委的邓小平与西南军区司令员刘伯承,电告中共中央和毛泽东对于进军西藏的意见:"拟定以十八军担任入藏任务,以张国华为统一领导核心。"

邓小平坚决按照中央的指示,努力以和平的方式解决西藏问题。在邓小平的主持下,西南局提出了"十大政策",作为与西藏地区进行和平谈判的基础。1950年6月2日,西南局正式发出由邓小平亲自主持起草的《关于以十项条件为和平谈判及进军基础给西藏工委的指示》。用邓小平当时的话来说:

1951年5月23日,《中央人民政府和西藏地方政府关于和平解放西藏办法的协议》在北京签字。图为《中央人民政府和西藏地方政府关于和平解放西藏办法的协议》汉、藏两种文本

"这个政策影响很大,其力量不可低估。"这十条政策成为中央人民政府同西藏地方政府签订的和平解放西藏办法十七条协议的基础框架。邓小平说过:"我们对西藏的十条,就是要宽一点,这是真的,不是假的,不是骗他们的。"

但在外国反动势力的怂恿支持下,西藏噶厦政府关闭了和平谈判的大门,妄图用武力阻止人民解放军和平进藏。从1950年10月6日至24日,邓小平和贺龙命令西南军区第十八军及第十四军一部,在西北军区骑兵部队的配合下,发动昌都战役,歼灭西藏地方反动政府藏军主力5700多人,叩开了进军西藏的大门,为和平解放西藏创造了条件。1951年5月23

上左:1951年秋,第二野战军一部进驻拉萨

上右:进驻西藏的人民解放军和藏族人民欢庆西藏和平解放

下:藏族同胞观看西南军政委员会发布的关于进军西藏的布告

日,《中央人民政府和西藏地方政府关于和平解放西藏办法的协议》在北京签订,标志着西藏获得和平解放。

修筑康藏公路、青藏铁路

西藏和平解放之后,邓小平对稳定西藏、发展生产一直不遗余力。为了尽快改变西藏交通事业落后的面貌,丰富西藏地区的物资供应,1950年6月至1954年12月,在邓小平亲自筹划下,中央人民政府动员很大力量修筑了康藏公路。

早在1950年,邓小平就根据毛泽东提出"进军西藏,不吃地方"的原则,在向十八军的军、师领导交代进藏任务时就强调:"必须解决补给问题,不惜任何代价抢修公路,强化运输补给保障。"

1951年3月26日,邓小平致电中央人民政府政务院总理周恩来:"请催中央财政部速拨款以修筑玉隆至昌都公路。""因进军紧迫,即待修通公路。而军费已甚困难,不能长期挪用。"3月29日,邓小平在批阅陈明义等关于修筑康藏公路部署的电报时批示:"军区注意施工人数如果不够,应将原决定调出六师留下或留一部或大部,以保证今年通至昌都为原则。"

邓小平对修筑进藏公路所需费用和施工人员配置乃至修路支前人员的生活都给予了细致的关注和周到的考虑。1951年9月25日,邓小平批阅支援进藏部队后勤司令部关于修筑进藏公路的部队生活十分艰苦致西南军区电,要求时任西南军区副司令员兼参谋长的李达"对支前人员的照顾应加注意,否则是不能持久的，也不是单靠命令或者政治工作可以解决的"。

1952年7月下旬，邓小平被中央调进北京工作，担任政务院副总理，成为以毛泽东为核心的第一代中央领导集体中的重要成员。尽管他日理万机，工作繁忙，但他依然心系康藏公路的建设，时时关注康藏公路的建设情况。当时对于从昌都到拉萨的公路段，工作人员经过勘探提出了南线和北线两条方案，并向原西北军区司令、当时已留在北京主持中央军委日常工作的彭德怀和中央作了报告。1953年1月1日，邓小平在彭德怀报送毛泽东的《关于康藏公路昌都至拉萨段线路问题的报告》上批示："此事我已电话告李达，哪一条线快就走哪一条，李达请示贺总后，已让稂明德去昌都，详细了解后再做决定。"贺龙在昌都主持召开了工作会议，听取了筑路司令部的意见，认为公路走南线更符合西藏人民的长远利益，并将意见上报中央。毛泽东在《关于康藏公路定线的报告》上挥毫写下："同意此项意见，公路走南线。"批准了昌都至拉萨段公路

1954年12月25日，贯通"世界屋脊"的康藏、青藏两条公路全线正式通车。图为行驶在康藏公路上的车队

的方案。1953年4月6日，邓小平和彭德怀联合致信贺龙，指出："康藏公路究应走那条线，以比较好修和比较早到为原则。""依照现状看来，即以走南线为好，此间同志都是同意的"，再次表示支持康藏公路走南线的决定。

青藏铁路在建设中

1954年12月25日上午10时40分，康藏公路全线通车仪式在拉萨河大桥桥头举行。康藏公路的筑路英雄们完成了我国历史上亘古未有的壮举，实现了在世界屋脊上的顺利通车。康藏公路作为一条"战略公路"，从原西康省省会雅安到西藏拉萨，全长2255公里，始接成都平原、终达拉萨，改变了西藏地区千年来靠栈道、溜索和人背畜驮的运输方式，改变了西藏地区交通落后的面貌，对促进国家统一、巩固国防、增进民族团结、促进地区经济社会发展，实现地区和国家长治久安、和谐发展，发挥了巨大的历史作用。

邓小平对被称为"天路"的青藏铁路的修筑也十分关心。青藏铁路的修筑涉及更复杂的技术和各方面的问题，从1958年投资开建，中间几次"下马"。1983年，西藏自治区主要负责人阴法唐在北戴河向邓小平汇报西藏工作时，邓小平主动问起进藏铁路走哪边好，盐湖与冻土层怎么解决，阴法唐告诉他：盐湖通过了，冻土问题也有解决办法。邓小平还详细询问了青藏铁路的里程与预算，思考了一会儿指示说："看来还是修青藏铁路好！"

尽快使西藏兴旺发达起来

粉碎"四人帮"之后,邓小平作为党的第二代中央领导集体的核心,在整个国家经济建设亟待恢复的情况下,始终关注着西藏的发展。

1978年2月,西藏军区负责人陈明义到成都金牛宾馆拜望老首长邓小平,小平关切地问:"西藏农业发展怎样,人民的生产生活改善了没有?"当陈明义把当时西藏农牧业发展的好势头告诉老首长时,小平同志连声说:"好,这就好!"

2月3日,邓小平出访尼泊尔做国事访问,在飞机即将抵达西藏时,他提出在海拔近三千七百米的拉萨做短暂停留。十分遗憾的是,因邓小平事先没有做在高原停留的身体检查,有关方面考虑未予同意。在飞机飞越喜马拉雅山时,邓小平特地走到驾驶室里,俯瞰着西藏这片高天厚土,深情地眷恋着他尚未踏上的共和国的这片土地,胸中筹划着使西藏地区走进中国四个现代化行列的发展蓝图。

1987年,邓小平同全国人大常委会副委员长阿沛·阿旺晋美(右一)、班禅额尔德尼·确吉坚赞(右二)、楚图南(右四)在人民大会堂休息室亲切交谈

为了加快西藏地区经济的发展，尽快改善人民群众的生产生活，使西藏尽快步入社会主义现代化的行列，在邓小平关怀下，1980年3月14、15两日，中共中央书记处专门在北京召开西藏工作座谈会。会议形成的《西藏工作座谈会纪要》强调：团结全区各族人民，调动一切积极因素，千方百计地发展国民经济，提高各族人民的物质生活水平和文化科学水平，建设边疆，巩固国防，有计划、有步骤地使西藏兴旺发达、繁荣富裕起来。

旗帜鲜明维护国家主权和统一

二十世纪八十年代中期以后，西藏与全国一样相继出台了发展经济、促进繁荣的一系列的改革措施。可是，国外敌对势力以人权、民族问题为借口，大肆攻击西藏的各项改革政策，邓小平对此做了坚决的反击。早在西藏和平解放后，西藏地方当局中的分裂分子拒不执行协议，暗中搞破坏、叫喊"西藏独立"。面对分裂势力的汹汹气焰，邓小平予以坚决的反击，他在1957年3月的中央书记处会议上说：西藏统治集团同外国订密约，我不承认，没有效力。区别西藏上层的左、中、右，以反帝爱国为标准：既爱国又赞成实行某些改革的是左派；主张同祖国分离的是右派；公开叛国的是反动派。

邓小平在反对分裂、维护国家主权和统一上是旗帜鲜明的，同时也希望达赖等回国参加"四化"建设。1978年3月，邓小平在会见美联社记者时说："达赖可以回来，但他要作为中国公民。""我们要求就一个——爱国，而且我们提出爱国不分先后。"1979年3月，邓小平和达赖的哥哥嘉乐顿珠会见时说："只要达赖那些人放弃分裂祖国的立场，我们欢迎达赖回国。""不管如何，欢迎达赖回来，回来后还可以出去。我可以保证这一条：来去自由，可以到西藏看看，也可以到别的地方看看。"

1987年6月，国务院邀请德国总理科尔和美国前总统卡特到西藏走一走，看一看西藏的实际情况。6月29日，邓小平在会见美国前总统卡特时指出："我们对西藏的政策是真正立足于民族平等。""拿西藏来说，中央决定，其他省市要分工负责帮助西藏搞一些建设项目，而且要作为一个长期的任务。西藏具有很大的开发潜力。中国的资源很多分布在少数民族地区，包括西藏和新疆。如果这些地区开发起来，前景是很好的。""西藏是人口很稀少的地区，地方大得很，单靠二百万藏族同胞去建设是不够的。""如果以在西藏有多少汉人来判断中国的民族政策和西藏问题，不会得出正确的结论。"同年10月16日，邓小平在会见联邦德国巴伐利亚州州长施特劳斯时又说道："西藏有很好的发展前景，土地广阔，资源丰富，在内地的扶持和帮助下，现在经济建设有了较大的发展。"

在邓小平"立足民族平等，加快西藏发展"精神的鼓舞下，西藏各族人民奋发努力，勇于进取，克服了自然灾害带来的困难，挫败了分裂主义分子的扰乱和破坏。

二十世纪九十年代，面对西方敌对势力支持的达赖集团的分裂活动、大肆攻击我国在西藏的政策，邓小平在会见马来西亚企业家郭鹤年时指出："我们的民族政策是正确的，是真正的民族平等。我们十分注意照顾少数民族的利益。"他郑重地宣布:"西藏是中国领土的一部分,中国对西藏的主权不容否定,西藏独立不行,半独立不行,变相独立也不行。"邓小平的谈话表明了中国人民和中央人民政府绝不会屈服于霸权主义的压力,绝不会与分裂势力讨论有损于国家主权和统一的问题,指明了反分裂斗争的方向。

在西藏长期的革命和建设事业中,邓小平倾注了大量心血;在每一个关键时期、每个关键问题上,邓小平贯彻中央的指示精神,提出的指导方针,对推动西藏革命和建设事业稳步、健康地发展,起了巨大作用。他对西藏那一片土地和生活在那里的人民所作出的特殊贡献和建立的功勋,将像珠穆朗玛峰一样,永远为世人所敬仰。

(文/王达阳)

"钢铁公司"与"铁娘子"的世纪交锋

1840年,英国发动鸦片战争。1841年1月26日,几艘英国炮舰闯入香港海湾,侵略军把米字旗插上了香港岛

在中英两国处理香港问题的过程中,有两个关键人物,一个是提出了"一国两制"天才构想的邓小平,而另一个则是在1979年率保守党竞选成功后入主唐宁街、以"铁娘子"著称的英国首相撒切尔夫人。

经过多次磋商,中英最高级别的会谈提上议事日程。两人的世纪会面被约定在1982年9月,撒切尔夫人将前来北京与邓小平见面,正式拉开中英两国政府关于香港问题的外交谈判的序幕。

见面前的准备

1982年6月,撒切尔夫人刚刚以强硬的军事手段处理完和阿根廷之间的马尔维纳斯(福克兰)群岛战争。"马岛之战"的胜利巩固了她的执政地位,也更加激发了她维护英国世界地位的雄心,正如她在自传中所说:"英国的世界地位与我自己的地位,都已因为阿根廷的胜利战果而有了改变。"

由于香港问题与马岛问题的政治地位和性质颇为相似,均为殖民主义的"历史遗留问题",所以,英国人开始幻想"香港是第二个马尔维纳斯",幻想着撒切尔夫人的北京之行将在谈判桌上为英国"再赢一场没有硝烟的战争"。撒切尔夫人后来在回忆录里也并不掩饰自己的如意算盘:"开始在香港发展民主构架,必要时实现公民投票,以便像新加坡那样,达到在短期内实现自治或独立的目标。""我们的谈判目标是以香港岛的主权来换取英国继续长期对整个这块殖民地的行政管理。"

英国驻华大使柯利达在其回忆录中这样写道:"她是摆开

1842年8月,英国政府迫使清政府签订《南京条约》,永久割让香港岛。这是中国近代史上第一个丧权辱国的不平等条约

一种好斗的和不合作的姿态来处理香港问题的。她刚刚取得了福克兰群岛的经验，自认为在处理这件事的过程中，正是依靠她自己的坚强意志和英军的英勇战斗，才'拯救'了因英国外交部的短见和屈从于外来压力而造成的困难局面，而香港从表面上看同福克兰群岛又具有某些相似之处"。

正如柯利达所言，撒切尔夫人的北京之行正是想挟着马岛之战的余威在香港问题上"再现昔日头号殖民帝国的辉煌"，以香港岛的主权来交换英国未来对于整个殖民地的治权。

而在北京方面，在中央关于香港问题的初步方案拍板后，邓小平则投入大量精力接见香港知名人士，亲自做他们的思想工作。在不到三个月的时间里，他会见了十二批各界代表人物。3月20日会见香港工商界知名人士查济民，5月25日会见香港中文大学校长马临，6月2日会见香港大学校长黄丽松，6月3日会见著名文化人士查良镛，6月15日会见香港地区的全国人大代表和全国政协委员费彝民、王宽诚、汤秉达

1982年6月2日，邓小平会见香港大学校长黄丽松

1982年6月15日，邓小平会见香港《大公报》社副社长李侠文

等。在这些会见中，邓小平明确传达了中国政府将于1997年7月1日正式恢复对香港行使主权的立场，希望广大爱国港人在这个前提下就如何保持香港的长期繁荣稳定，提出自己的建议和想法。

对于撒切尔夫人的立场，邓小平则非常清楚。1982年4月，在朝鲜访问的邓小平对金日成说："世界上有两个铁女人，一个是甘地夫人，一个是撒切尔夫人。""英国的'盘子'是放在能够继续维持英国的统治这点上。这不行。在中国，不管哪个人当政都不会同意新界延长租期。而且一建国我们就否定了关于香港的不平等条约，不承认这个条约。卖国的事谁也担当不起。所以，我们同英国人说，到1997年，香港岛、九龙半岛、新界，中国全收回。""不管怎样，香港必须收回。不搞这一条全国人民要反对。"

1982年9月，撒切尔夫人来华访问一周前，邓小平和李先念等中央领导同志听取了李后、卜明有关香港金融情况的汇报后，就撒切尔夫人访华交换意见。邓小平再次明确表示

1997年收回香港的决策是正确的。他指出：不仅对撒切尔夫人，而且对香港各界人士要说清楚，香港一定要收回，同时保护各方面的利益，使他们不要抱其他幻想。一切文章都要在收回香港、设立特别行政区这个大框子里来做。这次同撒切尔夫人会谈，就是将原则定下来。希望英国同我们合作。要说明，如果这中间发生大的波动，我们对收回香港的时间和方式，不得不做新的考虑。

未雨绸缪的邓小平，这一时期在多个场合反复讲的一个问题就是，我们方案的前提是英国人合作，假如英国人不合作，怎么办？到1997年的十五年过渡期有人搞破坏，怎么办？邓小平胸有成竹地设计好了预案。

"钢铁公司"对"铁娘子"

1982年9月22日下午，撒切尔夫人抵达北京。24日上午，人民大会堂福建厅，被毛泽东誉为"钢铁公司"的邓小平

1982年9月24日，邓小平会见访华的英国首相撒切尔夫人

与"铁娘子"撒切尔夫人展开了一场世纪交锋。

碰撞和对抗将不可避免。

会谈一开始,撒切尔夫人先发制人,她强调,英国是根据过去签订的条约管辖香港的,这些条约是有效的,如果要改变这些条约,就要通过别的协议代替,不能单方面废除。

显然,撒切尔夫人低估了中国政府和邓小平坚定维护中国主权的决心,邓小平并不同意撒切尔的观点:"主权问题,是不能够谈判的,就是说中国1997年,收回(香港)的问题是不能谈判,不管用什么方式,谈判的目的就是一个,归属问题。"

邓小平态度非常坚决,而撒切尔夫人也绝不让步,她见主权问题无隙可乘,便直奔治权问题,她说,香港的繁荣有赖于英国的管理,只有1997年后英国继续管理香港,香港才能继续保持繁荣,也才能对中国有很大好处。

驳斥强权论调,恰是邓小平的强项。在改革开放初期,香港对于内地经济建设无疑有重大影响,但正如邓小平所说:"香港继续保持繁荣,根本上取决于中国收回香港后实行的适合政策。如果中国把'四化'建设能否实现放在香港是否繁荣上,那么这个决策本身就是不正确的。我们在宣布1997年收回香港的同时,还要宣布此后的制度和政策。"

面对邓小平的一一反驳,"铁娘子"有些措手不及,她发出了危言耸听的预言:一旦中国宣布1997年要收回香港,就会给香港带来灾难性的影响。

政治家的成熟正在于对政治与人性的深刻洞见,既不会盲目迷信,也没有天真幻想。对于撒切尔夫人的这番"警

1984年12月19日，邓小平会见英国首相撒切尔夫人

告"，邓小平早有准备："至于说一旦中国宣布1997年要收回香港，香港就可能发生波动，我的看法是小波动不可避免，如果中英两国抱着合作的态度来解决这个问题，就能避免大的波动。我还要告诉夫人，中国政府在作出这个决策的时候，各种可能都估计到了。我们还考虑了我们不愿意考虑的一个问题，就是如果在十五年的过渡时期内香港发生严重的波动，怎么办？那时，中国政府将被迫不得不对收回的时间和方式另做考虑。如果说宣布要收回香港就会像夫人说的'带来灾难性的影响'，那我们要勇敢地面对这个灾难，作出决策。"他指出：制造混乱是很容易的。"这当中不光有外国人，也有中国人，而主要的是英国人。"

邓小平的此次谈话看似强势，但却绝非只是一时话语的胜利。他通过1997年主权交接、1997年后的香港管理、1997年前过渡期的安排三大议题，系统地表述了香港回归的完整含义，并预设了处理不利情况的对策，勾勒出了任何人都无法违背的历史走向。

撒切尔夫人后来回忆："我与邓小平会面，而他果然不负务实之名，香港问题终于在他手中打开症结。据他表示，香港维持资本主义制度绝无问题，而主权问题不妨暂缓，中国政府在一两年后才会宣布收回主权。我则再度表示，希望能就（一九）九七年之后，英国以同样法律、政治与金融体系继续行使主权的问题做进一步磋商。若能就此达成协议，不但港人信心能够提振，我也保证必就主权问题给予中方满意的回复。然而邓小平不为所动，并一度表示，现在就能随时拿下香港。"

会谈结束了。这次中英香港问题谈判中最重要的一次会谈后的新闻稿中说"双方本着维持香港的繁荣和稳定的共同目的，同意在这次访问后通过外交途径进行商谈"。

有一个细节未出现在新闻稿中，那就是撒切尔夫人在迈下人民大会堂石阶的时候，不慎摔了一跤。

"天才的构想"

经过历时二十二轮的艰苦谈判，1984年9月18日，中英"协议"正式"定稿"。9月26日，《中英联合声明》及其三个附件在北京、伦敦、香港三地同时公布。文件公布后，立即在全世界引起强烈反响。这份前所未有的文件协定确定移交了一个人口数超过挪威、爱尔兰等国的地区，且移交的方式是通过和平谈判。

对此，时任联合国秘书长佩雷斯·德奎利亚尔就表示：

中英关于香港问题的联合声明签署后,邓小平与英国首相玛格丽特·撒切尔夫人一起与在场观礼的香港各界人士见面

1984年12月19日,邓小平会见英国首相撒切尔夫人

"在紧张和对抗不幸笼罩着世界上许多地区的时候,对香港未来地位的谈判取得成功,将毫无疑问地被认为是在当前国际关系中,有效的、静悄悄外交的一项极为突出的范例。"

"不打不相识",撒切尔夫人通过香港谈判,进一步了解了中国,特别是邓小平,她的思想状态显然发生了改变,变得不再傲慢了。1984年12月19日下午5时30分,《中英联合声明》及其附件的正式签署仪式在北京人民大会堂西大厅举行。两国政府首脑庄重签字盖章,互换文本,分别致辞。

邓小平与撒切尔夫人再度见面。和两年前相比,邓小平没有明显的变化,但脸上却洋溢着春风。他热情地握住撒切尔

邓小平与英国首相撒切尔夫人一同步入签字大厅

夫人的手，衷心祝贺《中英联合声明》的成功签署，祝愿她在北京访问愉快。

撒切尔夫人再次端详眼前的这位小个子东方巨人，由衷地称赞邓小平提出的"一国两制"的构想是最天才的创造，并认为这对于解决国家间及国家内存在的历史遗留问题和争端具有示范作用。

邓小平则说："这要归功于马克思主义的辩证唯物主义和历史唯物主义，用毛泽东主席的话讲就是实事求是。再过十三年，再过五十年，会更加证明'一国两制'是行得通的。"针对有人担心中国是否能始终如一地执行协议，邓小平郑重地说："我们不仅要告诉阁下和在座的英国朋友，也要告诉全世界的人：中国是坚守自己的诺言的。"

（文/叶帆子）

和老同学蒋经国

解决台湾问题、实现两岸统一,始终是萦绕在邓小平胸际的一件大事。他呕心沥血,提出"一国两制"构想,最早也是为了解决台湾问题。

邓小平思考解决台湾问题,绕不开他的老同学——蒋经国。

想起了老同学

1978年5月,六十八岁的蒋经国成为台湾当局最高领导人。此刻,七十四岁的邓小平正主导中方进行中美建交的艰苦谈判。台湾问题是谈判的最大障碍。

邓小平和蒋经国是老同学。1926年,二十二岁的邓小平在莫斯科中山大学学习,主动要求出国深造的蒋经国也在这里学习,这一年蒋经国才十六岁。

邓小平和蒋经国二人来往密切,建立了深厚的同学情谊。他们俩体形相近,个头差不多,在一起很亲近。蒋经国经常借着在莫斯科河畔散步的机会,向邓小平询问他在巴黎的经历。邓小平写了几篇文章,谈论他在法国的工作和体验,交给蒋经国在墙报上发表。邓小平1926年底回国,蒋经国则直到1937年才回国。苏联一别,二人没再见过面。

1979年新年伊始，全国人大常委会发表《告台湾同胞书》，呼吁海峡两岸和平统一，标志着祖国大陆对台政策的重大发展。图为1979年1月1日《人民日报》刊登的《告台湾同胞书》

在中美建交谈判过程中，邓小平作出调整对台工作方针的历史性决策，把"我们一定要解放台湾"调整为"台湾回归祖国，实现统一大业"。不提"解放"二字，代之以"解决"二字。

1978年12月16日，中美发表《关于建立外交关系的联合公报》，美国政府承认中国的立场，即只有一个中国，台湾是中国的一部分。1979年1月1日，《告台湾同胞书》发表，邓小平提出的一系列"合情合理的政策和办法"公开宣示给台湾当局。

进入二十世纪八十年代，邓小平提出要做三件大事，其中第二件大事是台湾回归祖国，实现祖国统一。要达到这一目标，关键是如何开步走，即如何与台湾方面建立沟通渠道。他想到了在台湾的老同学。

第一次带话

目前所知，邓小平第一次让人给蒋经国带话是1980年5月14日。

这天上午，他会见日本国策研究会代表常任理事矢次一夫一行时说："请你对蒋经国先生讲，我们都是过七十岁的人了。他刚过七十，比我小几岁。在我们这一代解决这个问题，历史会给我们讲些好话，为后代做点好事。""他们有什么想法，你们可以私下同他们谈谈，把他们的意见告诉我们。双方沟通思想，寻求合理的方式、方法，能够尽早地实现这个统一。"

他同时给陈立夫带话。9月9日，邓小平会见美籍华人学者陈树柏。他是曾任过广东省政府主席的陈济棠的儿子。邓小平说：陈立夫"有民族感"。"在有生之年做点事嘛。我同他不认识，你见了他说我问候他，尽管没见过面，哲学、思想、见解都不同。"

说到两岸统一问题，邓小平动情地说："元老中他还能说说话。在统一方面可以做点事嘛。统一是大势所趋，问题是我们这一代还是下一代。我想由我们这一代交账为好。"

也是在9月9日的这一天谈话中，邓小平让陈树柏带话给蒋纬国。他说："你去台湾可以跟蒋纬国说说，我们欢迎台湾的人多回来看看。""你可以给蒋纬国谈一下，如果我们这一代不解决，下一代解决这个问题更困难一些，那时出现什么情况很难讲了，例如'台独'。""我说的是真话。你可告诉蒋纬国，请他转告他哥哥，我讲的台湾问题都是真话。"

这些带话，开启了两岸沟通的新阶段。

和老同学蒋经国　229

左：1981年9月30日，全国人大常委会委员长叶剑英向新华社记者发表谈话，进一步阐明台湾回归祖国、实现和平统一的九条方针政策。图为1981年10月1日《人民日报》关于叶剑英讲话的报道

右：1982年7月24日，全国人大常委会副委员长廖承志致信蒋经国先生。图为1982年7月25日《人民日报》的报道

"邓六条"交底

对台工作受中美关系大局的深刻影响。1981年6月起，中国同美国进行了一场关于美国对台军售问题的坚决斗争。为了适应新形势，排除干扰，邓小平提出需要全面、系统、具体地公开阐释对台政策。

1981年10月1日，《人民日报》发表叶剑英的对台讲话（后称"叶九条"），展现了中国政府和人民力争以和平方式实现统一祖国大业的诚意，在国际上引起积极反响。

"叶九条"发表后，对台工作进入新阶段，两岸开始进行多渠道沟通工作。

1982年7月24日，在邓小平决策下，廖承志发表致蒋经国公开信，提出："合则对国家有利，分则必伤民族元气。""三次合作，大责难谢。"蒋经国没有回应。对此，邓小平表示能理解。

8月10日，邓小平会见美籍华人科学家邓昌黎、陈树柏

1982年8月10日，邓小平会见在中国讲学的外籍华人科学家邓昌黎及夫人黄乃申、陈树柏及夫人林若星、牛满江及夫人张葆英、葛守仁及夫人周碧天等

1983年6月26日，邓小平会见美国新泽西州西东大学教授杨力宇，全面阐述了用"一国两制"方针实现祖国大陆和台湾和平统一的设想，即著名的"邓六条"

等时说："见到他（指蒋经国），你代我向他问候，他有他的难处，可以理解。不要一直板着面孔，他自己不能出面，可以让别人出面。"

此时陈立夫也在酝酿一个大动作，他决定派出自己的私人代表杨亨显来大陆沟通。1983年5月2日，邓小平在人民大会堂接见了杨亨显，衷心希望两岸早日开启和谈，对国家民族做出交代。

从1980年起，经过三年扎扎实实的工作，到1983年，两岸关系出现了一些新气象。国民党当局用"三民主义统一中国"的口号取代过去"武力反攻大陆"的僵硬立场，两岸在经济、文化、科技、教育、体育、卫生等各方面开始有了接触和联系。

1983年8月,邓小平会见来访的美国民主党参议员杰克逊一行,同客人们合影留念

邓小平经过深思熟虑,于1983年6月26日会见美国新泽西州西东大学教授杨力宇时,发表了一个精心准备的正式谈话,以规划两岸沟通的具体事宜,后来被总结为"邓六条"。邓小平认为,这就是我们的"底"。

8月27日,邓小平会见美国民主党参议员亨利·杰克逊一行时说:"多年来,特别是近几年来,我们解决台湾问题的方式始终着眼于用和平方式。最近我出面谈了一篇和平统一的方案。实际上还是我们过去提出的九条,内容是一致的,不过更具体一点,更明确一点,我们的底全部交出来了。"

诚恳希望老同学之间能合作一下

随着中英关于香港问题谈判的顺利完成,邓小平在解决台湾问题的思路上提出了两手抓,既寄希望于台湾当局,也寄希望于台湾人民。

1984年10月1日，邓小平在首都各界群众庆祝中华人民共和国成立三十五周年盛典上发表讲话

1984年10月1日，国务院总理要在国庆三十五周年招待会上讲话。邓小平审阅讲话稿时，把原稿中的"我们愿意同台湾当局共同协商，早日实现双方都能接受的和平统一"，改为"我们愿意同台湾当局和台湾各界人士共同协商，早日实现双方都能接受的和平统一"；在"台湾当局"后面加了一句"和台湾各界人士"。

这就是说，台湾问题接触面要宽，除了以国民党当局、以蒋经国为对手外，要广泛开展工作面。

从1985年开始，蒋经国的糖尿病日渐严重，身体每况愈下，蒋经国之后台湾政局的走向引起各界广泛议论。

邓小平敏锐地感觉到，蒋经国身体不好，一旦去世，台湾会出现什么情况，很难估计。因此，他多次利用有关途径向蒋经国传话，希望蒋能从中华民族利益着眼，同我们一起来解决这个问题，诚恳地希望老同学之间能合作一下。

1986年5月3日，台湾中华航空公司波音747货机机长王锡爵驾驶B198号飞机在由泰国曼谷飞往香港的途中降落在广州白云机场，要求在大陆定居，和家人团聚。5月17日至20日，经过中国民航代表和台湾中华航空公司代表在香港举行的商谈，事件圆满解决。

华航事件的解决，标志海峡两岸三十多年来，首次进行了面对面的谈判，打破了台湾当局的"三不"原则，扩大了大陆政治影响，受到海内外普遍称誉。

蒋经国与新加坡总理李光耀私交甚好。李光耀每次到台北，都和蒋经国单独谈好几个小时，交换对两岸议题的看法。1986年夏天，李光耀又到台湾访问三天，与蒋经国私下长谈。

1985年9月20日,中共中央顾问委员会主任邓小平在北京会见新加坡总理李光耀

双方探讨了两岸进行政治互动的可能性。

次年,邓小平在北京接见美国弗吉尼亚大学教授冷绍烇,冷是国民党元老严家淦的女婿。邓小平拜托冷绍烇传话给国民党中央党部秘书长李焕,他愿意派杨尚昆和李焕晤谈,时间、地点都可以由李焕指定。

冷绍烇把话带到后,李焕立刻向蒋经国报告。起先,蒋经国没有反应。两天后,他告诉李焕,时机还不对。

陈立夫的特殊礼物

由于祖国大陆坚定地采取积极主动的措施,两岸关系开始缓和。在和平统一潮流的推动下,蒋经国决定实行开明的政策。

1987年7月15日,台湾当局宣布从今年起台湾本岛及澎湖地区解除戒严令;16日宣布,允许台湾民众以香港作为出

1983年12月，邓小平亲切会见来自祖国各地的台湾同胞代表

外旅游观光的首站。

10月14日，蒋经国主持国民党中常会通过决议，决定除现役军人及现任公职人员外，凡在大陆有血亲、姻亲、三亲等以内的亲属者可赴大陆探亲。11月2日，台湾当局又出台了《台湾民众赴大陆探亲实施细则》，终于打开了封闭近四十年的"台海大门"，实现了海峡两岸有条件的人员交往。

遗憾的是，蒋经国于1988年1月13日咯血而逝。蒋经国的去世对中国的和平统一是一大损失。

面对蒋经国去世后的形势，邓小平再次强调发扬中华民族优秀传统文化，振兴中华民族的思想。

1988年6月25日，邓小平会见一位台湾客人时指出：实现国家统一是所有中华儿女的共同愿望，反对任何导致台湾独立的言论和行动。使中华民族立于世界之林，继承和发扬中华民族的灿烂文化，是我们共同的目标。

然而，邓小平也意识到，这个目标在短时间内很难实现了。1989年5月16日，在会见外宾的时候，他曾遗憾地说："我这一生只剩下一件事，就是台湾问题，恐怕看不到解决的时候了。"

1994年邓小平九十岁生日时，从海峡对岸的台湾送来了一个很特殊的礼物，这就是陈立夫的回忆录——《成败之鉴》。扉页写着"祝贺邓小平九十寿辰"，落款是"陈立夫"，时间是"1994年8月"。

这时，陈立夫已九十六岁高龄。他赠送自己的回忆录，既是对邓小平的问候，也表达了对祖国统一的渴望和共鸣。

1997年2月，邓小平逝世。

尽管付出了极大努力，邓小平和他的老同学解决祖国统一问题的心愿，在他们生前未能实现。这一关乎两岸关系和平与发展、关乎中华民族伟大复兴的事业，只能留给后来人接续奋斗了。

（文/蒋永清、卢佳）

要勤俭办一切事情

艰苦奋斗是我党的优良传统,对搞好党和国家各项事业十分重要。改革开放的开启,是伴随着邓小平对艰苦奋斗的教育和贯彻执行展开的。在邓小平的语言系统中,艰苦创业、勤俭办事、多吃点苦等,都是对艰苦奋斗精神的强调。

"我们穷,为什么要讲排场呢?"

邓小平提倡艰苦奋斗来源于他求真务实的勇气,来源于他对我国国情清醒的认识。面对改革开放之初百废待兴的基本国情和一日千里的世界形势,邓小平说:"我们穷,底子薄,教育、科学、文化都落后,这就决定了我们还要有一个艰苦奋斗的过程。"

邓小平对我国国情有一个"美人"的生动比喻,他说:"一个人本来长得不漂亮,要打扮成一个美人,那是不行的。老实的态度,倒是可以改善我们的工作,发展我们的国家。不认识自己,没有希望。"所谓老实的态度,就是邓小平提倡的实事求是,一切从实际出发,这个朴实的道理,是我们在走了历史弯路后全党全国人民痛心疾首的共识。

国外学者评价说邓小平的实事求是作风,"把中国从走历

1978年，邓小平访问日本，他后来回忆自己在日本说过："一个人本来长得不漂亮，要打扮成一个美人，那是不行的。老实的态度，倒是可以改善我们的工作，发展我们的国家。"

史捷径的大梦中唤醒，重回必须依据宏图伟略按部就班实现历史的现实世界中"。

基于老老实实面对国情、解决问题的态度，邓小平对一些浪费资金讲排场搞形式主义的活动，多次作出批示：要节约，要少搞或者完全不要搞。他的态度是："我们穷，为什么要讲排场呢？本来穷，就别摆富样子，好起来再说。"

四川广安邓小平缅怀馆展出了邓小平的一组批示，充分体现他反对浪费、反对讲排场的基本态度。

1978年9月上旬，邓小平在《情况汇编》中刊登的关于北京一个市民反映十一国庆节游园活动浪费资金、建议厉行节约的文章中，作出批示："不搞好。"

1978年12月16日，邓小平在《关于筹备纪念红四军入闽、古田会议召开五十周年的请示报告》上的批示："只搞小型活动，花几百万元不应该，不如将这笔钱移作支持老根据地的建设。"

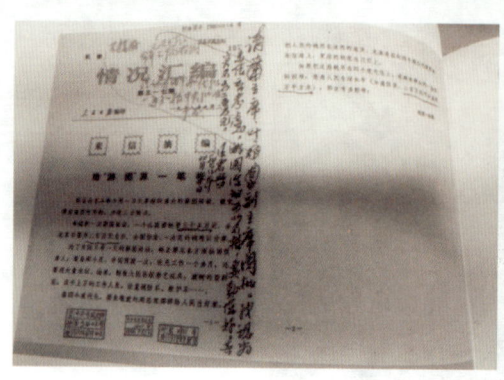
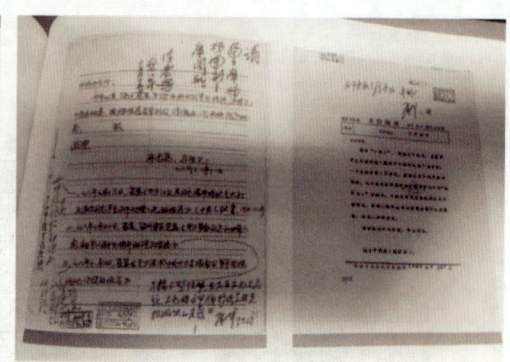

左：邓小平就《情况汇编》反映国庆节游园活动浪费资金一事作出批示："不搞好。"

右：邓小平在《关于筹备纪念红四军入闽、古田会议召开五十周年的请示报告》上的批示和就《来信摘要》反映南京军区准备建造豪华高干招待所一事的批示

1980年3月30日，邓小平就南京军区准备建造豪华高干招待所一事作出批示："由中央办公厅查证，并制止。"4月16日，阅中共江苏省委负责人关于南京军区建造接待用房的有关情况的说明，作出批示："可以继续建成，建成后拨作旅游事业使用。设计亦按旅游标准修改。军队内部不应该有这样豪华的招待所。"

"我们搞四个现代化，要老老实实地艰苦创业。"

邓小平提倡艰苦奋斗，来源于他对完成党的事业和目标的坚定意志。"历览前贤国与家，成由勤俭破由奢"。邓小平总是把重塑艰苦奋斗精神与实现党的事业的希望联系在一起说，在每个谈及现代化目标的谈话中，都要强调靠艰苦奋斗来实现。

1979年3月，邓小平在具体分析现实国情和世界形势后实事求是地重新论证了我国的发展目标，提出"中国式的四个现代化"的概念，把我国的发展目标实事求是地降了下来。他说：为了实现"中国式的四个现代化"目标，我们必须艰

1980年元旦，邓小平在政协全国委员会举行的新年茶话会上致辞

苦奋斗，"如果不提倡艰苦奋斗，勤俭节约，这个目标不能达到……要坚持我们历来的艰苦奋斗的传统。否则我们的事业是不会有希望的。"

邓小平把塑造全党全国人民的艰苦奋斗精神作为改革最重要的准备和前提。1980年元旦的全国政协座谈会讲话里，邓小平提出"要有艰苦奋斗的创业精神"是二十世纪八十年代要做的四件大事之一、社会主义建设的"四个保证"之一。在邓小平看来，"我们要搞中国式的现代化，我们还很穷，就是要老老实实地创业，就是要吃点苦，否则不可能有今后的甜。人民生活只有随着生产的不断发展，才能得到逐步改善。"

改革开放蓄势待发之际，1980年1月16日，邓小平在中央召集的干部会议上作《目前的形势和任务》的报告，为统一全党思想、集中力量搞现代化建设做动员。在报告里邓小平再一次提出"要有一股艰苦奋斗的创业精神"是实现四个现代化必须具备的四个前提之一，他把发扬艰苦奋斗精神与坚持社会主义现代化的总路线、与保持安定团结的政治局面、与培养

1980年的邓小平

社会主义干部队伍相提并论。他说:"我们搞四个现代化,要老老实实地艰苦创业。""我们对于艰苦创业,要有清醒的认识。"邓小平对完成现代化建设的目标非常有信心,但对将要面临的困难很清醒,他告诫全党:"我们拥有各种有利条件,一定能够赶上世界上的先进国家;但是也要认识到,为了缩短和消除两三个世纪至少一个多世纪所造成的差距,必须下长期奋斗的决心。在相当长的一段时间里,我们不能不提倡和实行艰苦创业。"

根据邓小平的这些思想,党的十二大提出要走自己的道路,建设有中国特色的社会主义,并明确提出要完成党在新的历史时期的总任务,就要发扬自力更生、艰苦奋斗精神。

二十世纪八十年代中期,经过探索和试验,邓小平带领全党确定了我国经济建设分三步走、翻两番等一系列战略目标。同时,邓小平强调:为了确保这一战略目标的如期实现,更应该提倡艰苦奋斗、勤俭节约的精神。他说:"中国如果不普遍地提倡艰苦奋斗、勤俭节约,要在本世纪末实现国民生产

1987年10月,中国共产党第十三次全国代表大会在北京召开。大会系统阐述社会主义初级阶段理论,完整概括了"一个中心、两个基本点"的基本路线,确定了现代化建设的"三步走"战略目标。图为中共十三大会场

1987年5月,邓小平与来访的朝鲜金日成主席热烈拥抱

总值翻两番的目标就不能达到。""要坚持我们历来的艰苦奋斗的传统。否则我们的事业是不会有希望的。"

党的十三大闭幕后,邓小平向外宾介绍我国发展目标时,说:"我们的路还很长。"如何完成我们的目标?"我们还要夹着尾巴做人,要很谨慎,并且要艰苦奋斗。艰苦奋斗还是要讲,一点不能疏忽,要勤俭办一切事情,才能实现我们的目标。"

"我们的国家越发展,越要抓艰苦创业。"

为倡导和坚持党艰苦奋斗的作风,邓小平躬行实践,以自己的表率行动为全党树立了榜样。他每到一地参观视察都要求不妨碍群众,不搞迎送,不请客,不断绝交通。1979年7月,邓小平登临黄山,特别交代不封路,不断游,不对外宣传,不搞特殊化。登山过程中遇到赶路的年轻人或挑夫,就主

1979年7月，七十五岁高龄的邓小平登临黄山，与复旦大学学生合影

动给他们让路。邓小平的行动是全党发扬艰苦奋斗精神的无声命令。

邓小平教育党的干部，特别是高级干部，要在艰苦创业方面起模范作用，并明确要求：艰苦奋斗精神是接班人必须具备的一项条件。邓小平说：艰苦创业，首先要我们党员、干部，特别是高级干部带头，反对特殊化，在艰苦创业方面起模范作用。在邓小平看来，提倡艰苦创业精神，是保证共产党员政治本色，抵制享乐主义、拜金主义，防止堕落腐化的有力武器。他说："坚持这个传统，才能抗住腐败现象。"他在总结党的历史经验时说："我们的历史经验是，越是困难的时候，越要关心群众。只要你关心群众，同群众打成一片，不仅不搞特殊化，而且同群众一块吃苦，任何问题都容易解决，任何困难都能够克服。"言简意赅地阐明了艰苦奋斗与密切联系群众的关系，只要与群众一起艰苦奋斗，就能战胜一切艰难险阻。

邓小平还认为，艰苦奋斗是一个国家的风气问题，是现代化建设的精气神，"要加强对人民进行思想政治工作，提倡艰苦奋斗。这是中国从几十年的建设中得出的经验。"在邓小平看来，艰苦奋斗事关老百姓对现代化建设的基本认识，体现在生产生活的方方面面，要提倡在生产中"杜绝各种浪费""提高劳动生产率"，他说："必须再一次向干部和群众进行教育，我们是个穷国、大国，一定要艰苦创业。逐步改善人民的生活，提高人民的收入，必须建立在发展生产的基础上。"

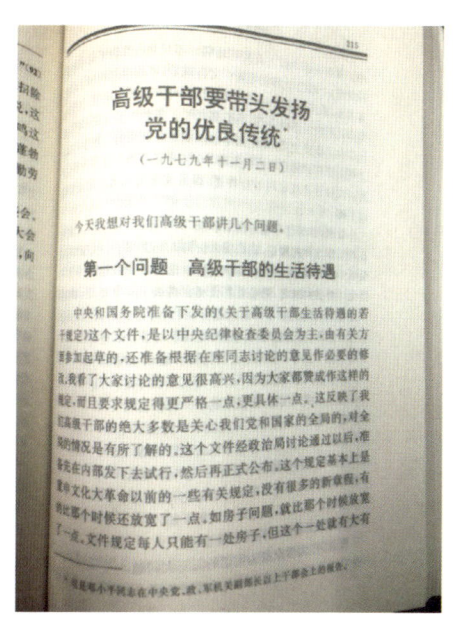

邓小平在中央党政军机关副部长以上干部会上作的报告《高级干部要带头发扬党的优良传统》

二十世纪八十年代末、九十年代初，面对复杂多变的国内外形势，邓小平更加强调要发扬艰苦奋斗的传统，抓紧艰苦奋斗的教育，他说："我们最大的失误是在教育方面，思想政治工作薄弱了，教育发展不够。最重要的一条是，在经济得到可喜发展、人民生活水平得到改善的情况下，没有告诉人民，包括共产党员在内，应该保持艰苦奋斗的传统。"

邓小平强调，进行艰苦奋斗的思想教育是思想政治工作的一个长期任务，他说"艰苦奋斗是我们的传统，艰苦朴素的教育今后要抓紧"，"一直要抓六十至七十年。我们的国家越发展，越要抓艰苦创业"。

邓小平关于艰苦奋斗、勤俭办事的思考，是党在改革开放历程中的宝贵精神财富，值得我们重温和思考。

（文／王达阳）

小平您好

美国《时代周刊》1978年和1985年两度评选邓小平为世界风云人物

《时代》周刊是美国影响最大、覆盖全世界的新闻类周刊，有世界"史库"之称。1986年1月6日，邓小平的照片再次出现在《时代》的封面上，这是他第二次被评选为"年度风云人物"。杂志的长篇报道这样形容他："同其他国家的领导人相比，邓小平在更大程度上改变了中国人民的日常生活。仅隔几年又重到中国做故地重游的外国人，几乎难以相信自己来到了同一个国家。"

倾听人民心声

把人民放在心目中最高的位置，是贯穿邓小平初心使命的一条红线。他坚持以人民利益为最高准则。在改革开放和现代化建设的过程中，在探索和设计每一个步骤，每一项决策的可行性时，邓小平都始终恪守一条准则："人民拥护不拥护""人民赞成不赞成""人民高兴不高兴""人民答应不答应"。

邓小平是一个感情不轻易外露的人。面对改革开放前人民的生活状况，他在东北视察时动情地说："外国人议论中国人究竟能够忍耐多久，我们要注意这个话。我们要想一想，我们给人民究竟做了多少事情呢？"

昔日的深圳

今天的年轻人也许不再熟悉"逃港"这个词，它指的是香港回归祖国以前，内地居民通过非法手段进入香港并滞留的现象。1949年以后，内地共有两次逃港高潮。第一次发端于五十年代末，在六十年代初达到顶峰。第二次始于七十年代初，众多无法返城的下乡知青逃港；到了七十年代末，由于两地生活水平的巨大反差，内地民众想方设法要移民香港。1979年到1980年的两年内，估计有二十余万人闯入香港。有一首客家山歌在二十世纪六七十年代的宝安老百姓中广为传唱："宝安只有三件宝，苍蝇、蚊子、沙井蚝。十屋九空逃香港，家里只剩老和小。"山歌中唱的宝安县就是今天的深圳。

为此，广东省委曾专门派出调查组进行调查。当时，深圳河这边有个罗芳村，村里农民人均年收入是一百三十四元，而在河对岸香港那边的罗芳村，人均年收入是一万三千元。更让省委调查组感到惊讶的是，河对岸香港那边原本并没有罗芳村，住在那里的人全都是从深圳的罗芳村跑过去的。可见当时逃港风潮之盛。在听取广东省委负责人汇报逃港问题时，邓小平直截了当地指出：逃港，主要是生活不好，差距太大。把生产生活搞好了，能解决一些老百姓逃港的问题。

两年后的1979年4月，在中央工作会议期间，广东的领导向邓小平做汇报，希望广东在经济改革中尝试着先行一步。正是在这次汇报后，邓小平作出了创办经济特区的重大决策。1980年8月，全国人大常委会通过颁发了《广东省经济特区条例》，对外宣布："在深圳、珠海、汕头三市，分别划出一定区域，设置经济特区。"

20世纪80年代中期，延续近二十年的逃港潮终止。

1984年1月，邓小平为深圳题词

1981年7月，中共中央、国务院批转《广东、福建两省和经济特区工作会议纪要》的通知

汲取人民智慧

中国农村改革的巨大成就，离不开中国人民的汗水和智慧。邓小平曾这样评价："中国的改革是从农村开始的，这个发明权是农民的。"

十一届三中全会后，全国各地落实全会的精神和有关农业的文件，开始积极尝试各种形式的责任制。四川、云南搞了

改革前小岗村农民居住的茅草屋

包产到组；广东实行了"五定奖"；安徽迈出的步子更大，搞"包干到户"。"包干到户"是安徽凤阳县梨园公社小岗村十八户农民创造出的，其做法是生产队与每户农民约定，先把该缴给国家的、该留给集体的都固定下来，收获以后剩多剩少都是农民自己的。这个办法简便易行，最受农民欢迎。

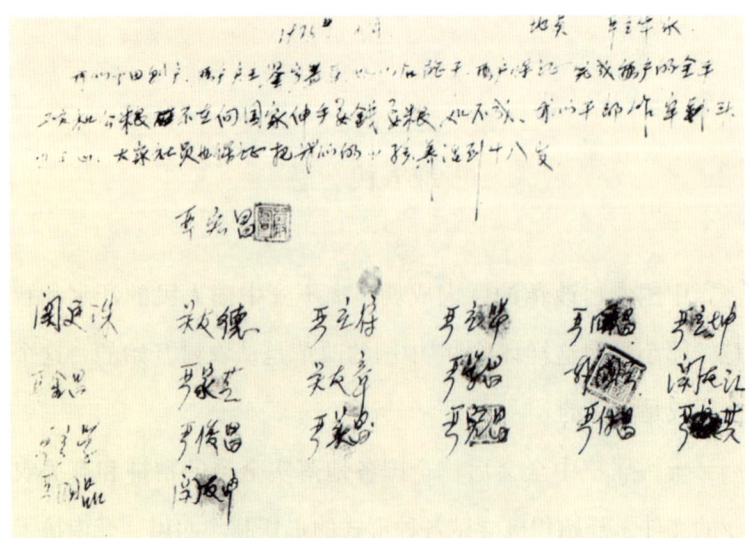

1979年1月，安徽省凤阳县小岗村十八户农民冒着极大的风险，秘密在一份合同书上按下二十一个手印，自发地搞起了包产到户。图为小岗村农民包产到户的合同文书

然而，随之而来的却是由农村生产责任制引起的一场激烈争论。1979年3月15日，《人民日报》在头版头条位置刊登了署名"张浩"的《"三级所有，队为基础"应当稳定》的来信和"编者按"。来信认为轻易地从"队为基础"退回去，搞分田到组，是脱离群众、不得人心的，也会给生产造成危害。《人民日报》的编者按指出："已经出现分田到组、包产到组的地方，应当正确贯彻执行党的政策，坚决纠正错误做法。"中央人民广播电台也向全国播发了这一消息。

消息一经传出，引起的震动很大，有的人认为，这是中央的新精神，还有人认为"三中全会的精神偏了，该纠正了"。干部群众中产生了思想混乱，一些地方立即停止了"包工到组、包产到组"的推行。有些地方一时拿不准主张，由此影响了春耕。包产到户、包产到组这样的责任制还能不能搞？

安徽省委书记万里在五届全国人大二次会议召开期间，特意征求了邓小平和陈云的意见。万里回忆说，包产到户既不合党的决议，又不合宪法，开始搞了以后，我说怎么办？我首先跟陈云商量的，我说我那儿已经搞起来了，怎么办？他说我双手赞成。然后我跟小平同志讲，小平同志说不要争论，你就这么干下去就行了，就实事求是干下去。

邓小平敏锐地认识到农民自发产生的农村承包责任制体现了广大农民的根本利益和愿望。

1980年5月31日，邓小平又专门就农村改革问题发表了明确意见，他说："农村政策放宽以后，一些适宜搞包产到户的地方搞了包产到户，效果很好，变化很快。""凤阳花鼓中唱

在党中央支持推动下，家庭联产承包责任制在全国迅速推广。图为安徽凤阳农民喜交公粮

在1984年庆祝新中国成立三十五周年时，农民制作了"联产承包好"的标语参加游行

的那个凤阳县，绝大多数生产队搞了大包干，也是一年翻身，改变面貌。"他认为，"总的说来，现在农村工作中的主要问题还是思想不够解放。除表现在集体化的组织形式这方面外，还有因地制宜发展生产的问题"。

邓小平的讲话，对农村改革定了调，也给尝试改革的农村干部和农民吃了定心丸，拂去了压在他们心头的疑云。

1982年1月1日，中共中央批转《全国农村工作会议纪

要》，简称"1982年中央一号文件"。明确指出，目前实行的各种责任制，包括小段包工定额计酬，专业承包联产计酬，联产到劳，包产到户、到组，包干到户、到组，等等，都是社会主义集体经济的生产责任制。这就给包产到户正了名，上了社会主义户口。

关心人民生活

1950年，邓小平还在西南工作时就曾提出："我们所做的一切事情，都必须符合人民的利益，对于损害人民利益的事情就应该加以反对，加以纠正；对于人民的困难就必须毫不犹豫地采取办法，有步骤、有方法地加以解决。"

他是这样说的，也是这样做的。邓小平的一生心中始终装着人民，惦记着人民的安危冷暖。时刻萦绕在他心头的是如何让中国的百姓吃得好，穿得暖，都过上好日子。

邓小平视察开滦唐山矿宿舍工地

"家",是每一个中国老百姓安居乐业的根本,住房是关系民生的重要问题。千百年来,历尽沧桑的中国百姓,一直把"耕者有其田,居者有其屋"作为理想社会的基本标志,把"安居乐业"作为毕生的向往和追求。心系人民的邓小平深知这一点。

1978年9月,邓小平视察唐山正在施工中的开滦煤矿职工住宅区,他想了解住房的建设能否达到老百姓的要求时,指出:楼房房间的净高要降低,使用面积要扩大,水管、煤气管道都要安装好,还要考虑洗澡问题。这样,占地面积小,使用价值高,还干净卫生、节省材料,用建四层楼房的造价可搞五层的楼房。同时,住宅区要种花、栽树,搞好绿化。

10月20日,邓小平亲自视察北京住宅楼的装修工作。此时,唐山大地震过去不久,因此,楼房的抗震能力成为邓小平极其牵挂的一个大问题。他特意询问了楼房的抗震系数,当得知前三门大街的住宅楼是按地震烈度八级设防的,邓小平十分

1978年9月20日,邓小平视察天津市河北区黄纬路居民住宅建设工地

满意。后来他发现门上用的都是老式挂锁，认真地说："不行啊，都八十年代了，还铁将军把门，这不是告诉小偷，家里没人吗？"进到屋里，他直接去看卫生间，又说："老百姓日子的好坏，看卫生间。职工下班回家后，想洗个澡，卫生间起码要有洗澡的设备。"

邓小平很细心地为群众考虑问题，在当时的历史条件下，独门独户的淋浴间并不常见，邓小平却特别交代，要解决人们"洗澡难"的问题，要多安装一些沐浴设备，这样居民就能够在家里洗上热水澡。使每一位中国人民能够"居者有其屋"，是邓小平的一个夙愿。

小平您好

1984年10月1日，天安门城楼前举行盛大的阅兵仪式和群众游行，隆重庆祝中华人民共和国成立三十五周年，有五十万人参加了天安门广场上的庆祝活动。

邓小平在雄壮的军乐声中走下天安门城楼，乘坐敞篷检阅车检阅了受阅部队。检阅车驶过一个个方队，邓小平频频挥手向指战员们致意："同志们好！""同志们辛苦了！"指战员们齐声回答："首长好！""为人民服务！"

当邓小平检阅三军后重新登上天安门城楼，中国人民给邓小平带来了一份特殊的礼物。

穿着节日盛装的群众游行队伍，紧接在受阅部队之后，意气风发地向广场进发。人们兴高采烈的心情和队伍中的各种彩车、模型，集中体现了全国各族人民在党的领导下，为实现

在国庆三十五周年庆典上,邓小平向游行群众招手致意

邓小平检阅三军部队

新时期的总任务、总目标而团结奋斗的坚强信念,生动地表现了三十五年来我国各条战线所取得的辉煌成就。天安门城楼上的党和国家领导人,观礼台上的各界代表,看到受阅部队的威武阵容,一次又一次地为之鼓掌、欢呼。

就在欢呼、跳跃的学生队伍经过天安门城楼前时,一群在改革开放中成长起来的北大学生突然举起了一条横幅,上书四个大字——"小平您好"。尽管字体并不规整,但还是令人瞩目。

因为有规定,来参加庆典活动的任何人不能携带跟活动无关的东西,作为北大的副校长,在观礼台上的陈佳洱感到责任重大。焦急之中赶紧向邓小平望去,却只见他第一个鼓起掌来。原来城楼上的邓小平经人提醒,注意到了这个条幅,一边鼓掌一边露出了欣慰的笑容。

而当时负责电视直播解说的赵忠祥突然看见"小平您好"的横幅时,也一时惊呆了,但他很快回过神来说道:"小平您好——多么亲切的问候!"

1984年10月1日，参加国庆游行的大学生队伍经过天安门时，突然展出"小平您好"的横幅，表达了亿万人民的心声

是啊，"小平您好"，一句最简单的问候却发自肺腑，它道出了千百万青年学生共同的心声，表达了青年学生对改革开放的拥护和期待，更是恰如其分地喊出了全体中国人民心底的最强音。1999年10月1日，当中央电视台《东方时空》回放这段珍贵历史镜头时，赵忠祥声情并茂地说："小平您好——多么亲切的问候！一下子拉近了领袖和人民群众之间的距离，领袖不再高高在上，不再可望而不可即，从这短短四个字的问候里，人们看到了祖国经济改革的希望，也看到了政治生活民主化的曙光。"

（文／叶帆子）

重视调查研究

邓小平非常重视调查研究，他的许多影响深远的重大决策都来源于调查研究。他曾说，要把调查研究作为永远的、根本的工作方法；实事求是是马克思主义的精髓，实践是检验真理的唯一标准；领导者必须多干实事。那种只靠发指示、说空话过日子的坏作风，一定要转变过来。他的调查研究，体现出勇往直前的创新精神、实事求是的务实作风、关心群众生活的人民情怀和紧抓主要矛盾的战略思维。

"吃食堂是社会主义，不吃食堂也是社会主义"

1961年4月7日至22日，为响应毛泽东提出的大兴调查研究之风的号召，邓小平带着几位工作人员来到北京郊区顺义县，针对生产队与生产队之间、社员与社员之间的两个平均主义问题进行调查研究。

他的调查研究，分为三个方面：一是分别召开县级、公社级和生产队级干部座谈会；二是派工作人员住到农民家里了解社员生活的真实情况；三是深入实地进行现场查看。他召开的座谈会有：4月7日、8日、17日、20日四次县委负责人座谈汇报会；4月12日三个公社党委书记座谈会；4月15日生

1961年春，邓小平、彭真到北京郊区的顺义县搞调查研究，5月10日联名致信毛泽东，对恢复农业生产提出了具体的意见

产队干部座谈会；4月21日县、社手工业座谈会。为了了解社员生活的真实情况，他派卓琳到上辇村农民孙旺家住了一个星期，派其他工作人员分别到上辇村和北小营村实地调研。他还亲自到白庙村公共食堂、城关公社拖拉机站、生产落后的芦正卷生产队、工业搞得比较好的牛栏山公社、顺义县城关和牛栏山公社的集市等地深入现场实地调研。

通过调查研究，邓小平就公社规模、基本核算单位、超产购留比例、食堂等问题有了明确的意见，他认为当前农村最主要的问题，是赶快把基本核算单位定下来，小队和小队，社员和社员，都不要拉平，要克服平均主义，贯彻按劳分配原则，多产多卖多留多吃。

在办食堂问题上，通过调查研究，他的认识由开始时的努力把它办好，转变到后来的尊重社员群众的意见。他在牛栏山公社桑园村召开的社、队干部会上明确说："吃食堂是社会主义，不吃食堂也是社会主义。以前不管是中央哪个文件上说

北京顺义县干部和社员讨论制订生产计划

的，也不管是哪个领导说的，都以我现在说的为准，根据群众的意见，决定食堂的去留。"

这次调查研究的成果得到毛泽东的肯定，为中央进一步调整农村政策提供了有价值的情况和意见、建议，也为他随后支持一些地方出现的包产到户提供了实践依据。

"要照顾原则，不要照顾面子"

在1961年调查研究年中，毛泽东的主要精力放在"农业六十条"上，他把"工业七十条""商业四十条"等城市工作的具体政策交给邓小平去负责。

邓小平认为，只有结合调查研究，工业条例才能搞出来。1961年7月13日至24日，邓小平赴东北调查研究鞍钢生产问题，同时就制定工业企业工作条例进行调研。关于鞍钢生产问题，他在14日至19日持续六天听取东北局汇报后指出：保鞍

1961年7月，邓小平视察大庆油田，听取关于油田发展规划的汇报

钢是个战略问题，保鞍钢三分之二生产能力是个界限。关于工业企业工作条例问题，他提出要搞试点，从定任务、定员、定原材料消耗定额、定协作关系等入手，规定责任制，建立起正常的管理秩序和正常的协作关系。

在调研中，邓小平反复强调："一切都要按社会主义原则办事，不要再照顾原来说过的话、办过的事，那是照顾不住的。""凡是办不到的，不管原来是哪个人说的，站不住就改，顾面子是顾不住的，今天顾住了，明天也顾不住。"

在考察尚处于会战阶段的大庆油田时，他特别关心石油工人的生活，亲自到工人们因陋就简盖的"干打垒"住房详细了解情况。他提出办供销合作社送货上门、开展多种经营、成立专业队种地、办牧场养猪、栽树榨油等细致入微的具体办法。

通过调查研究，他主持制定了《国营工业企业工作条例（草案）》，这对推动当时国民经济的全面调整具有重要意义。1980年4月1日，邓小平还真切地回忆说："1961年书记处主持搞'工业七十条'，还搞了一个工业问题的决定。当时毛泽东同志对'工业七十条'很满意，很赞赏。他说，我们终究搞出一些章法来了。"

"迅速地坚决地把工作重点转移到经济建设上来"

粉碎"四人帮"后，中国面临向何方去的关键抉择。邓小平1978年9月13日至20日在北方四省一市通过调查研究形成的"北方谈话"，呼应了当时正在全国开展的真理标准问

1961年7月,邓小平视察大庆油田,听取关于油田发展规划的汇报

题大讨论,提出全党工作着重点转移的崭新命题,为党的十一届三中全会实现伟大的历史转折奠定了思想和政治基础。

9月13日,邓小平访朝归来,但他并没有马上回京,而是按事先安排开始了在东北地区的调查研究。在八天的时间里,邓小平从辽宁到黑龙江、吉林,再到辽宁、河北、天津,

1978年9月,邓小平访问朝鲜回国后视察东北。东北之行,邓小平提出了解放思想,开动脑筋,实现工作重点转移等问题

针对我国工业建设同发达国家之间的差距,先后在本溪、大庆、哈尔滨、长春、沈阳、鞍山、唐山、天津等地调查研究,发表重要谈话。这些谈话强调要以国际上先进的技术作为我们搞现代化的出发点,号召全党破除僵化,解放思想,实事求是,极大地促进了全党思想解放。

9月16日,邓小平在长春听取中共吉林省委汇报工作,他提出了"社会主义制度优越性的根本表现,就是能够允许社会生产力以旧社会所没有的速度迅速发展,使人民不断增长的物质文化生活需要能够逐步得到满足"的新论断,他认为全党当前的根本任务就是"要根据现在的有利条件加速发展生产力,使人民的物质生活好一些,使人民的文化生活、精神面貌好一些"。这次讲话给在场的人以很强烈的震撼。9月17日,他在沈阳听取中共辽宁省委负责人汇报工作时,一改往日的庄重严肃,动情地说:"我们太穷了,太落后了,老实说对不起人民。我们现在必须发展生产力,改善人民生活条件。"

在这次调研中,邓小平首次提出了全党工作中心转移的战略问题。9月17日下午,他在接见沈阳军区机关及师以上干部时明确提出,要在适当时候结束全国性的揭批"四人帮"运动。他说:"运动不能搞得时间过长,过长就厌倦了。""究竟搞多久,你们研究。"这实际上提出党和国家工作重点从"抓纲治国"转到以经济建设为中心上来的主题。

"看来,四个现代化希望很大"

进入改革开放新时期,邓小平保持着调查研究的工作作风,在设计现代化建设蓝图过程中一如既往、始终坚持,并且带有用数字来"算账"的鲜明特色。

改革开放初期,邓小平提出"中国式的现代化",即"小康水平",人均国民生产总值由1978年的二百五十美元,提高到二十世纪末的一千美元,翻两番。这个目标是邓小平根据

1979年3月21日,邓小平会见以马尔科姆·麦克唐纳为团长的英中文化协会执委会代表团,提出"中国式的四个现代化"概念。后来这一概念简化为"中国式的现代化",并被广泛运用

1982年9月1—11日，中国共产党第十二次全国代表大会在北京召开。这次大会确定了全面开创社会主义现代化建设新局面的纲领，提出了从1981年到二十世纪末，力争使全国工农业的年总产值翻两番，使人民的物质文化生活达到小康水平的奋斗目标

国内外材料做出的科学判断。但到底可行不可行，他要到广大人民群众在社会主义现代化建设的实践中去"算算账"，调查一下实际可能性。

1980年六七月间，邓小平专门到几个省做了一次调查研究。7月22日，他在赴郑州的途中说："这次出来到几个省看看，最感兴趣的是两个问题，一个是如何实现农村奔小康，达到人均一千美元，一个是选拔青年干部。""对如何实现小康，我做了一些调查，让江苏、广东、山东、湖北、东北三省等省份，一个省一个省算账。我对这件事最感兴趣。八亿人口能够达到小康水平，这就是一件很了不起的事情。你们河南地处中原，你们算账的数字是'中原标准''中州标准'，有一定的代表性。"

1982年9月，党的十二大报告根据邓小平的设想描绘了二十世纪末达到"小康水平"的宏伟蓝图。

这个"小康水平"是个啥样子？具体标准是什么？能不

邓小平在视察苏州期间同江苏省省长顾秀莲谈如何在20世纪末实现小康目标

能实现?带着这个问题,1983年春节前夕,邓小平到经济发展较快的江、浙、沪地区再次进行调查研究。

1983年2月6日,邓小平抵达苏州。第二天下午就在下榻的宾馆开门见山地向江苏省负责同志了解:"到2000年,江苏能不能实现翻两番?""苏州有没有信心,有没有可能?"

江苏的同志向邓小平详细汇报了近年来全省及苏州工农

业生产情况,表示像苏州这样的地方,准备提前五年实现党中央提出的奋斗目标,实现"翻两番"。

邓小平急切地想知道,达到人均八百美元的水平,社会是一个什么面貌?发展前景是什么样子?江苏的同志向邓小平

1984年2月16日,邓小平视察宝钢

1984年2月16日,邓小平视察宝钢

具体汇报了六条：人民的吃穿用问题解决了；住房问题解决了；就业问题解决了；人不再外流了；中小学教育普及了；人们的精神面貌变化了。

邓小平为苏州人民取得的成绩兴奋不已。之后，邓小平又到杭州、上海等地调研。这次江、浙、沪三个星期的调查研究，坚定了邓小平对"翻两番"、实现小康目标的信心。回到北京后，他同几位中央负责同志谈话，介绍了调研时了解到的"小康水平"的社会状况和六条标准，高兴地说："看来，四个现代化希望很大。"

之后，邓小平为我们设计了七十年的发展蓝图。1986年9月，他在会见一位外宾时幽默地说："我们定的目标是到本世纪末，摆脱贫困，实现一个小康的社会。所谓小康社会，就是不富裕，但是日子好过。至于下一个世纪，那不是我的事了，我采取不介入态度，总不可能活到一百岁嘛。但是，我们现在有权制定一个战略目标。到下个世纪，花三十年到五十年时间接近发达国家的水平，那个时候，才能说我们这个人口这么多、地方这么大的中国对人类作出了贡献。这才真正是为实现我们的理想——实现共产主义做了准备，创造了条件。"1987年10月，党的十三大正式提出我国经济建设三步走的部署。

1992年初，邓小平视察南方，这可以说是他晚年最重要的一次调查研究，他谆谆教诲各级干部："如果从建国起，用一百年时间把我国建设成中等水平的发达国家，那就很了不起！从现在起到下世纪中叶，将是很要紧的时期，我们要埋头苦干。我们肩膀上的担子重，责任大啊！"

（文 / 蒋永清、卢佳）

"摸着石头过河"的来龙去脉

"摸着石头过河"作为改革开放的一句名言,人们耳熟能详,它表达了我们党对改革开放事业探索、求实的态度和方法。

"摸着石头过河"通常被人们认为是改革的方法论

"摸着石头过河"原是一句民间歇后语,完整地说是"摸着石头过河——踩稳一步,再迈一步"或者"摸着石头过河——求稳当"。这句富有民间智慧的歇后语被党内文件借用,形象地表示一种科学的工作方法,即采取试验的方法,逐步推广深化某项措施,强调的是要本着谨慎稳妥的态度,进行尝试和探索。

"摸着石头过河"很早就出现在党和国家的正式文件中,用于指导具体工作,特别是经济工作。如1959年农业部党委上报毛主席并党中央的报告《关于一九五九年农业生产的几点意见》中说:实行少种高产多收的方针和耕地三三制的伟大理想,必须有步骤,必须是"摸着石头过河",一九五九年全国的耕地面积和播种面积不能减得太多。

改革开放以来,党中央、国务院的文件材料也常引用这

二十世纪五十年代，邓小平在全国人民代表大会主席台上

句话，如1981年10月29日，国务院批转国家经委、国务院体制改革办公室《关于实行工业生产经济责任制若干问题的意见》的通知说："实行经济责任制，目前还处在探索阶段，各地区、各部门要加强领导，要摸着石头过河，水深水浅还不很清楚，要走一步看一步，两只脚搞得平衡一点，走错了收回来重走，不要摔到水里去。这样才能使经济责任制健康地向前发展。"报告引用"摸着石头过河"，生动、准确地表达在经验不足的情况下实行经济责任制要走一步看一步地探索。

通过这几个例子，我们更清楚地体会到了"摸着石头过河"含有大胆探索、稳妥前进的意义。现在这句话通常被人们认为是改革的方法论，有以下几层意思：

第一，河必须过，改革必须进行，在河边逡巡回避问题是不行的，站在河中停滞不前更危险，倒退更不应该；第二，没有桥，改革没有现成的经验办法可照搬照用；第三，河水比较深，可能还有旋涡，要摸索着过，改革碰到的难题问题很多，有风险有危机；第四，慢点走，找到支点站稳了再走下一步，改革措施要多试验多总结经验摸索前进，试验成功了再推广铺开。

所以，在人们的认识中，"摸着石头过河"这句话作为改革的一种方法，既强调稳妥前进也强调要注重探索。

领导人常用"摸着石头过河"指导改革开放新时期的工作

改革开放新时期，党的领导人中陈云、李先念、谷牧、聂荣臻、万里、刘华清等人都引用过"摸着石头过河"来指导全党工作，并且经常用在经济工作中。

例如李先念，他长期担任国务院副总理，指导国家经济工作。1962年2月16日，李先念致信邓辰西（时任国务院

邓小平和李先念

1978年9月9日，李先念在国务院召开的务虚会上做总结《在国务院务虚会上的讲话》

财贸办公室副主任），指出："是否在计划外进口一百万美元商品？我看还是放在计划以内，计划外用汇不到万不得已不批准，而且在订货时要一步一步地看，摸着石头过河，稳当些。"1978年9月9日，国务院务虚会上，李先念在讨论现代化建设问题时，指出："引进项目实行排队，先安排急需的和已经看准了的，其余的看准一批办一批，摸着石头过河。"作为国务院副总理，李先念引用这句话是对具体工作作方法性的指导，要求对结果不确定的事物要采取边试验边探索的方法。

再如万里，在1985年6月召开的部分省长、市长会议上，时任国务院副总理的万里针对当时经济工作出现的一系列新现象、新问题，指出："中央一再强调，对改革要采取审慎态度，

1959年5月15日,陈云在中南海勤政殿

一定要摸着石头过河,走一步,看一步,及时总结经验,继续开拓前进。"

陈云是距今我们能查到的在党内最早提倡、明确使用并反复强调"摸着石头过河"的领导人。在《陈云文选》《陈云年谱》中,从20世纪五六十年代到改革开放新时期,至少可以找到六处陈云引用这句话的记载,有落在纸面上的批示,也

有在谈话场合口头说的,还有在党的正式会议上的发言。

1961年3月6日—8日,陈云在听取化工部汇报时说:"看来,一件工作的改革,要先进行试验,不能一下就铺开来搞。搞试验要敢想、敢说、敢做,但在具体做时,必须从实际出发,摸着石头过河。要把试验和推广分开,推广必须是成熟的东西,未成熟之前不能大干。"先试验,再总结,然后才推广,反映了陈云注重从实际出发总结经验的工作思路。

改革开放新时期,陈云为开创中国特色社会主义道路作出了卓越贡献。在探索改革的道路上,经过"文化大革命"期间的沉淀和思考,他把"摸着石头过河"作为领导经济工作和全面改革的工作方法和思想方法,对全党提出要求。1980年12月16日,陈云在中央工作会议上讲话,说:"我们要改革,但是步子要稳。因为我们的改革,问题复杂,不能要求过急。改革固然要靠一定的理论研究、经济统计和经济预测,更重要的还是要从试点着手,随时总结经验,也就是要'摸着石头过河'。开始时步子要小,缓缓而行。"陈云指出:"这绝不是不

1980年12月16日,陈云在中央工作会议上所作的关于《经济形势与经验教训》的讲话提纲手稿

要改革,而是要使改革有利于调整,也有利于改革本身。"

陈云的讲话既是对当时经济调整的具体要求,也是关于改革的方法论指导。他强调要"摸着石头过河",是说改革要从试点着手,边调整边前进。这也是陈云一贯提倡的注重试验、随时总结经验的工作方法,即,对不是很懂的事情,不仅要反复地、全盘地考虑,还要经过试点,才能弄清楚决策是否正确,办法是否完备。

陈云在改革开放过程中多次强调坚持"摸着石头过河"这一思想方法的重要性。1984年6月30日,陈云在中共中央对外联络部反映美国国务院经济研究中心顾问爱德乐对我国财经工作提出两条意见的内部材料上批示:"有经历的外国人也是摸着石头过河,所有外国资本家都是如此。凡属危险项目,他们不搞,宁吃利息。这是一个千真万确的道理。"

陈云说"摸着石头过河",着重点在于强调改革要从实际出发、注重总结经验。二十世纪八十年代中期,有些观点认为,"摸着石头过河"是一种经验主义的指导方法,"说明改革缺乏系统的、完整的理论体系",导致"改革措施不配套、目标模糊、阶段任务不明确","一个粗糙的总体改革方案也比'摸着石头过河'好"。关于这些讨论,陈云认为,他们没有真正理解"摸着石头过河"强调在实践中摸索、不断总结经验的含义。1988年5月12日,陈云和浙江省委负责同志谈话时,有针对性地指出:"有人在报上批评'摸着石头过河'这句话,但没有讲出道理来。'九溪十八涧',总得摸着石头过。'摸着石头过河'这句话,我没有放弃。"他在这次讲话前后,反复强调要坚持摸索前进、注意总结经验。1988年10月,陈云与当时的中央负责同志谈话时,再次指出:"在我们这样一个社会主义国家里,学习西方市场经济的办法,看来困难不少。你们正在摸索,摸索过程中碰到一些问题是难免的,还可以继续摸索,并随时总结经验。"

"摸着石头过河"是邓小平领导改革开放的态度和方法

很多人以为"摸着石头过河"是邓小平经常说的一句话,但实际上查遍权威的邓小平著作,包括《邓小平文选》,改革开放前的《邓小平文集》,以及记录邓小平生平思想的《邓小平年谱》,都没有查到邓小平说过"摸着石头过河"这句话。查阅与邓小平有过接触的人所撰写的回忆文章或访谈材料,没有发现有人讲到邓小平说过这句话。最典型的例子来自国家原副主席荣毅仁撰写的《勇于创新 多作贡献》一文,其中说道:"小平同志告诫大家:改革'胆子要大,步子要稳',就是从实际出发,摸着石头过河,走一步,看一步。"其中,"胆子要大,步子要稳"加了引号,这是邓小平的原话,《邓小平文选》有记载;而"摸着石头过河"没有加引号,说明这不是邓小平的原话。可以理解,荣毅仁的回忆反映了邓小平没有说过这句话的记载,但是在改革开放中坚持"摸着石头过河"的思想。

查阅《人民日报》和中国知网,搜索1976—2000年发表的包含"摸着石头过河"的文章,发现起初学者们并没有将这句话当作邓小平的语言来引用,只是提到改革开放是邓小平领导的,并把"摸着石头过河"作为改革开放的一个方法、思路来讨论。但逐渐地,二十世纪九十年代后期开始,一部分作者把"邓小平说"和"摸着石头过河"联系在一起,渐渐地有人认为是"邓小平'摸着石头过河'的小理论"等。大概是这种口口相传,"摸着石头过河"逐渐被人们认为是邓小平的原话,还一度被传播为邓小平的"摸论"。

虽然没有邓小平说"摸着石头过河"这句话的记载,但并不是要把邓小平和这句话撇清关系,恰恰相反,邓小平虽然没有说过"摸着石头过河"这几个字,但却可以肯定地说,"摸着石头过河"是邓小平领导的改革开放采取并反复强调的鲜明态度和重要方法。

对于上文提到的陈云在1980年中央工作会议上的讲话《经济形势与经验教训》,邓小平明确表示赞同,他在会议结

邓小平在全会前的中央工作会议上发表《解放思想,实事求是,团结一致向前看》的讲话

束的当天发表了《贯彻调整方针，保证安定团结》的讲话，开篇就说："我完全同意陈云同志的讲话。这个讲话在一系列问题上正确地总结了我国三十一年来经济工作的经验教训，是我们今后长期的指导方针。"他还说：我们要找到发展的路子、实现现代化，需要继续摆脱各种框框的束缚，"真正摸准、摸清我国的国情和经济活动中各种因素的相互关系"。

更早的时候，1978年12月，在十一届三中全会前夕作的《解放思想，实事求是，团结一致向前看》的讲话中，邓小平就提出：我们管理经济，"在全国的统一方案拿出来以前，可以先从局部做起，从一个地区、一个行业做起，逐步推开。中央各部门要允许和鼓励它们进行这种试验。试验中间会出现各种矛盾，我们要及时发现和克服这些矛盾。这样我们才能进步得比较快。"这里提到的"试验"的改革方式和"摸着石头过河"的改革思路是一致的。

以邓小平为核心的党的第二代中央领导集体在改革开放过程中采取先试验、再总结、改进、推广的方法，这种改革开放的基本思路就是"摸着石头过河"。按照邓小平的思路：改革要"先从一两件事上着手，不能一下子大干，那样就乱了。国家这么大，情况太复杂，改革不容易，因此决策一定要慎重，看到成功的可能性较大以后再下决心。"例如经济特区，就是"摸着石头过河"的典型例子。作为我国对外开放的窗口，创办经济特区就是先从四个经济特区开始，逐步扩大到十四个沿海城市，再一步步向全国的纵深推广。1979年7月到1980年底，在邓小平的领导支持下，深圳、珠海、汕头、厦门四个经济特区正式成立，这些被视为改革开放"试验田"

1984年1月26日，邓小平视察深圳经济特区后题词

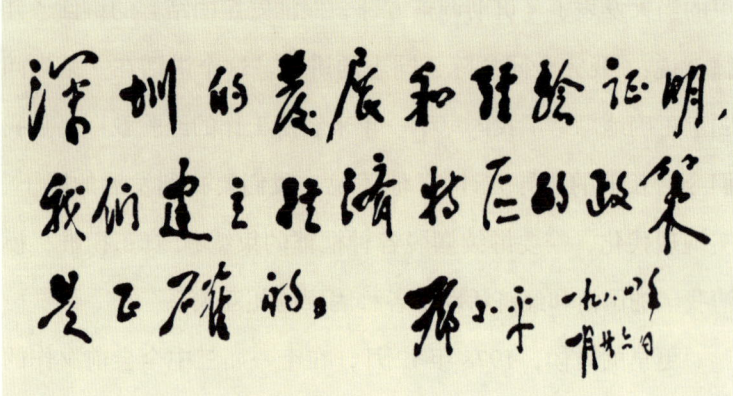

邓小平为珠海特区的题词：珠海经济特区好

邓小平为厦门特区的题词：把经济特区办得更快些更好些

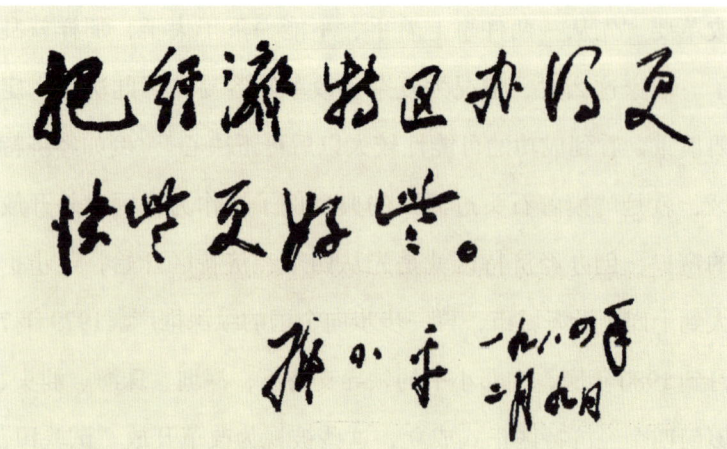

尝试了一系列新的做法、形成了很多新的成功经验，在全国产生极大影响，有力地推动了改革开放的深入展开。

1980年，邓小平在讨论党和国家领导制度改革的时候说："有些问题，中央在原则上决定以后，还要经过试点，取得经验，集中集体智慧，成熟一个，解决一个，由中央分别作出正

1986年9月2日，邓小平在北京接受美国哥伦比亚广播公司记者迈克·华莱士采访

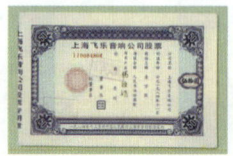

1984年发行的上海飞乐音响公司股票

式决定,并制定周密的、切实可行的、能够在较长时期发挥作用的制度和条例,有步骤地实施。"1982年开始实施的机构精简就是采取试点并逐步推广的范例。按照中央和邓小平提出的思路和要求,先搞试点,总结典型经验后,再推广。《中央党政机关机构改革第一阶段总结和下一阶段打算》总结的:"全国的机构改革分两步走,中央先走一步,取得经验,地方再逐级分期进行;中央单位,也是先搞试点,再逐步推开。"正因为精简过程分为多个阶段,从试点开始逐步推广开来,注意总结经验,逐个解决问题,取得了成功。

邓小平强调"摸着石头过河",包括推动整个改革开放的过程,都是基于抓住机遇、加快发展的思路出发的。"我们要赶上时代,这是改革要达到的目的。"在邓小平看来,当时我国正处于难得的机遇期,国内条件具备、国际条件有利,我们要大胆地试验、大胆地利用先进文明,发展自己。他在南方谈话中说:"要抓住机会,现在就是好机会。我就担心丧失机会。不抓呀,看到的机会就丢掉了,时间一晃就过去了。"

改革要"摸着石头过河",邓小平并不是一味求快,而是激励全党面对改革开放这个崭新实践,冲破思想樊篱,大胆开拓,稳妥前进。"胆子大"和"步子稳",邓小平总是结合在一起说的。邓小平把改革当作中国的第二次革命,说:"我们确定的原则是:胆子要大,步子要稳。所谓胆子要大,就是坚定不移地搞下去;步子要稳,就是发现问题赶快改。"一方面,改革没有现成的答案,没有万无一失,要大胆试验,只有通过试验不断取得经验才能推进改革的深入,逐渐在各方面形成一整套制度。另一方面,通过试验的方法意味着改革开放要

邓小平、陈云在党的十一届三中全会上

不断总结经验、及时纠正错误。

1986年9月，邓小平接受美国记者华莱士采访，向全世界介绍我国的改革事业时说："我们的办法是不断总结经验，有错误就赶快改，小错误不要变成大错误。"证券、股市在二十世纪九十年代初属于新鲜事物，究竟应该怎么认识，人们看法不一。针对这项新事物，1992年2月，邓小平在南方谈话中说道："证券、股市，这些东西究竟好不好，有没有危险，是不是资本主义独有的东西，社会主义能不能用？允许看，但要坚决地试。看对了，搞一两年对了，放开；错了，纠正，关了就是了。关，也可以快关，也可以慢关，也可以留一点尾巴。怕什么，坚持这种态度就不要紧，就不会犯大错误。"在这次十分重要的谈话中，邓小平还语重心长地指出："每年领导层都要总结经验，对的就坚持，不对的赶快改，新问题出来抓紧解决。"

可以看出，邓小平与陈云对改革开放的基本思想观点是完全一致的，有学者指出："正因为如此，人们把'摸着石头过河'也视为邓小平的一个重要思想，看作是第二代中央领导集体的重要思想。"

实践是对理论最好的诠释，改革开放四十年来取得的历史性成就和发生的历史性变革是对"摸着石头过河"改革思路和基本方法的充分肯定。

（文/王达阳）

南方谈话

1992年1月18日到2月21日，八十八岁高龄的邓小平乘坐列车南下，到武昌、深圳、珠海、上海等地视察，发表重要谈话，史称"南方谈话"。南方谈话从理论上深刻回答了长期困扰和束缚人们思想的许多重大问题，为开好党的十四大做了充分的理论准备。以南方谈话和党的十四大为标志，我国的改革开放和社会主义现代化建设进入了一个新的阶段。

1992年初，邓小平视察武昌、深圳、珠海、上海等地并发表重要谈话

重大历史关头的重要选择

1992年，自1978年党的十一届三中全会开始的改革开放已经历了十四个年头，中国进入一个新的发展阶段的关键时刻。二十世纪八十年代末九十年代初，国际国内形势发生巨变。国内通货膨胀引起恐慌、遭遇政治风波，国际上东欧剧变、苏联解体，国际国内形势的变化给社会主义中国带来了一系列新震荡、新问题、新挑战。中国还要不要坚持"一个中心、两个基本点"的基本路线？还要不要坚持改革开放不动摇？邓小平坚定地认为，只有坚持改革开放不动摇，坚持改善人民生活水平，才能得到人民的拥护，才能保证国家的长治久安，这是中国发展的正确方向。

1992年也是中国改革开放进程中一个重要的时间节点,这一年要召开中国共产党第十四次全国代表大会。十四大将怎样谋划中国社会主义的发展前景,举什么旗,走什么路?这是国际国内关注的焦点。

邓小平就是在这样的历史背景下,经过深思熟虑,选择到广东等地视察。

"让全国人民都发财"

南方之行第一站是武汉。1月18日上午,列车抵达武昌。在火车站,邓小平听取中共湖北省委书记关广富汇报,并讲了一些话,包括反对形式主义等。他说,现在有一个问题,就是形式主义太多。电视一打开,尽是会议。会议多,文章太

邓小平在车站月台上一边散步,一边听取湖北省及武汉市发展情况的汇报。《春天的画卷——纪念邓小平南方谈话10周年》

长，讲话也太长，而且内容重复，新的语言并不是很多。重复的话要讲，但要精简。形式主义也是官僚主义。要腾出时间来多办实事，多做少说。毛主席不开长会，文章短而精，讲话也很精练。周总理四届人大的报告，毛主席指定我起草，要求不超过五千字，我完成了任务。五千字，不是也很管用吗？我建议抓一下这个问题。

1月19日上午，邓小平到达深圳。到住地后即提出要出去看看，他说："到了深圳，我坐不住啊，想到处去看看。"

深圳经济特区是邓小平亲自倡导的改革开放试验地之一。1979年，他在听取当时中共广东省委主要负责人的汇报后说：

1980年8月26日，第五届全国人大常委会第十五次会议批准《广东省经济特区条例》

1988年，邓小平和赵朴初、王任重、习仲勋在一起

可以划出一块地方叫作特区。陕甘宁就是特区嘛。中央没有钱，要你们自己搞，杀出一条"血路"。1980年8月，全国人大常委会正式通过并颁布《广东省经济特区条例》，中国经济特区就这样诞生了。

深圳特区的发展情况，邓小平一直十分关注。1984年，特区建设遇到不少困难和阻力，有些人对办特区持怀疑观望态度。是年1月24日，邓小平来到深圳视察，为深圳题词："深圳的发展和经验证明，我们建立经济特区的政策是正确的。"肯定了深圳特区的建设成就，肯定了办特区的方针是正确的，给予了特区建设以决定性的支持，坚定了人们办特区的决心和信心，使特区的建设事业继续向前推进。

1992年1月19日视察的这天，邓小平在中共广东省委书记谢非、深圳市委书记李灏等陪同下参观深圳市容。车子缓缓地在市区穿行。这里，八年前有些还是一汪水田、鱼塘，羊肠小道，低矮的房舍。现在，宽阔的马路纵横交错，成片的高楼耸入云端，到处充满了现代化的气息。邓小平看到这繁荣兴旺、生机勃勃的景象，十分高兴。正如他后来说的："八年过去了，这次来看，深圳、珠海特区和其他一些地方，发展得这么快，我没有想到。看了以后，信心增加了。"

深圳视察，邓小平心情振奋地看着高楼大厦，认真细致地视察新技术，听当地干部的汇报。当听到1984年他来时，深圳人均收入只有六百元，到了1992年已经达到两千元，邓小平感到很欣慰。

国贸中心大厦，高高耸立，直插云霄。这是深圳人民的骄傲。深圳的建设者曾在这里创下"三天一层楼"的纪录，成

1月20日上午,邓小平在广东省和深圳市领导陪同下,登上国贸大厦旋转餐厅,眺望深圳市容,并作了三十多分钟的谈话,成为他视察南方谈话的重要组成部分

了"深圳速度"的象征。到深圳来的中外人士,总要登上楼顶的旋转餐厅,远眺深圳城市的景色。

1992年1月20日上午,邓小平来到国贸大厦参观,在五十三层的旋转餐厅俯瞰深圳市容。他看到高楼林立,鳞次栉比,一派欣欣向荣的景象,很是高兴。

邓小平充分肯定了深圳在改革开放和建设中所取得的成绩。然后,他说,我们推行三中全会以来的路线、方针、政策,不搞强迫,不搞运动,愿意干就干,干多少是多少,这样就慢慢跟上来了。不搞争论,是我的一个发明。

邓小平望望窗外,谈兴更浓。他语气坚定地说:"要坚持党的十一届三中全会以来的路线、方针、政策,关键是坚持'一个中心、两个基本点'。不坚持社会主义,不改革开放,不发展经济,不改善人民生活,只能是死路一条。基本路线要管一百年,动摇不得。"

当邓小平离开旋转餐厅下到一楼大厅时,大厅里的音乐喷泉,随着优美的乐曲,喷出图案多变的水柱和水花,蔚为壮观。一楼到三楼,站满了群众,人山人海,秩序井然。看到邓小平下楼来,很多人喊着"邓爷爷好""小平同志好""小平你

在深圳国贸大厦,群众热烈欢迎邓小平

好",就是这么喊这么叫。

雷鸣般的掌声响彻国贸大厦。这掌声,表达了群众对倡导改革开放政策的小平同志的爱戴和崇敬;反映了群众对身受其惠的改革开放政策的坚信和拥护。

在驱车回宾馆途中,邓小平和陪同的负责同志亲切谈话。

邓小平说,走社会主义道路,就要逐步实现共同富裕。共同富裕的构想是这样提出来的:一部分地区有条件先发展起来,一部分地区发展慢点,先发展起来的地区带动后发展的地区,最终达到共同富裕。如果富的越来越富,穷的越来越穷,两极分化就会产生,而社会主义制度就应该而且能够避免两极分化。解决的办法之一,就是先富起来的地区多交点利税,支持贫困地区的发展。当然,太早这样办也不行,现在不能削弱发达地区的活力,也不能鼓励吃"大锅饭"。

他说,不发达地区又大都是拥有丰富资源的地区,发展潜力是很大的。总之,就全国范围来说,我们一定能够逐步顺利解决沿海同内地贫富差距的问题。

1月22日上午，阳光明媚，空气清新。邓小平携全家到深圳仙湖植物园种树和游览。他饶有兴趣地参观了室内的各种珍奇植物。来到一棵高山榕树前，当地人把高山榕树也称为"发财树"，邓小平说："让全国人民都种，让全国人民都发财。"

22日下午，邓小平在迎宾馆接见了深圳市负责人，他说：改革开放胆子要大一些，敢于试验，不能像小脚女人一样。看准了的，就大胆地试，大胆地闯。深圳的重要经验就是敢闯。没有一点闯的精神，没有一点"冒"的精神，没有一股气呀、劲呀，就走不出一条好路，走不出一条新路，就干不出新的事业。不冒风险，办什么事情都有百分之百的把握，万无一失，谁敢说这样的话？一开始就自以为是，认为百分之百正确，没那回事，我就从来没有那么认为。

小平同志在深圳仙湖植物园，向工作人员询问竹芋的生长特点

1992年1月23日，邓小平结束了在深圳五天的考察。在蛇口港码头，邓小平同前来送行的深圳市负责人李灏、郑良玉、厉有为一一握手告别。邓小平向码头走了几步，突然又转回来，对李灏说："你们要搞快一点！"

"马克思主义是很朴实的道理"

结束了在深圳的考察，邓小平登上了海关902快艇，启程到珠海特区考察。

快艇劈波斩浪向珠海疾驶而去。八年前，邓小平由深圳到珠海时也是横渡百里珠江口，走的也是这条航线。舰舱内，谢非打开一张广东省地图，和梁广大一起向邓小平汇报广东改革开放和经济发展的情况。邓小平戴上花镜，一边看地图，一边听汇报。

快艇接近珠海市九洲港，邓小平站起来，望着窗外烟波浩渺的伶仃洋，他说，我们改革开放的成功，不是靠本本，而是靠实践，靠实事求是。农村搞家庭联产承包，这个发明权是农民的。农村改革中的好多东西，都是基层创造出来，我们把它拿来加工提高作为全国的指导。实践是检验真理的唯一标准。我就是相信毛主席讲的实事求是。过去我们打仗靠这个，现在搞建设、搞改革也靠这个。我们讲了一辈子马克思主义，其实，马克思主义并不玄奥。马克思主义是很朴实的东西，很朴实的道理。

高科技企业，是珠海经济特区的主要产业之一。在珠海特区的七天里，邓小平一连考察了几个高科技企业。

邓小平参观珠海亚洲仿真控制系统有限公司机房内的先进设备

1月25日上午9点35分,邓小平来到珠海市高新技术企业亚洲仿真控制系统工程有限公司参观。看着机房内先进的技术设备和良好的工作条件,他颇有感慨地对科技人员说:"要提倡科学,靠科学才有希望。近十几年我国科技进步不小,希

邓小平在珠海亚洲仿真控制系统有限公司，与青年知识分子亲切交谈并合影。他握住一位青年科技工作者的手，高兴地说："我要握一握年轻人的手，科技的希望在年轻人。"

望九十年代进步更快。每一行都树立一个明确的战略目标，一定要打赢。高新科领域，中国要在世界上占有一席之地。"

邓小平看着正在研制的两套火电站仿真机高兴地说："我是看新鲜。要发展高新技术，越新越好，越高越好，越新越高，我们就高兴。不只我们高兴，人民高兴，国家高兴！"

机房里坐在计算机旁的都是年轻人。邓小平走着看着，脸上露出喜悦的神情。当他走到一台计算机旁时，停了下来，与一位正在操作的复旦大学毕业的年轻人交谈起来。他握着这位年轻人的手，高兴地说："我要握握年轻人的手，科技的希望在年轻人。"

参观完亚洲仿真公司，邓小平一行来到拱北地区的芳园大厦，乘电梯上到二十九层的旋转餐厅，他一边观赏窗外的拱北新貌和澳门风光，一边听取谢非、梁广大的汇报，一边同他们交谈。

他说，这十年真干了不少事。我国发展这么快，使人民高兴，世界瞩目。这就足以证明三中全会以来路线、方针、政策的正确性，谁想变也变不了。说来说去，就是一句话：坚持这个路线方针不变。

在珠海经济特区的日子里，邓小平的足迹几乎踏遍了特区的土地。他不停地看，不停地问，不停地思考，看特区的变化，倾听人民群众的心声，思考社会主义中国的未来。

改革开放迈上新台阶

邓小平在视察南方过程中发表的许多重要谈话,对中国的改革开放,对整个社会主义现代化建设事业,都有着重大而深远的意义。

对于邓小平本人来说,南方谈话相当于自己最后的政治交代。南方谈话耗尽了邓小平所有的精气神,邓朴方说:"他最后讲这些话都是把命拼上了,视察完南方之后,他一下子身体就垮下来了,再也没有缓过来了。就是春蚕到死丝方尽,到最后拼了老命把最后的政治交代完成。"

邓小平曾在住地对前来探望的弟弟邓垦说:"我哪天去,哪天走,不关紧要。自然规律违背不得,你们要想透这个问题,要超脱旧的观念。"

二十多年过去了,党的十八大以后,习近平总书记首次离京考察的地方,就选在了广东,先后到了深圳、珠海、佛山、广州等地。2012年12月8日上午,习近平来到莲花山,

1989年,邓小平与胞弟邓垦在一起

坐落在深圳市中心区莲花山公园顶的邓小平塑像

接见了当年参与特区建设和1992年陪同邓小平视察南方的几位老同志,向伫立在山顶的邓小平铜像敬献花篮。俯瞰深圳市的繁荣景象,习近平感慨地说:我们来瞻仰邓小平铜像,就是要表明我们将坚定不移推进改革开放,奋力推进改革开放和现代化建设取得新进展、实现新突破、迈上新台阶。

(文/王达阳)

倡导义务植树活动

邓小平倡导的义务植树活动，带领全国人民一起为中华大地添绿色、着春装。通过推行义务植树活动，绿色环保的思想深入人心，绿色理念成为时尚。目前，我国已是世界上森林资源增长最快的国家。

倡议 —— 砍一棵树要赔种三棵

开展全国性的义务植树活动是邓小平倡议的。这个倡议始于1981年夏天。当时四川、陕西遭受特大水灾，给人民的生命财产安全造成了重大损失。9月16日，牵挂民生安危的邓小平经过深思熟虑，找来时任国务院副总理、兼任国家农委主任的万里，对根治洪灾提出自己的考虑："是否可以规定每人每年都要种几棵树，比如种三棵或五棵树，要包种包活，多种者受奖，无故不履行此项义务者受罚。可否提出个文件，由全国人民代表大会通过，或者由人大常委会通过，使它成为法律，及时施行。"

当年，五届全国人大四次会议讨论并一致同意邓小平的倡议，通过了《关于开展全面义务植树运动的决议》，规定每个适龄公民，每年有植树三至五株的义务。自此，全国性的义务植树活动逐渐开展起来。

水灾是邓小平倡议义务植树活动的直接原因，但通过立法保护环境、倡导义务植树，这并不是邓小平的突发奇想，而是他长期思考的结果，是酝酿已久的。

早在二十世纪六十年代初，邓小平就提倡要保护森林，植树绿化。1961年，他视察东北林场时说："陈老总从日内瓦回来，说瑞士像个花园，几百年来都有一个法律，砍一棵树要种活三棵，否则犯法，我们也应当立个法。"1962年，他主持书记处会议讨论国营农场工作条例时再次提出："我们国家应像瑞士一样，规定一条法律，列入民法，不管集体、个人、国家的，砍一棵树，赔种三棵。先从国营农场造林搞起，每场规定造林任务，年年搞造林计划。"不久，在毛泽东主持的核心小组会议上，他又强调："山地、平原开荒都要注意保护森林和防止水土流失。"

邓小平从参与管理这个国家开始，就思索着怎样保持水土，美化祖国，逐渐形成立法植树的思想。这一直是他的情结所在，因此他每到一地，都很关注植树造林情况，强调要多种树、少破坏植被。

宣传 —— 每棵树就等于一个小水库

邓小平很喜欢树木，他常常亲自动手，在自家小院种满绿色植物，郁郁葱葱。1973年他复出之前，到江西会昌还特地指着一棵榕树说："当年我经常在这棵树下看书、看报。"可见对树木的感情之深。他深知森林对于涵养水源，保持水土，

二十世纪八十年代的江西
会昌景色

邓小平任中共会昌中心县
委书记时的会昌中心县委
旧址

改善生态环境的重要意义。所以每到一地，他都要给干部讲道理宣传绿化，从发展经济到美化生活，到改善生态环境，列举种树的诸多好处，号召当地多种树，少破坏，做好绿化工作。

1965年，邓小平视察贵州，强调要通过种树发展多种经营，改善老百姓生活。他说："贵州要遍地开花搞林场，沿铁路、水路造林。山多，稍微整一下，收入不知有多少。单是种树，就不知有多大收入。林子太少，要大造林。"他还为当地做了很详细的规划："山上可种木本作物，如橡子树、核桃树，当油料；种麻，解决穿的问题。林牧都要配备好品种。"

邓小平看重植树，最主要的还是认识到树木对保持水土、改善生态环境、改变气候的巨大作用。1966年，他视察西北时对西北局的负责人说："水土保持，黄土高原种树，要搞一百年才行啊。"在甘肃、青海，他多次向当地干部强调要多种树："一棵柳树就是一个小水库。你们要栽树，树栽多了，将来气候就变化了。"

1960年2月，经中央批准，石油工业部从全国抽调几十个优秀钻井队、几千名科技人员和四万多职工、退伍军人汇集大庆油田，参加石油大会战。图为参加石油大会战的队伍向萨尔图挺进

1964年7月,邓小平来到大庆油田油区,视察了1202钻井队、采油李天照井组、转油站等

从1958年到1983年,邓小平先后五次视察大庆,他每次都嘱咐当地干部要多种草、种树,搞好绿化。他说:"井边要多栽些树,最好种核桃树,可以榨油。""大庆要多种树。农业搞机械化,节约下的人力种树,还可以种草。"

邓小平的足迹遍及祖国山山水水,东北大兴安岭、西北黄土高原、西南漓江峨眉、江南西子湖畔,每到一处他都不厌

1978年,邓小平视察大庆油田,听取大庆党委负责人介绍大庆发展规划,指出,大庆贡献大,工人工资要提高,住房要盖得好一些,要把大庆建设成美丽的油田

其烦地强调要绿化,他希望全国人民都能生活在温润清新的环境里,希望可爱的祖国处处春色满园,美丽动人。

推动 —— 绿化祖国,造福后代

提出义务植树的倡议以后,邓小平一直很关心这项活动,为植树造林作了很多批示和题词。1982年,他为军队植树造林总结经验表彰先进大会郑重题词:"植树造林,绿化祖国,造福后代。"同年12月,他又在林业部关于开展全民义务植树活动情况报告上批示:"这件事,要坚持二十年,一年比一年好,一年比一年扎实。为了保证实效,应有切实可靠的检查和奖惩制度。"

邓小平还利用各种场合向人们宣传植树,号召全国人民积极投入植树的活动中去。1982年11月,他会见前来参加中

1982年11月，邓小平为全军植树造林总结经验表彰先进大会题词："植树造林，绿化祖国，造福后代。"

美能源资源环境会议的伍德科克时说："我们准备坚持植树造林，坚持二十年、五十年。这个事情耽误了，今年才算是认真开始。""我们计划在那个地方（黄土高原）先种草后植树，把黄土高原变成草原和牧区，就会给人们带来好处，人们就会富裕起来，生态环境也会发生很好的变化。"

"十年树木，百年树人"，邓小平一直坚持不懈地实践和关注着义务植树活动。1991年，年近九旬的邓小平挥毫为全国义务植树活动十周年题词："绿化祖国，造福后代。"1992年邓小平视察南方，一路来到改革开放的前沿深圳市。他在仙湖植物园种下了一株高山榕，为南国春色添了一抹浓浓绿意。在有人介绍一棵树叫"发财树"时，他兴致勃勃地说："让全国人民都种，让全国人民都发财。"在场的人们都笑了起来。今天，人们还不禁对邓小平的苦心和深意感慨万千。他是把植树当作国家很重要的大事来抓，以各种形式在各种场合号召全国人民积极行动起来，踊跃投身于义务植树活动中。

垂范 —— 要一代一代永远干下去

邓小平很关注植树的落实情况，每到一地考察，他都很注意当地的绿化工作，大到植树的规划，小到数目、选种等具体事项，他都仔细观察、认真考虑。

1983年，他到江浙、山东等地视察，很高兴地对当地的同志说："杭州的绿化不错，给美丽的西湖风景添了色。"在龙井等地，他又指着树木说："你们这里的水杉树很好看，长得笔直。水杉树好，既经济，又绿化了环境，长粗了，还可以派用处，有推广价值。泡桐树也是一种经济树木，长得很快，板料又好。"他对当地的领导干部说："一定要重视绿化工作，要制订绿化规划，扩大绿地面积，发动干部群众义务植树。"此行结束回到北京，他在同胡耀邦等人谈话时强调指出："我在兖州，还看了一下种树。那里种泡桐的情况很好，很有规划。种树也要有具体规划。什么地方种什么树，种子种苗从哪里

1983年2月，邓小平在杭州一个农贸市场视察，了解农产品生产和交易情况

1988年，邓小平和群众一起在北京植树

来，都要扎扎实实抓。"

邓小平不仅号召全国人民种树，还率先垂范，带头履行普通公民的义务参加植树。每当春天到来，他就会带上亲属和身边的工作人员，加入植树行列：1979年在大兴薛营；1980年、1981年在中南海；1982年在西山；1983年、1984年在十三陵水库；1985—1987年在天坛；1988年在景山；1989年在亚运村，北京的郊区、城内都留下他挥锹种树的身影。

邓小平多次强调"植树绿化要世世代代传下去"。每次植树，他都要带上孙女、孙子们，以身作则，教育他们种树、爱树。1987年4月5日是北京市植树节，邓小平到天坛公园种树，把刚会走路的孙子小弟也带上了，还诙谐地称他是自己的新"部队"。他对孩子们说："你们长大了要接着栽树，要从小做起。"又很郑重地对工作人员讲："要让娃娃们从小养成种树、爱树的好习惯。"

位于京郊的十三陵水库地区是全国首个义务植树基地。1983年、1984年的植树节，邓小平都在这里植树。他挥锄种下了桧柏、油松、白皮松，还有一株日本客人送的樱花树。植

1984年，邓小平到北京十三陵植树。右二为万里，右一为郝建秀

小平手植树

树过程中，他不忘询问段君毅："这几年我们年年栽树，成活率怎么样？"当时的市委书记段君毅告诉他，这里的成活率达到百分之八十以上，他听了非常高兴。沉思片刻，他又郑重指出："全国种树，主要是提高质量，提高成活率。栽的多，活的也要多。"

种完树，扶着锄把的邓小平远眺十三陵水库，说："这里环境很好，适合建个公园，给人民创造个休闲场所。"他还指着面前的一片山坡："这一片都种上树，这个风景区就非常漂亮了。"最后，他对参加劳动的中直机关干部说："植树造林，绿化祖国，是建设社会主义，造福子孙后代的伟大事业，要坚持二十年，坚持一百年，坚持一千年，要一代一代永远干下去。"

如今，十三陵水库林区已经作为国家森林公园向游客开放，园内遍植苍松翠柏，满山碧绿，郁郁葱葱，这个绿荫覆盖、风光秀美的地方成了众人向往和游览的景区。还有许多中小学校在这里建立了劳动基地，孩子们通过亲身劳动、绿色熏陶，学习邓小平植树传播的绿色精神，更加热爱祖国，热爱自然。

开展全民义务植树活动，是一件功在当代、利在千秋的大事业。今天的我们回首邓小平植树的许多片刻，感受他对绿化中华大地的家国情怀，既是学习他热爱树木、传播绿色的精神，也是树立我们热爱祖国、培养环保意识、弘扬绿色文明的重要契机，让我们一起为了祖国河山的美丽未来，为广大人民的绿色明天而努力吧！

（文/王达阳）

他"像是我武侠小说中描写的英雄人物"

在全球华人中,金庸(原名查良镛)的武侠小说无疑具有广泛的影响,其"飞雪连天射白鹿,笑书神侠倚碧鸳"的皇皇巨著在世界范围内有数以亿计的读者。其中有一位身份特殊,是金庸小说在内地的第一批读者,他就是邓小平。金庸对邓小平也仰慕已久,某种程度上两人互为粉丝。金庸曾评价说:"我一直很钦佩他(指邓小平)的风骨,这样刚强不屈的性格,就像是我武侠小说中描写的英雄人物。"后来,在接受记者采访时,金庸还特意强调:"单是刚强,当然不够。必须不顾自身的荣辱安危而坚持正确的主张,这才令人佩服。"金庸恰好是邓小平重新走上领导岗位后接见的第一位香港同胞,这次会见,对促进香港回归祖国、推动祖国统一具有重要的影响。

"最想见的就是邓小平"

金庸除了武侠作家的身份之外,还是香港《明报》的创始人,业内人士对他的评价是"一手写社评,一手写武侠",被誉为"山至绝顶金为峰"。他经常写社论为邓小平被打倒打抱不平,对邓小平的才华和风骨予以高度评价,抨击"文化大

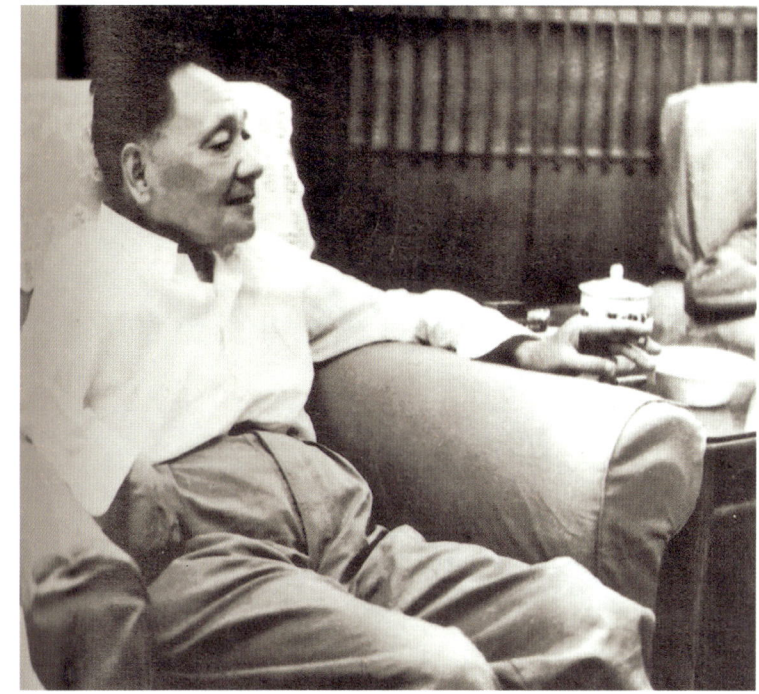

面对"文化大革命"刚刚结束后百废待兴的局面,邓小平思绪万千

革命"。"四人帮"在政治局会议上围攻邓小平,而邓小平不予理睬,使"四人帮"气急败坏、无可奈何,这使得金庸感叹不已:"邓小平如此刚强不屈,又有着如此丰富的斗争经验和驾驭能力,真令人敬佩!"

在金庸诸多的社评中,最令他自豪的是政治色彩极浓的预言,"邓小平必将复出"便是其中的经典之一。1976年春,中国内地刮起"反击右倾翻案风",邓小平经历了政治生涯的第三"落"。在政治形势尚不明朗之际,金庸大胆预言,邓小平一定会"东山再起"。在记者问他如何做出这一预测时,他说:"可以说,我的想法就是实际上代表多数中国人民的愿望,既然是众望,大概事情就可以做到。"

关注金庸和《明报》的不只是香港的读者。邓小平下放

手执一卷武侠小说，全然不觉列车的晃动

江西劳动，远离政治中心，却依然关心着国家的命运和天下大事。金庸的言论自然也引起他的注意。不仅如此，邓小平一生举重若轻，在繁忙的公事之余，他还爱看武侠小说，尤其是金庸所写的小说。1973年3月，当金庸小说在内地尚为禁书之时，恢复工作不久的邓小平从江西返回北京，托人从境外买了一套金庸小说，并对其爱不释手。据邓小平的护士郭勤英回忆：邓小平喜欢看的武侠小说，基本都是港台作家写的，像金庸、古龙和梁羽生的作品，邓小平都看过，看得较多的是《射雕英雄传》。邓小平"每天晚上睡觉之前都看几页"，"即使是出差到外地，他也会带上武侠小说"，"有时甚至在会见外宾前还在看"。邓小平的二女儿邓楠见到金庸时，告诉他说："爸爸很喜欢看你的小说，每天晚上睡觉之前都看几页。"

1978年底，党的十一届三中全会作出了把党的工作重心转移到经济建设上来的战略决策，开启了改革开放的伟大征程。中国内地政治稳定、经济发展、人民安居乐业，举国上下都呈现出一片欣欣向荣的繁荣景象。眼观此情此景，金庸内心十分欣喜，他认为："邓小平有魄力，有远见，在中国推行改革开放路线，改革了以前不合理的制度，令人佩服。真正的英雄，并不取决于他打下多少江山，而要看他能不能为百姓带来幸福。"因此，金庸迫切地想要回内地看看，尤其是拜见邓小平。他不无感慨地说："几十年了，我最想见的就是邓小平。"

两位大侠"华山论剑"

1981年6月27日闭幕的十一届六中全会上，通过了《关于建国以来党的若干历史问题的决议》，和平统一成为正式议题。邓小平等中央领导人广泛邀请海外华人访问内地，传递中央新的对台工作思路。金庸在华人世界颇有号召力，台湾方面对他也有好感。1973年春，金庸访问台湾时，"金庸迷"蒋经国与他进行了深谈。金庸本人也主张和平统一，他访台时感叹道："我一生如能亲眼看见一个统一的中国政府，实在是毕生最

1981年6月27日至29日，中共十一届六中全会在北京召开。会议审议和通过了《关于建国以来党的若干历史问题的决议》

1983年4月,邓小平和邓颖超、廖承志共商统一祖国大计

大的愿望。"

金庸发出的爱国之音得到了回应。1981年,金庸接到了来自北京的邀请。金庸向邀请方提出:能否在访问内地期间拜访邓小平先生?这一信息很快就上达邓小平同志处。邓小平在一份有关金庸来访的报告上批示:愿意见见查先生。消息很快传递到了金庸耳中。金庸十分高兴。1981年7月16日,金庸携家人踏上了这次有特别意义的旅程。

7月18日上午,邓小平以中共中央副主席的身份会见了金庸。能见到敬仰已久的邓小平,金庸当然十分兴奋。他郑重其事梳洗一番,冒着酷暑穿好西装,打好领带,带着妻子和子女,在全国人大副委员长、国务院港澳办主任廖承志的陪同下,乘车来到人民大会堂。邓小平穿着短袖衬衫,已站在福建厅门口迎接。

一见到金庸,邓小平就立即走上前去握着他的手,热情地说:"欢迎查先生回来看看。我们已经是老朋友了。你的小说我读过,我这是第三次'重出江湖'啊!你书中的主角大多是历经磨难才终成大事,这是人生的规律。"金庸也是笑容满

1981年7月18日,邓小平会见香港《明报》社社长查良镛(金庸)夫妇及子女

面,对邓小平微微躬身行礼,握住他的手说:"我一直对您很仰慕,今天能够见到您,感到很大的光荣。"邓小平笑着说:"对查先生,我也是知名已久!"邓小平见金庸穿着西装,便说:"今天北京天气很热,你脱了外衣吧,咱们不必拘礼。"

两位"大侠",一位是饱经坎坷的中共领导人,一位是写了二十多年社评的著名政论家。两人之间的谈话,并没有谈论涉及武侠小说,而是重点谈及了如何评价毛泽东、中国特

1981年7月18日,邓小平在人民大会堂福建厅会见香港《明报》社社长查良镛

色社会主义的前途命运等政治话题,广泛而不乏尖锐,但会谈的气氛始终很融洽。金庸后来回忆说"他待人很是和蔼亲切的""他老是给我递烟,我说不好意思你老人家,我自己来拿。他给我熊猫牌烟,给我带了一些塞进去,他说你拿回去,拿回去抽,这个烟比较好"。会谈持续了一个小时后,金庸起身告辞,邓小平亲自送他离开。两人边走边谈,到了大厅外,还站着谈了一会儿。邓小平握着金庸的手说:"查先生以后可以时常回来,到处看看,最好每年来一次。"

对金庸而言,与邓小平的这次会见使他深受震动、终生难忘。他后来这样说:"访问大陆回来,我心里很乐观,对大陆乐观,对台湾乐观,对香港乐观,也就是对整个中国乐观!"

"这一辈子最佩服邓小平"

在同邓小平会见后,金庸在内地游览了三十多天,对内地的发展变化有了全新的认知与了解。虽然金庸和邓小平只单独会见了一次,但邓小平的人格魅力和崇高风范,尤其是邓小平领导开创的中国特色社会主义伟大事业给他留下了深刻的印象。金庸多次说:我这一辈子最佩服的人是邓小平。

自此之后,金庸主持的香港《明报》更加及时、全面地报道和评价内地的发展局面。他不断地在《明报》上发表社评,支持邓小平提出的改革开放政策。他曾在《明报》上写过一篇社评,题目是《大家斗命长,仍盼邓能赢》。主要的意思是说,只要邓先生坚持改革开放,就能把中国带上一条光明的

他"像是我武侠小说中描写的英雄人物" 315

1984年12月19日，邓小平出席中英关于香港问题的联合声明正式签字仪式

"一国两制"构想首先在解决香港问题上取得成功。1997年7月1日零时，中国对香港恢复行使主权。图为香港政权交接仪式上，中华人民共和国国旗和香港特别行政区区旗同时升起

大路。金庸在文章中热切盼望邓小平健康长寿，"一身系天下安危"，这个"天下"就是中国。在邓小平的影响下，金庸的心愿和精力全部投入祖国统一的伟业之中。

就在邓小平接见他的前几个月，1981年2月26日，金庸在《明报》撰写了《关于香港未来的一个建议》，有关香港的未来，中英双方的想法是相当一致，维持香港的现状，对各方都有利。金庸在文中提出了三点建议：一、香港是中国的领土；二、香港的现状保持不变；三、中国如决定收回香港，应

在十五年之前通知英国。就在邓小平接见他的第二年，他的"香港预测"也得到了证实。"中国政府的确于1982年宣布，定于1997年7月1日收回香港，恰好是相隔十五年。"

1984年9月26日，中英两国草签关于香港问题的《联合声明》。对邓小平提出的"一国两制"，金庸认为是"天才的设想"，随即在《人民日报》发表文章，谈及"一国两制"，称赞"这个构想不但有哲学上的深度，适合大多数人爱好和平、要求安居乐业的天性，同时也包含了进步发展的积极意义。将来如能为人们所普遍接受，那也是中国人对人类的一项伟大贡献"，并评价"一国两制"伟大构想的提出"一言可为天下法，一语而为百世师"。

（文／孔昕）

独特的语言风格

一个人的语言风格往往反映出一个人的性格特征,而一个领导人的语言风格还往往是其思想观点与能力水平的体现。邓小平就因其独特的语言风格给世人留下了深刻的印象。英国前首相希思曾这样评价邓小平:"我很享受和邓小平的交谈,而且发现他在陈述自己的观点时既坦率又直接。我讲什么,他看起来也总是乐于接受。对直截了当的提问,他答得也直截了当。他还喜欢用幽默给我们的谈话增加点作料。"

1983年9月10日,邓小平在北京会见英国前首相希思

朴实又不乏生动

言语朴实又不乏生动是邓小平语言风格的一大特点。

1961年3月29日,邓小平主持中共中央书记处召开的报告会,在讲到总结经验教训时曾说道:"这几年缺点不小,有的地方不是一个指头,有的地方也不是两个指头,而是三个指头,或者四个指头。近几年我们的民主空气有损伤,不敢讲反面的意见。现在什么话都可以说,说错了也不要紧,实行三不:不扣帽子,不抓辫子,不打棒子。"

"不扣帽子,不抓辫子,不打棒子",这"三不"既形象又生动,表达了邓小平鼓励营造畅所欲言、各抒己见的民主氛围的鲜明态度。

1962年7月,邓小平在谈到恢复农业生产的措施时,说道:"生产关系究竟以什么形式为最好,恐怕要采取这样一种态度,就是哪种形式在哪个地方能够比较容易比较快地恢复和发展农业生产,就采取哪种方式;群众愿意采取哪种方式,就应该采取哪种方式,不合法的使他合法起来。"为了形象地表达自己的观点,他引用了老战友刘伯承经常说的一句四川俗语:"刘伯承同志经常讲一句四川话:'白猫、黑猫,只要捉住老鼠就是好猫'。"

人民群众喜闻乐见的俗语构成了邓小平语言朴实通俗、形象生动的一面。1975年,邓小平临危受命,接替病重的周恩来主持党政军日常工作,开始领导全面整顿。针对当时许多地区、部门和单位还存在的派性斗争,邓小平多次强调要明确反对派性,增强党性,他借用一句生动幽默的俗语"老虎屁股

1975年，邓小平在主持中央日常工作期间，召开解决军队、交通、工业、农业、科技等方面的一系列重要会议，着手进行全面整顿

摸不得"，表明自己要同派性作斗争的坚定立场。

5月19日，邓小平出席中共中央军委第十三次常委会议，听取国防科委和七机部的工作汇报。针对七机部的派性问题他直接指出：不准再打派仗，凡是打派仗的，坚决按中央九号文件办。不管什么老虎屁股都要摸。

9月27日，邓小平出席全国农村工作座谈会。在谈到各方面都存在需要整顿的问题时，他语重心长地说：现在问题相当多，要解决，没有一股劲不行。要敢字当头，横下一条心。这半年来，我讲了多次话，中心是讲敢字当头。有个"老大难"单位，过去就是老虎屁股摸不得。后来下了决心，管你是谁,六十岁的老虎屁股也好,四十岁的老虎屁股也好,二三十岁的老虎屁股也好,都得摸。一摸,就见效了。

开短会、讲短话

邓小平的语言风格是他务实、求是的思想品格的反映。力主开短会、讲短话,少说空话、多干实事是邓小平的工作习惯,更是工作要求,他一贯主张"不开空话连篇的会,不发离题万里的议论"。

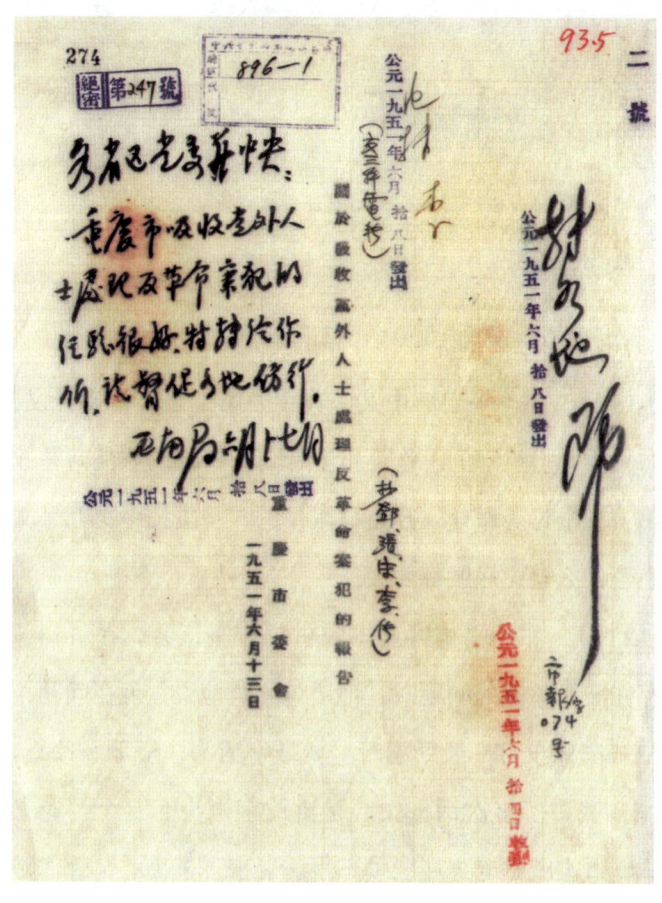

1951年5月13日,邓小平的批示:"报告太多太长,并非好事!"

独特的语言风格

1949年11月30日，人民解放军解放西南首府重庆，重庆军民游行庆祝西南解放

早在1949年12月，重庆刚刚解放之时，有一次，邓小平召集西南局组织部有关同志开会，讨论组织部干部工作问题。在听取了组织部有关同志的汇报后，邓小平只用了三句话就概括了当前干部工作的任务："挂牌子，搭架子，摆摊子。"语言既简洁生动又便于理解。

二十世纪五十年代，邓小平担任财政部部长。据财政部原副部长戎子和回忆，有一次粮食紧张，粮食局召集会议讨论了六七天，还没有结束。邓小平给戎子和打电话，问粮食会议开完了没有。一听戎子和说会议还没有开完，邓小平立刻说：粮食这么紧，会开了这么长还没有结束，要饿死人的。你马上就到会上宣布，只说三句话，一没有饭吃，二怎么办，三赶快回去收粮，就散会。

进入改革开放新时期后，中共十一届五中全会对中央的领导机构和领导成员进行调整，设立中央书记处作为中央政治局及其常委会领导下的经常工作机构。对新的中央领导机构如

1980年2月,中共十一届五中全会在北京举行

何开展工作,邓小平提出要求。1980年2月29日,邓小平在十一届五中全会第三次会议上说:"我希望,从重新建立书记处开始,中央和国务院要带头搞集体办公制度,不要再光画圈圈了。开会要开小会,开短会,不开无准备的会。会上讲短话,话不离题。议这个问题,你就对这个问题发表意见,赞成或反对,讲理由,扼要一点;没有话就把嘴巴一闭。不开空话连篇的会,不发离题万里的议论。即使开短会、集体办公,如果一件事情老是议过去议过来,那也不得了。总之,开会、讲话都要解决问题。"

1981年11月,他审阅中共政协全国委员会机关党组《关于政协第五届全国委员会第四次会议会务工作几个问题的请示报告》时批示:"不致开幕词,因为没有必要,无话可讲,但我可主持会议。"

《邓小平文选》中也收录了许多这样的精彩却又简练的"邓氏语录":

独特的语言风格

赞成中央方针的,就干;不赞成的,就改行。……拨乱反正,语言要明确,含糊其词不行,解决不了问题。办事要快,不要拖。

——《教育战线的拨乱反正问题》,1977年9月19日

现在国际国内普遍都感觉到我们人浮于事,官僚主义,办事拖拉,到处靠开会画圈过日子,许多问题一个电话就可以解决的,拖到半年解决不了。这样还搞什么四个现代化!

——《目前的形势和任务》,1980年1月16日

现在反正是画圈,事情无人负责,很容易解决的问题,一拖就是半年、一年,有的干脆拖得无影无踪了。办事效率太低,人民很不满意。这样能够搞四个现代化呀?

——《坚持党的路线,改进工作方法》,1980年2月29日

1983年7月出版的《邓小平文选(一九七五——一九八二年)》

刘邓大军胜利到达大别山

简洁中见深刻

邓小平的语言朴实简洁,并非等同于简单化,而是在简洁的语言中体现出思想的深刻性。邓小平虽然性格内向、沉默寡言,但思维敏捷、思考深入,因此,往往他一开口就能一语中的,有时不乏幽默。他善于用浅显明了、简练有力的话语表达深刻的思想,往往只几个字就分量十足。

当女儿邓榕问他长征时候都干了什么时,他只回答了三个字:"跟到(着)走"。问在太行山时期做了什么?他回答"吃苦"。问如何评价刘邓大军?他回答"合格。"

1973年,当邓小平从江西回到北京,毛主席问他在江西都做了些什么时,他只回答了两个字:"等待。"

加拿大前总理特鲁多曾一度遭遇政治上的逆境,他在即将下野之际,面见邓小平时问邓小平"三落三起",终能重返政坛的秘诀是什么？邓小平用"忍耐"两个字回答了他。

作为党和国家领导人，邓小平的语言力量还来自对人民群众关切和诉求的深刻把握。比如提到现代化建设目标，以往使用的大多是较为概念化的词语。而邓小平对此的解释则通俗易懂：小康社会。

这个概念是邓小平在1979年会见当时的日本首相大平正芳时第一次提出的。后来邓小平又多次对"小康"的概念作了

1979年12月6日，邓小平会见日本首相大平正芳

1986年6月18日，邓小平会见来自美国、加拿大、澳大利亚以及港澳等国家和地区的荣氏亲属回国观光团部分成员及内地的荣氏亲属

阐释。"小康"一词的引入,具体而形象地将中国人千百年以来的理想生活与每个现代中国人的现实生活紧密地结合在了一起。

至于什么是小康社会?邓小平在1986年会见荣氏亲属回国观光团时形象地将其概括为:"虽不富裕,但日子好过"。这种形象化的语言具体生动,使得百姓对于现代化建设的目标一下子有了更清晰的认识,使得宏大的国家建设目标一下子成了亿万人可以企及的梦想。正是邓小平简洁朴实的语言使得广大人民群众通过最通俗易懂的语言领悟到诸多高深理论问题的实质。

邓小平语言中的这种深刻性,源自他长期的革命经历和领导工作实践,源自于他深厚的马克思主义理论品质和素养。

言为心声,文如其人,求真务实的品格风范是邓小平朴实语言的基础。"空谈误国,实干兴邦",广大党员干部应在平时工作中注重积累学习,勤于思考,少说空话,多干实事,形成务实的工作作风。

(文/叶帆子)

读书趣闻

中国共产党的历代领袖都是读书学习的楷模,邓小平曾经说过:"我读的书并不多",这是自谦,其实邓小平一生酷爱读书,并且博览群书。

读得最透的是马列主义的书籍

邓小平读书有个特点,就是从不做读书笔记,很少评点所读的作品。邓朴方说:父亲看书"从来不在上面写字,连个道都不画,熟记在心,融会贯通。不是那种记啊画啊的人,一切都是在脑子里,一种精神的领悟。他也没有记日记的习惯"。

邓小平喜欢读什么样的书呢?有人会说金庸的武侠小说。邓小平读武侠只是偶尔作为消遣,放松紧张工作的大脑。实际上,他真正是博览群书。他生前用过的书房有四十多平方米,大半个屋子的书都是他曾经阅读过的,天文地理,古今中外,无所不包。其中看得最多、功夫下得最大、学得最透的,是马列主义的书籍。

作为无产阶级革命家,邓小平一直坚持学习和研究马列主义的理论著作。早年留学法国,邓小平从做工期间开始接

邓小平博览群书。他阅读兴趣广泛，连武侠小说也有所涉猎。坐在书房里，手执一卷武侠小说，不经意的浏览消遣中，实现着一位革命老人退休以后"过一个真正的平民生活"的愿望

1920年8月，上海共产党组织以"社会主义研究社"名义出版了《共产党宣言》第一个中文全译本。该书由陈望道翻译，陈独秀、李汉俊校译。图为中国早期流传最广、影响了一代革命者的马克思主义著作

触马克思主义的书籍，读了《新青年》《社会主义讨论集》和《共产党宣言》《共产主义ABC》等，这些书籍是邓小平的"入门老师"，帮助他树立了共产主义的理想信念。

1926年邓小平到苏联莫斯科，先后在培养革命干部的莫斯科东方大学和中山大学学习，此时邓小平立志："我能留俄一天，我便要努力研究一天，务使自己对于共产主义有一个相当的认识。"他积极投入紧张的学习中，学习的课程涉及马克思主义理论的方方面面，包括哲学（辩证唯物主义与历史唯物主义）、政治经济学（以《资本论》为主）、列宁主义、中国革命运动史、世界通史（革命运动部分）、社会发展史、俄国革命的理论与实践、民族与殖民地问题、经济地理，等等。此外，邓小平每天还专门安排时间，阅读和讨论党团出版物。他填写的自己看过的书籍有《共产党宣言》《建国方略》《民族主义》《民权主义》《孙中山先生演讲录》《国民

党演讲集》二集、《陈独秀先生演讲录》，报刊有《新建设》《新青年》《向导》《前进》《中国青年》《广州民国日报》等。短短一年的学习时光，邓小平认真系统地钻研了马列主义的基本理论，打下了坚实的理论基础。

后来邓小平一直坚持学习马列主义思想，无论是革命、建设时期，还是改革年代，不管多么紧张繁忙，他都抓紧点滴时间读书学习。"文革"期间，邓小平被下放到江西。这段艰难的岁月，恰恰是充裕安静的读书岁月，邓小平读了大量的马列著作和毛泽东思想著作，除了到工厂做工就是读书，每日都读至深夜，他边读书边思考，不断地思索"什么是社会主义，怎样建设社会主义"的问题。这对他来说意义非凡。在第三次复出后，邓小平义无反顾引领中国开创出了一条中国特色社会主义新路。

除了理论著作，邓小平对中国古典史书情有独钟。在历史古籍中，他最喜欢读的是《资治通鉴》，家里买了两套《资治通鉴》，邓小平反复看，不知道看过多少遍。他还通读二十四史，喜欢其中的《前唐书》和《后汉书》，还特别爱看《三国志》。碰到不熟悉的字他就随手翻查《康熙字典》和《辞海》，这两本字典的硬纸壳封面都磨得破损不全了。

邓小平还喜欢看外国人物传记，尤其是政治人物的传记看得多，主要是跟"二战"、跟他自己的军事生涯有关的，比如苏联著名军事家朱可夫的回忆录等。邓小平早年在莫斯科中山大学留学期间上过军事课程，在苏联名将的指导下学习军事理论，读过不少军事类著作。

邓小平不爱看什么样的书呢？他曾坦言，自己对那些

"将军楼"中邓小平的书房

"八股调太重,没有新鲜的思想"的东西很反感。1977年,英国作家兼电影制作者费里克斯·格林对中国对外宣传颇有看法,建议改掉八股调很重的毛病,邓小平很赞同,多次对人说,"我就不愿意看那些八股调。"邓小平批评那些"样板"类的读物,1978年8月19日,他和黄镇、刘复之等谈话,说:"我这里摆了一些'文化大革命'以来出的小说,干巴巴的读不下去,写作水平不行,思想艺术水平谈不上,看了开头就知道结尾。电影也是这样,题材单调,像这样的电影我就不看,这种电影看了使人讨厌。"邓小平看的书和他的思想一样,是新鲜活泼的,言之有物的。

博闻强识,偶露峥嵘

邓小平讲话风格生动平实,很少引经据典,但读过的书也会在他平时的言行中偶露"峥嵘"。

1949年渡江战役胜利后,4月23日,南京解放了,他和

1986年10月,邓小平会见来访的冰岛总理赫尔曼松

陈毅等人在安徽蚌埠的总前委驻地饮酒庆祝，之后大家沿着田埂散步。看着眼前的青山碧水，联想到南京解放的喜悦，邓小平现场吟诵起了唐代诗人孟浩然的《过故人庄》："故人具鸡黍，邀我至田家。绿树村边合，青山郭外斜。开轩面场圃，把酒话桑麻。待到重阳日，还来就菊花。"斯景斯情，浑然一体。陈毅听后哈哈大笑，当即诗兴大发，作诗一首："旌旗南指大江边，不尽洪流涌上天。南下金陵澄六合，万方争颂换人间。"两人的唱和成为一段佳话。

邓小平对外国名著也信手拈来。1986年10月28日，邓小平会见来访的冰岛总理斯坦格里米尔·赫尔曼松。会谈中，邓小平说起自己早年看过的一本书，他说："欧洲一个著名的文学家写了一部小说叫《冰岛渔夫》，我在二十年代时就看过，了解到冰岛人民当时的生活条件相当艰苦。"随后他感叹："现在你们干得很好，发达起来了。"《冰岛渔夫》只是一部篇幅不长的小说，描写了世代打鱼的渔民，每年要在冰岛海面度过漫长的时间，经常葬身海底的悲惨命运。邓小平的博闻强识让客人很是吃惊和佩服，这完全来自他孜孜不倦的读书生涯。

化典为教

邓小平遨游于史学典籍的浩瀚大海，经常用历史的经验教训教育干部和群众。

主政西南期间，邓小平用三国时期诸葛亮入滇治疟的范例鼓励下属做好抗疟工作。1952年，邓小平听说云南德宏抗疟力量不足，药品缺乏，决定派余秋里率抗疟队到德宏帮助工

为谭启龙题词"人间重晚晴"(一九八六年五月十三日)

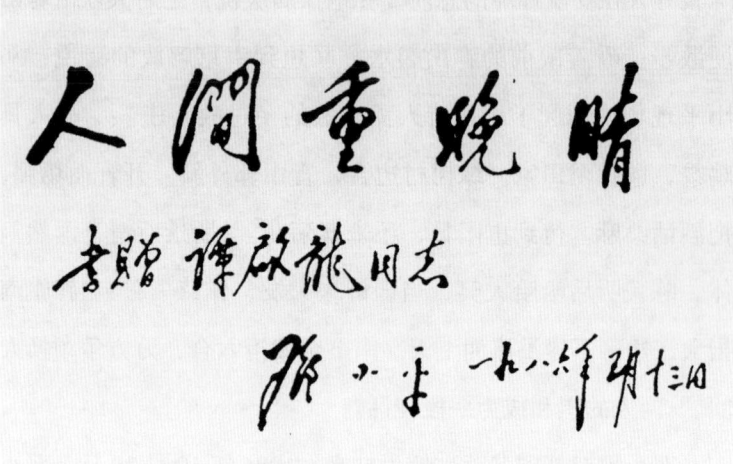

作。抗疟队临行前,邓小平亲自找余秋里谈话,他说:"云南历史上是有名的'瘴疠'之区,早在三国时,诸葛亮率兵南征,就有'士卒感染瘴疠,祭泸水以消患'的记载。"他要求抗疟队"态度要坚决,措施要得力,军民配合,群防群治"。抗疟队后来成功地完成了任务,帮助当地民众战胜了疾病,稳定了社会秩序。而邓小平引用的诸葛亮治疟的史实,记载于《太平寰宇记》等。《太平寰宇记》是北宋时期的一部地理总志,涵盖历史人文、自然地理等丰富的内容。

邓小平的题词偶尔也会用写意的古诗词。1986年,邓小平给告老还乡的谭启龙题词,手书"人间重晚晴"赠送老部下,化用李商隐《晚晴》中"天意怜幽草,人间重晚晴"的语义。这五个字既包含对谭启龙的赞赏鼓励,又非常吻合他一生的经历。

邓小平也善于引用古代思想家的格言警句。"先天下之忧而忧,后天下之乐而乐"是范仲淹《岳阳楼记》中广为流传的

邓小平多次视察兰州。图为1964年，邓小平视察兰州炼油厂

名言，邓小平用这句话教育青年要有高尚的理想和为理想艰苦奋斗的意志。1957年3月，邓小平到兰州考察，有人反映："学生抱怨住宿分配不公平，有的住好房子，有的住坏房子。"邓小平听了以后马上说："尽管房子盖得有好有坏，但分配房子时，党员学生应该住坏的，其次就是团员。党团员应该首先吃亏，带头做傻瓜。有觉悟的青年应该做傻瓜。"他还说："今天建设社会主义，同样需要'先天下之忧而忧，后天下之乐而乐'的傻瓜。"邓小平的话给在场的人留下了深刻的印象。

（文／王达阳）

体育情缘

在老一辈无产阶级革命家中，邓小平一生酷爱体育运动。1991年7月1日，邓小平在谈自己的养生之道时说："我今天的思维还不算老化，主要还是靠日常的运动，如散步、打拳、游泳等；对问题、对事物多抱以坦然乐观的心情；生活正常，调理得当；读书、看报、打桥牌、看足球、逗小孩。"邓小平长期坚持从事体育锻炼，对足球、体操、游泳等各种体育运动兴趣浓厚，同时他关心中国体育运动事业，推动了中国体育运动尤其是奥林匹克运动的发展。

1952年8月，人民解放军建军二十五周年，全军体育运动大会在北京举行。邓小平（左）和朱德（右）、贺龙（中）在主席台上

资深足球迷

邓小平是资深的足球迷,早在少年时期,他就喜欢上了足球。1924年,第八届奥运会在法国巴黎举行。当时,邓小平正在法国勤工俭学,苦于没钱买票观看奥运会足球比赛。后来,他把外衣送进当铺,用当来的钱买门票,看了一场精彩的足球赛。

1952年7月,邓小平调中央工作后,经常去北京先农坛体育场观看足球比赛。当时足球比赛少,邓小平连教学比赛也不放过。他常常一个人坐在场边,专心致志地看球赛。

据原国家体委主任李梦华回忆:"其中印象最深的一次是,先农坛外场有一场少年足球比赛,邓小平同志前去观看。外场

上:邓小平、陈毅、贺龙都是足球球迷。1961年五一国际劳动节,他们满怀兴趣地观看足球赛

下:1977年7月30日,北京国际足球友好邀请赛在北京工人体育场闭幕,邓小平出席了闭幕式并观看了比赛。这是邓小平复出后第一次在公众场合露面,受到全场观众长时间的热烈鼓掌欢迎

是土场，没有看台，就临时搭了一个看台，邓小平同志就座在简易的临时看台上，就着被踢起来的尘土看了一场娃娃足球赛。"

1959年，邓小平因腿骨骨折住进了医院，当时正逢一场重要的足球对抗赛。他不愿错过机会，于是在病床上吊着腿，坚持看完了整场比赛的电视实况转播。

1977年7月，北京举办了由十个国家和地区十二支球队参加的"长城杯"足球邀请赛。这是"文革"后我国首次举办的国际足球比赛，中国青年队和中国香港队闯入决赛。

7月30日，邓小平携家人来到北京工人体育场看台上观看决赛。看台上的观众发现了邓小平，"邓小平来了"的消息很快传开，全场顿时一片欢腾。邓小平微笑着不停地向大家挥手致意，这是邓小平第三次复出后的首次公开亮相。

1978年1月，邓小平出访缅甸，饶有兴致地观看体育表演

1980年，邓小平和徐向前、聂荣臻在北京工人体育馆观看球赛

1990年，邓小平在家中观看足球比赛电视实况转播

1990年意大利世界杯足球赛时，邓小平已经是八十六岁高龄的老人了。中央电视台直播了比赛，邓小平天天看，几乎一场也没落下。警卫秘书张宝忠回忆说："白天能看的他看，晚上看不了的，他让我给他录下来。而且录下来以后，还不让我告诉他结果，真可谓过足了瘾。"

1994年美国世界杯足球赛时，邓小平已经九十岁了。电视实况转播在深夜进行,他让工作人员录下比赛,白天再看。他特意嘱咐子女,不要告诉他比分,使他能带着悬念看。

邓小平的女儿邓林回忆说:他爱看世界杯足球赛或我国女排比赛的电视转播,而且观看时有如亲临现场一样紧张、激动;倘若中国队赢了,他就不仅自己高兴得鼓掌,而且还要家人一起喝彩。

"体育是精神文明建设的重要方面"

邓小平十分关心广大人民群众的体育活动,尤其关心青少年儿童。他为《中国少年报》和《辅导员》杂志题词:"希望全国的小朋友,立志做有理想、有道德、有知识、有体力的人,立志为人民做贡献,为人类做贡献。"在这"四有"中,他把"有体力"作为为人民、为人类贡献的基础。他曾经多次告诫国家体委的领导同志:"就是要加强学校的体育嘛!要把学校

读报。读报是邓小平每日必修的功课。对体育新闻,他也有极大的兴趣。北京家中,1987年4月,83岁

的体育工作搞好。"

在新中国创立初期,各项事业百废待兴之时,邓小平就积极提倡和指导创建各级体育运动委员会和体育学院,批准扩大优秀运动员队伍和举行全国运动会,筹划兴建体育设施,经常亲临现场观看体育比赛,并为获胜者发奖。

1954年国家体委在酝酿机关编制时,拟成立一个群众体育处,隶属办公厅,并呈报时任副总理的邓小平审批。邓小平阅后指示说:不行,不能是处,要成立司。根据他的指示,国家体委才成立了群众体育司。

他在会见外国友人时这样介绍新中国的体育事业:"过去西方有人称中国是'东亚病夫'。中国的体育过去很差,是在中华人民共和国建立以后才开始的。毛主席发出了'发展体育运动,增强人民体质'的号召,也可以说是个群众运动,体育是个群众性的东西。"

1979年9月30日,邓小平出席第四届全国运动会闭幕式并为乒乓球运动员颁奖

1974年8月8日，邓小平在接见我国参加亚运会的队伍时强调："毛主席向来主张，体育方面主要是群众运动，就叫'发展体育运动，增强人民体质'，就是群众性问题。当然，这就是广泛的群众体育运动。体委应该主要在这方面搞好。"

改革开放以后，邓小平曾多次指示要加强体育工作。1982年4月，邓小平高瞻远瞩地提出了"体育是精神文明建设的重要方面"，是全面提高中华民族素质的一个重要途径。在1984年洛杉矶奥运会举办期间，邓小平在与几位中央领导同志谈话时指出："体育运动搞得好不好，影响太大了，是一个国家经济、文明的表现。它鼓舞了这么多人，吸引了这么多观众、听众，要把体育搞起来。"

"中国应该办奥运会"

在改革开放新时期，在中央领导人中，邓小平第一个提出在中国举办奥运会。1979年2月26日，邓小平在会见日本

1984年10月1日，邓小平在天安门城楼上会见前来参加国庆观礼的国际奥林匹克委员会主席萨马兰奇和夫人

共同通讯社社长渡边孟次时，阐述了中国在十年之内举办奥运会的设想。他说："奥运会四年一次，1984年和1988年都要举行。1984年不一定行，但到1988年时，也许我们可以承担在中国举办奥运会。1984年办奥运条件困难一点，1988年条件就成熟了。"此后，邓小平在会见外宾时，多次提到了中国要办奥运会的想法。但由于种种因素的限制，中国在二十世纪八十年代举办奥运会的条件尚不成熟。

奥运会是衡量举办国经济、文化发展水平的一个标志，没有一定的经济实力和文化水平，申办奥运会是不可能成功的。为了给申办奥运会做准备，在邓小平的支持下，中国成功申办了1990年亚运会。邓小平对亚运会特别关注，他于1989年4月亲自到亚运工地参加义务植树，并视察了亚运工程。

1990年，由北京承办的第11届亚运会成功举办。这是新中国成立后第一次承办的大型洲际运动会，邓小平十分关心这一盛会，他把一顶印有中国国旗和奥运五环标志的帽子戴在头上。

亚运会的帽子。1990年，亚运会在北京召开，邓小平十分关心这一体育盛会。别人送给他一顶亚运会的帽子，印有中国国旗和奥运五环标志，这顶帽子他戴了很久。北京中南海。1990年4月，已85岁

1990年7月3日，邓小平视察北京亚运会体育场馆建设时赞誉说：中国的月亮也是圆的

邓小平原身边工作人员回忆说："奥运会、亚运会的体育比赛，小平看的时候爱给运动员打分，他给我们国家小运动员打的分都偏高。他很喜欢看我国年轻的体操运动员比赛。喜欢他们，是希望他们出好成绩。小运动员有的时候落地没站稳，小平会说：'挺稳的，挺稳的。'"

曾有一段时间，中国乒乓球队走下坡路，邓小平也很着急，便开玩笑似的埋怨家人："中国乒乓球打不赢，就是因为你们不看。"

1990年5月，邓小平亲笔题写了"国家奥林匹克体育中心"的馆名。同年7月3日，邓小平来到刚落成的国家奥林匹克体育中心视察。时任国家体委主任的伍绍祖向邓小平汇报了亚运会的筹备情况。邓小平想得更远一些，没有谈亚运会，却关切地问起另一个问题："中国办奥运会下决心了没有？为什么不敢干这件事呢？建设了这样的体育设施，如果不办奥运会，就等于浪费了一半。"

后来江泽民等中央领导听到邓小平的讲话精神，都赞同邓小平的意见。1990年底，中共中央、国务院同意由北京申办2000年奥运会。伍绍祖后来回忆说："我知道，小平同志早在七十年代就表示过，中国应该办奥运会。但在亚运会还没有办完的情况下，是否申办奥运会，有些同志还有疑虑。由于小平同志的过问，促成了申办奥运会的决策。事后证明，申办奥运会是深得全国人民拥护的，群众热情很高，尽管申办之路出现过挫折。"

1993年9月23日，北京以两票之差与2000年奥运会失之交臂。申奥代表团回来几天之后，伍绍祖参加国庆节的一个活

2001年7月13日，在国际奥委会第112次全会上，国际奥委会投票选定北京获得2008年奥运会主办权。图为在莫斯科的中国申奥代表团在北京申奥成功后欢呼雀跃

2001年7月13日晚，北京世纪坛灯火通明，旗帜飘扬，人们为北京申办2008年奥运会成功而欢呼

动。邓小平一见到他就关心地询问北京申办奥运会的事情。伍绍祖向邓小平简要介绍了蒙特卡洛最后投票的情况，说："国外有人捣鬼。"邓小平沉默片刻，以慈祥平静的口气勉励他们说："申办不成，没有关系，总结经验。"略作停顿，邓小平又说，当他得知北京申奥失利的消息后，第一反应也是有人捣鬼。他告诫伍绍祖说："西方什么允诺都靠不住，这个道理要管好多年，不要轻易相信许诺，没有拿到的就不要信。"

10月31日，邓小平在北京市副市长张百发的陪同下乘车考察北京城。谈话间,邓小平又问到申办奥运会的事情。在车上,邓小平向张百发提起了奥运会。张百发简要地介绍了最后投票的情况。当讲到主要是西方一些国家反对时,邓小平说:"这是意料之中的事情,关键还是把我们自己的事情办好。"在场作陪的邓小平的家人说:"投票那天,老人家还想坚持看电视实况转播呢,我们考虑他这么大年龄,身体要紧,就动员他去睡觉。可是,早晨一起来,他第一句话就问投票结果怎么样。"

五年后,1998年11月,经中央批准,北京宣布申办2008年奥运会。2001年7月13日,国际奥委会第112次全会宣布:北京获得第29届2008年奥运会主办权。

(文/孔昕)

酷爱打桥牌

桥牌是一项高级扑克游戏，现在已经成为风靡世界的体育运动。邓小平非常喜爱打桥牌，尤其是在晚年，他把打桥牌当成向自己的智力、体力挑战的手段。

把打桥牌视为健脑健身的一项重要活动

1952年，当时担任中共中央西南局第一书记的邓小平，在四川内江遇到一位朋友教会了他打桥牌。桥牌运动依靠严密推理、精确计算、正确判断制胜，既能锻炼智力又能考验耐心，这些特点引起了邓小平的浓厚兴趣，从此打桥牌成了他工作之余的爱好之一。他曾说，只有打桥牌他的大脑才能真正得到休息，不去想别的事情。

邓小平打桥牌时话并不多，总是全神贯注，偶尔会点支香烟舒缓一下心绪。虽然邓小平也会在激战中冒出几句幽默的话语，但却从不涉及国家政事。邓小平曾说："唯独打桥牌，我才什么都不想，专注在牌上，头脑能充分休息。"这个静中有动、动中有静的牌局，让邓小平从千头万绪的工作事务中暂时脱离出来，得到了片刻的惬意。

晚年邓小平更是把打桥牌视为健脑健身的一项重要活动。

邓小平酷爱打桥牌，他思维敏捷，叫牌果断，攻守自如，堪称高手

作为党的第二代领导核心、中国改革开放和现代化建设的总设计师，邓小平的工作异常忙碌，为国家大计日夜操劳。但举重若轻的他，总不忘忙里偷闲，给自己的业余爱好留一点时间。

1984年初，邓小平视察粤闽两省经济特区，特地叫上了时任中共中央委员、全国人大常委会秘书长的王汉斌。在视察特区的日子里，王汉斌感到邓小平精力充沛，思维敏捷，走路风风火火。他日程安排得紧凑，几乎每天都要外出参观视察，脑子里想的都是国家大事，只在晚上打桥牌时，才可以休息一下，神经得到充分的调剂。

邓小平在谈论桥牌时曾说：打桥牌可以促进身体健康，对大脑思维也有好处，是对紧张工作的很好调剂。夫人卓琳也积极支持邓小平打桥牌。她说："小平同志只有打桥牌时才能得到真正的休息，因为他看电影、看书时都不免想到工作。"

遵守桥牌规矩

邓小平桥牌水平很高，他的牌守得紧、攻得狠、叫得准、打得稳、思维敏捷，计算准确。洗牌、发牌、叫牌、打牌、计分，每一步都特别认真，处理得果断、迅速。当牌面情况不明朗或有问题的时候，他会细心地推敲总结，得出结论。

邓小平打牌平易近人，从不摆架子。牌友王大明和王汉斌回忆邓小平打牌时，都谈到他总按约定时间到场，从不耽误一分钟，因此其他牌友也不敢有所差池，准点到场开局。桥牌是一种智力的竞赛，如果互相说话或让着谁，自然没有乐趣可言。邓小平打牌十分认真，讲究输赢，甚至当自己出错牌时，他也乐于接受他人的批评和意见。所以同邓小平打牌是一件愉快的事情，因为邓小平遵守桥牌规矩。

1986年9月，邓小平同围棋国手聂卫平在桥牌桌上较量

正因为打桥牌"认真、规矩"，从同事到职业高手，邓小平结识了许多牌友。用他自己的话说就是："打牌要和高手打，输了也有味道。"

美籍华人"桥牌皇后"杨小燕应邀担任上海桥牌协会顾问，1981年曾到北京访问。在那次访问中，邓小平在人民大会堂与杨小燕打桥牌，从晚上八点一直打到深夜一点，连续四五个小时对阵。邓小平谈笑风生，不但毫无倦意，而且至局终时仍然神采奕奕。邓小平对杨小燕说："我是用游泳锻炼身体，用桥牌来训练脑筋。"邓小平对杨小燕和她的丈夫创造的"精确叫牌制"很熟悉。

邓小平的牌风给她留下了难忘的印象。杨小燕后来回忆说："在中国领导人中，数邓小平先生打牌最认真。我跟他一共打过四次牌。邓先生打牌思路清晰，牌风稳健，显示出充沛的精力和过人的智慧，这在近八十岁的老人中，是十分令人吃惊的。邓先生牌品极好。和他打牌，你会觉得他像个祖父一样。"

"棋圣"聂卫平也是邓小平的牌友。聂卫平曾回忆说："做他的对手，想赢他，实在是很困难的，也可以说，你根本打不过他；做他的搭档时，我总是要尽量表现得'好一些'，也就是要想办法把胜负感调节得好一些。记得有一次，我和老爷子搭档，对手是万里和原友谊医院院长诸寿和。那次他们输得特别惨。我实在是不忍心了，就故意'放了点水'，也就是现在人们常说的'假球'。有一副牌我宕了六个，六个是宕得太多了。当时老爷子指着我，对别人说：'他创了世界纪录了。'事后，老爷子有一次见到我爱人，又专门对她说：'聂卫平的围棋是九段，桥牌可不是九段。'"聂卫平还说："在牌桌上，老爷子平易近人，和他打牌一点儿也不紧张。既然是比赛，总会有输赢，老爷子当然力争取胜，但输了就输了，谁也不让着他。有时候他出错了牌，别人不客气地批评：你的牌出错了。他会虚心地听取。要是我出错了牌，他也会毫不客气地'指责'。"

从二十世纪八十年代后期起，邓小平经常以牌会友，切磋牌技，还常组队参加一些友谊赛。1991年，中国女队在日本横滨举行的"威尼斯杯"世界桥牌锦标赛中荣获第三名。回国后，邓小平高兴地在人民大会堂接见了全体队员，勉励她们勤学苦练，继续提高桥牌技术，争取更优异的成绩。

推动中国桥牌运动

邓小平是中国桥牌运动的推动者。1978年7月，北京市的桥牌名将周家骝、裘宗沪和郑雪来联名给邓小平写信，希望在中国开展桥牌运动。邓小平于10月12日批示："请体委考虑。"

之后，桥牌运动才在中国重新开展起来。1979年初，国

1989年1月,上海,85岁的邓小平在打桥牌

家体委开始举办桥牌比赛。1980年,中国桥牌协会成立,并加入了世界桥牌联合会。随着体育改革的不断深化,国家体委还于1994年组建了桥牌运动管理中心,并赋予其对桥牌运动项目的全面管理职能。在短短的十几年时间里,桥牌运动在中国大地蓬蓬勃勃地开展起来,迎来了从普及到提高并全面发展的新时期。

自1984年起,中国桥牌协会举办的历届"运筹与健康杯"桥牌比赛,邓小平只要有空就积极参加。他把比赛的牌手视为朋友,从不以领导人自居,也不要别人照顾或谦让。他在比赛中表现出的出色技巧、超人智慧、平易近人的风范,连同他极有个性魅力的音容笑貌,都铭记在了人们心中。当年中国桥协本来想让邓小平担任名誉主席,他却一定要万里来担任。此后,中国桥协无论遇到什么情况和问题,就向邓小平亲自指定的名誉主席万里请示，每次都会得到圆满的解决。直到1988年7月，邓小平才接受中国桥牌协会的正式聘请，担任中国桥协荣誉主席。

邓小平为中国桥牌事业的发展所起的作用举世公认，也得到了世界桥牌联合会的一再嘉奖。

1981年12月，国际桥牌新闻（记者）协会授予邓小平最高荣誉"高伦奖"。1982年，世界桥联主席帕蒂诺率世界冠军队访华时，慕名想和邓小平较量一场。中国桥牌协会报告邓小平后，邓小平欣然满足了他的这一请求。帕蒂诺回国前问中国

1992年1月2日，邓小平被授予"桥牌大师"

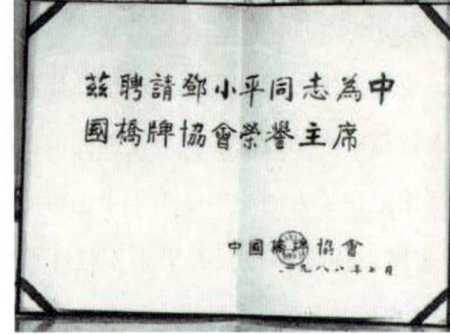

左：1988年，中国桥牌协会颁发给邓小平的荣誉主席聘书

右：1993年，世界桥牌协会颁发给邓小平的荣誉金奖证书

酷爱打桥牌

晚年的邓小平被授予"中国桥牌荣誉特级大师称号"

桥协秘书长李威:"我和邓小平先生打桥牌的事,可不可以向国际桥牌界公布?"得到"完全可以"的回答后,帕蒂诺激动地对世界冠军队说:"请大家注意,我和邓小平先生打桥牌的消息可以向全世界公布。"顿时,大家热烈鼓掌。帕蒂诺临上飞机前,又情真意切地对送行的中国桥协官员说:"我为你们高兴。邓先生很关心中国的桥牌运动。"

1988年10月,世界桥联在意大利召开的执委会上决定:授予邓小平世界桥联荣誉金奖。此项金奖不能有两个人同时拥有。颁奖仪式于1989年2月26日在北京人民大会堂举行。帕蒂诺的继任者丹尼斯·霍华德亲自赶到北京。他在颁奖仪式上说:"对世界桥联来说,今天是一个不平凡的日子,因为我们为一位伟大的人物颁发了勋章。当世界桥联得知邓小平先生愉快地接受此荣誉金奖时,我们感到十分荣幸和自豪。"

1993年6月,世界桥联主席鲍比·沃尔夫向中国桥牌协会荣誉主席邓小平颁发"主席最高荣誉奖",以感谢他多年来为中国及世界桥牌运动所作出的巨大贡献。

在不到二十年时间里,中国的桥牌运动蓬勃发展,如今已是亚洲的第一桥牌强国,并且在世界桥坛上享有很高的地位。

1997年邓小平逝世后,世界桥联主席乔斯·达米亚尼专门发来唁电,其中说:"邓先生是著名的桥牌爱好者。桥牌界能拥有他这样的朋友,我们感到非常骄傲。在此,我谨代表世界桥联及世界桥牌界致以诚挚的悼念。"

改革开放后,桥牌这项运动在中国得到了普及和发展,中国而今已是亚洲的第一桥牌强国,并且在世界桥坛上享有很高的地位。用牌友王汉斌的话来说:小平同志功不可没。

(文/孔昕)

家乡情

邓小平 1904 年出生于四川省广安县,在十六岁那年,他为了追寻理想,远渡重洋,作别家乡。这一走,就再也没有回来过。很多人对此有不同的猜测,但邓小平从来没有解释过。难道离开家乡这么多年,邓小平对家乡一点惦念都没有吗?似乎也并非如此。

1904 年 8 月 22 日,邓小平出生在四川省广安县协兴乡(今广安市协兴镇)牌坊村。图为广安邓小平故居

一定要把广安建设好

1976年,粉碎"四人帮"后,邓小平第三次复出工作。一时间,国内外各项政务千头万绪,都堆积在他的面前。但即使如此,他仍然惦念着家乡的发展。

1978年2月2日,邓小平在四川考察期间,特意在成都金牛宾馆接见了来自家乡广安的代表。一见面,邓小平就和蔼地向大家问好,并与每一位同志握了手,招呼大家随便坐。没寒暄几句,邓小平就迫不及待地询问起了来自家乡的干部:"广安今年情况怎么样?前几年有点差哟!这一年翻了点。我在报上已经看到了。"

1986年,邓小平在成都金牛宾馆接见家乡广安的党政负责同志

听到邓小平一口亲切的乡音,干部们一下子放松了下来,于是汇报道:"广安1976年粮食产量是二百八十八斤一亩,到了1977年就增产到三百七十七斤一亩。"

听说了家乡的产粮情况,邓小平皱起了眉头:"怎么才这些",一向"善于算账"的他立刻就掰起指头给大家算了起来:"三七二十一,七七四十九。才二百五六十斤的,一年三百六十天二百多斤,口粮不多,过不了关。"干部们听了这话,赶紧表态,说广安县委定了计划争取1978年粮食要亩产八百斤。邓小平则摇了摇头:"你们广安啊,过去是六十多万人口。"

听到这里,对县里情况了如指掌的干部们脱口而出:"是八十多万人口。"结果,邓小平却斩钉截铁地说:"不是,我说的是我离开的时候,是六十万。"谁也没有料到,此时距离邓小平离开广安已经过去了五十八年,但家乡的人口他却依旧记得很清楚。

邓小平接着说道:"你们是人多土少,粮食亩产八百斤不够用,要亩产千斤,力争一千五百斤。交集体五百

二十世纪七十年代的广安县城

1984年，邓小平为凉滩电站题名

斤，分粮一千斤，除了口粮外还可以养猪、喂鸡，力争亩产一千五百斤。"

说完粮食问题，邓小平又交代要搞好农村基本建设，围绕着广安为核心，把农业搞上去："水利基本建设，要多少年不间断地搞才行，过去多少年没搞了，耽搁了。农业生产怎样，要看政策对不对，还要看基本建设搞得好不好，过不过得硬。"

在了解了家乡各项生产发展的大致情况后，邓小平最后对家乡的干部们交代："别的也就没有什么，见一见嘛。你们回去带给县委，要尽快把农业搞上去，要早点建成大寨县。"

离家虽久，但邓小平始终惦记着家乡的发展。当广安人民在县城的萃屏山上建起了公园，在渠江之滨的凉滩建起了电站之时，邓小平应广安县委之请，分别于1982年12月25日、1984年8月30日，欣然题写了"萃屏公园"和"凉滩电站"。以此鼓励家乡父老要把家乡建设好。

川味不改，川音不变

邓小平在关系到家乡建设的大事上劳心劳力，在几十年走南闯北的革命生涯和细碎普通的日常生活中，家乡的痕迹其实无处不在。

邓小平宴请日本首相大平正芳

原中央局宣传部部长刘英曾和邓小平一起走过长征。据她回忆，长征时候的环境艰苦，没有东西吃，大家经常凑在一起精神会餐，聊好吃的，讨论什么地方的东西最好吃。每到这个时候邓小平就会坚持说四川菜最好吃。

据邓小平的厨师刘兆水介绍，邓小平平时最喜欢的就是四川菜，总爱吃带点辣椒的菜。四川回锅肉、米粉蒸肉、麻婆豆腐，都是邓小平喜爱的川菜。

在家喜欢吃川菜，出门也不例外。当邓小平出国访问的时候，他也会随身携带自己的"秘密武器"。据曾担任邓小平翻译的施燕华回忆，在邓小平去新加坡访问时，有一天中午没有官方宴请，她就和邓小平、卓琳一起吃饭。还没开饭，邓小平就让警卫就把他从国内带来的朝天椒拿了出来。邓小平就着辣椒吃着白饭，吃得有滋有味，还邀请施燕华一起吃。结果施燕华吃了一口就呛住了，连忙摆手说："不行不行。"邓小平则开玩笑地说："要吃啊，不辣不革命！"

1989年2月26日,邓小平在北京宴请美国总统乔治·布什

当然,不只有川菜代表着家乡的味道,广安特产的白市柚也是邓小平的最爱。为了白市柚,邓小平和女儿邓楠还曾经发生过一场争论。在邓楠看来,广东出产的沙田柚糖分足,口感更好。可邓小平却认为沙田柚比不上家乡的白市柚,水分充足,还略带点苦味和麻味,怎么吃也吃不腻。因为知道邓小平喜爱吃家乡的白市柚,到柚子收获的时节,家乡就会顺便捎一点到北京。每次收到柚子,邓小平都一定要嘱咐工作人员把钱寄回家乡。

除了爱吃家乡的食物,地道的家乡话更是伴随了邓小平终身。虽然十六岁就离开了家乡,但邓小平一辈子都仍然带着浓浓的四川口音。

好在邓小平的"川普"并不算难懂,在出席外事活动时很少会难倒翻译,但偶尔也有例外。据施燕华回忆,曾经有一次在邓小平与美国客人会谈时提及了美国的中东政策,邓小平就说道:"你们美国人就是驴驹子推磨。"这句话一下子把施燕

华给难住了,驴驹子推磨是什么意思?结果幸好旁边有一个工作人员明白,就立刻解释给施燕华听。原来这句四川话指的是小驴子蒙上眼睛推磨,老是在原地转的意思。邓小平在这里则是想说美国人的中东政策总是在原地转来转去,事实上什么事也没有做出来。

爱看川剧

邓小平爱好广泛,京剧、芭蕾、歌剧,等等,他都爱看,但带有家乡味道的川剧则是他多年的爱好。

说起川剧,在邓小平解放大西南的时候还发生过一件趣事。1949年重庆解放以后,为了使部队战士对巴蜀文化有一个初步的了解,邓小平专门组织进川的部队看了一场川剧。谁知演员们刚开腔,许多战士便哄堂大笑。原来,二野的绝大多数战士都是北方人,从没听过川剧。所以当他们第一次听到川

1984年11月1日,邓小平与聂荣臻亲切会见来自家乡的川剧演员

邓小平在成都金牛宾馆接见四川省川剧院部分演员

剧的锣鼓和梆腔时，只是觉得奇怪可笑，甚至有的人在演出结束前就开始离场。结果邓小平和贺龙同志就下了命令关闭剧场大门，并给在场的战士们规定了三条看川剧时的礼仪：第一，要坚持把川剧看完；第二，听到川剧的梆腔再不习惯都不要发笑，不要随便议论；第三，看完之后要热烈鼓掌。当然，随着对川剧的逐步了解，后来二野的战士们也都慢慢地喜欢上了川剧。

在邓小平看来，川剧属于文化底蕴很深的戏种。他曾说过，因为川剧的戏词大多是文言文的，所以看川剧的一些剧目时，文化程度低了，还不大容易看懂。早年间，只要川剧进京，同为四川人的邓小平、朱德和陈毅同志都必定要相约去看。

邓小平1978年的成都之行也少不了看川剧。从1月31日到 2 月 2 日，连续三天时间，邓小平白天视察工作，晚上便兴致勃勃地观看川剧演出。

演出的第一天，众多知名川剧演员纷纷登台演出，这让对川剧名角如数家珍的邓小平看得十分尽兴。演出结束后，他高兴地登台与演员们握手致谢，这时，邓小平突然发现著名的川剧演员大青衣杨淑英没有到场。于是他询问起当地工作人员杨淑英为什么没来，工作人员则回复说是因为杨淑英生病了。

"生病了"，这句话引起了邓小平的注意。在那时刚结束的"文化大革命"中，由于"四人帮"错误的文艺导向，戏曲界受到冲击，许多老艺术家因此遭到迫害。邓小平担心的是杨淑英并非生病，而是因为在"文化大革命"中受到冲击而出了什么问题。于是邓小平再三和工作人员确认杨淑英是否真的病了，得到肯定答复后，邓小平才放下心来，指示工作人员尽快把杨淑英送到医院去治疗，诊断病情。

杨淑英被送到医院后，服了药病情渐渐好转。在得知邓小平对她的关心之后，她坚持带病也要为邓小平演出，于是第二天又乘车到金牛坝，演出了《归舟》。

看到杨淑英又能健康地回归舞台，邓小平十分高兴，演出结束后登上舞台与杨淑英握手。杨淑英看见邓小平后激动地说："我等您下次回来，我还要给您演出！"邓小平则微笑着说："是啊。这么好的戏，为什么不多演出呢？我能看，为什么全国人民不能看？"

此话一出，犹如石破天惊。"文化大革命"期间，在极左路线的禁锢下，全国各剧种的传统剧目大多都因为讲述的是"帝王将相""才子佳人"的故事而遭到禁演。因此，当邓小平

1986年2月,邓小平在成都与在川的亲人合影

在四川观看了川剧传统戏演出,并作出这样的指示后,整个戏曲界都震动了。正是由此开始,全国各地才陆续开放了各个剧种优秀剧目的演出。在邓小平的关怀下,川剧率先在全国打破了极左路线的禁锢,恢复了传统剧目的演出,中国戏曲艺苑也由此迎来了新的春天。

终身未回家乡成谜

既然邓小平对于家乡是如此的深情与依恋,在几十年的岁月中,尽管数次回到四川,为什么邓小平从没有回过广安?对于此,世人纷纷猜测,作出了不同的解读。

在邓小平的妹妹邓先群看来,邓小平之所以从没回过家乡主要是因为邓小平自身的性格原因,他本就不愿意显示自己。如果他要回老家,照传统观念看,肯定是衣锦还乡,光宗耀祖。但邓先群觉得邓小平不会有这样的想法。在她看来,邓

家乡情

1984年12月，英国培格曼出版公司出版《邓小平文集》，邓小平为在该书写的序言中说："我是中国人民的儿子。我深情地爱着我的祖国和人民！"图为英国培格曼出版公司向邓小平赠书

小平一门心思全扑在工作上，全部的时间都用在了处理国家各项大小事务中，也没有时间到老家去逛一逛，看一看。

"父亲自己不回家，也不许我们回去。他说我们一回去就会兴师动众，骚扰地方"，这是邓榕所著的《我的父亲邓小平》一书中的一句话。也正是因为有了父亲的要求，邓家几个子女都不敢轻易回家乡看看。直到1989年，因为邓榕想要撰写这本关于父亲历史的书，其中有涉及关于家乡的情况，她才在没有告诉父亲的情况下，自己一个人跑到广安去看了一下。

今天，我们或许已无法再去清晰地追究出邓小平为何终身没有回过家乡的原因。但或者，那句"我是中国人民的儿子，我深深地爱着我的祖国和人民"早已告诉了我们答案，"邓小平"这三个字早已熔铸在了共和国的土地和人民中间。

（文／叶帆子）

"家庭是个好东西"

"爸爸，妈妈和奶奶在江西，1972年冬。"

家庭是社会的细胞，家庭和睦则社会安定，家庭幸福则社会祥和，家庭文明则社会文明。邓小平对家庭就很重视。早在二十世纪六十年代他就说过："家庭和睦也是经常要做的工作。要处理好的，一是夫妻关系，二是婆媳关系，三是妯娌关系，四是父母子女关系等。"大女儿邓林在《我爱我的父亲》中就曾写道：他是一位生活在我们中间、有血有肉、感情真挚、充满旺盛生命力的人。他是一位好爸爸、好爷爷、好丈夫、好儿子。

贤内助的贡献

邓小平十六岁就离开了家乡广安，但他一直惦记着家乡的亲人。1950年，重庆解放不久，邓小平就将自己的继母夏伯根从老家接到了重庆。从此，夏伯根便与邓小平一家生活在一起，彼此相互照顾，享受天伦之乐。中华人民共和国成立之初，邓小平日理万机，卓琳也是夜以继日地工作，所有家中事务全由夏伯根料理。天不亮，就要做好家人的早饭；大人上班、孩子上学的时间到了，她帮助穿衣盛饭；待大家吃穿停当之后，再把一家人送出门；接下来，又忙着做中午饭和晚饭。

（从右至左）邓小平和卓琳、孔原和许明在延安举行婚礼时的合影

如此日复一日，年复一年，待邓小平夫妇看到孩子个个健壮时，无不从心里感激。在家里，她既是奶奶，又是母亲。她有三个亲生女儿，除了将邓先群带在身边，其他孩子她都没有顾及。她用朴素的情怀，保证了邓小平的工作和生活。她是邓小平尊敬的先辈，也是卓琳的朋友和助手，是孩子们的奶奶和亲人，也是晚辈的祖母和最挂念的人。

卓琳是邓小平的贤内助。在妻子卓琳的眼中，邓小平不是一个浪漫的丈夫，但却是一个真诚实在的丈夫。

1939年春，邓小平奉命回到延安，参加中共中央政治局扩大会议。这时候，他已经三十五岁，经历了两次婚姻，却还是孑然一身，战友们很为他着急，都积极地为他介绍对象。在中央社会部，邓小平遇到了一位名叫卓琳的年轻的女工作人员。她性格热情活泼，谈吐得体，举止大方。邓小平对她一见钟情。在初始的拒绝后，邓小平耐心地找到卓琳谈了两次，用真诚打动了她。相识仅仅一个月的邓小平便和卓琳结婚了。

婚礼这天,延安杨家岭灯火通明,毛泽东、刘少奇、张闻天、李富春等中央领导人和邓小平的战友们齐聚一堂,庆祝这难得的喜事。新婚宴尔,邓小平就告别妻子,奔波在抗日前线。在那些离别的日子里,年轻的妻子渴望多了解丈夫一些。卓琳曾回忆说:"他在开会就见着面,他不开会就见不着面,我说这样也不行,是不是你给我写个信啊。他说我写什么啊,我说你写写你怎么生活,你有什么感想,有什么东西,他说好,我以后叫秘书,给你写一个,我就印个几十份,一个月给你发一份,我说算了算了,你也不要这样搞了,我也不要你写信了。"

新中国成立后,在丈夫日夜为国家操劳的时候,出身名门、颇具才情的卓琳心甘情愿地做着最基本最琐屑的工作。她给自己的丈夫做秘书,经常忙碌到深夜,工作辛苦,没名没利,但卓琳依然乐此不疲,一干就是十几年。"文革"十年动乱,邓小平两度落难,卓琳不离不弃,生死相随。在江西,两位老人互相支撑,度过了三年不平凡的岁月。政治的失意和生

左:小平同志与夫人卓琳在上海南浦大桥留影

右:老两口相依为命,互相体贴照料,用劳动和读书来充实生活。

全家福，1993年8月2日

活的困顿并没有摧毁邓小平坚强不屈的意志，反而使得邓小平和卓琳之间的感情在患难之中历经磨砺，愈显光芒。从1939年到1997年，他们一起相伴走过半个多世纪。在五十八个风云多变的春秋中，卓琳和邓小平始终互相陪伴、患难与共，夫妻间的尊重、理解和无条件的信任与支持，使得邓小平可以安心地工作奋斗，也帮助他渡过了一次又一次的政治磨难。在卓琳胞姐浦代英的回忆录《无悔的岁月》中曾经记录了卓琳生前讲过的这样一段话：外甥女刘京华有一次问卓琳："大毛娘，姨爹的功劳应该有你的一份吧？"卓琳想想说："我不敢说有多大的贡献，起码我是努了力的。"

特别喜爱孩子

邓小平特别喜爱孩子。在工作中雷厉风行的他,在生活中却和天底下任何一个普通慈祥的父亲一样。在几个儿女还小的时候,邓小平就非常关心孩子们的学习和生活,每到期末考试结束,他就会像其他家长一样要检查每个孩子的成绩单,看看孩子们在学校的表现。孩子们小的时候念的是寄宿学校,学校曾经因为发生流感而取消了周末放假,所有孩子都不能回家。这时的邓小平即使工作再忙,也一定会在每个星期抽出空来带些孩子们爱吃的东西,到学校来看看他们。

二十世纪六十年代初,国家经济困难,供应的油和肉比较少。由于邓小平家里人口较多,吃饭的时候总有十几口人。为了保证邓小平有健康的身体顺利工作,卓琳决定让邓小平单独吃"小灶",邓小平却说不行。卓琳没办法,就说:这样吧,派一个孩子陪你吃饭。结果,只吃了很短的时间,邓小平还是要跟大家一起吃。后来,卓琳又想办法说:给他单独炒一个菜,别的菜都一样。结果就这一个菜,到了饭桌上以后,他就到处分,每个孩子分一点,最后他一口也没吃,全分给了孩子们。

即使在最困难的时候,为了保护家人,他也尽了自己最大的努力。1969年夏天,处于"软禁"状态中的邓小平得知儿子邓朴方伤残情况后,亲自致信毛泽东,请求组织上出面帮助解决邓朴方的治疗问题。为此,毛泽东和周恩来都作了批示。

在江西三年多的时间是邓小平政治生涯中的最低潮,也

"家庭是个好东西"

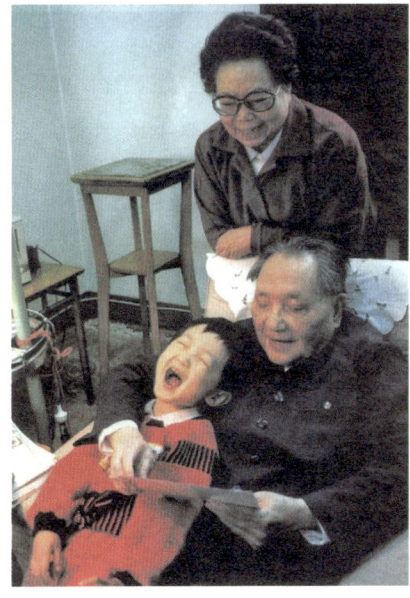

上左：祖孙俩。邓小平常常抱着孙子小弟儿，有时，小弟儿也会尿爷爷一身，这时，家人就会说：又画地图了。北京中南海。1986年4月14日，已82岁

上右："排排坐"。北京家中。1981年春，已77岁

下左：1989年4月15日，在北京住所的客厅里，老两口儿和小孙子度过愉快的周末

下右：快乐的爷孙俩。北京玉泉山。1987年4月，已83岁

是他个人和家庭生活最艰难的时候。这期间他通过汪东兴多次给中央写信,从这些信中我们很少看到他对自己个人的工作和生活安排提出要求,但对家人的关爱却毫不掩饰。

10月17日,得到通知说,邓朴方将被送到南昌同他们一起生活后,他致信汪东兴说:我们深切地期望,邓朴方能够治好。现在病情既有好转,可继续治疗下去,必能渐见好转。所以,我们恳切希望他能在现在的医院里继续治疗下去。

1971年2月3日,就照顾邓朴方事,再次致信汪东兴说:我们上次给你写信,希望邓朴方能够继续治疗,现在既然无法继续治疗,我和卓琳再三考虑,觉得还是把邓朴方接到我们住地,同我们一起生活较好。我们请求组织上派人把邓朴方送到南昌。

6月,邓朴方从北京被送到南昌。自此,邓小平和家人悉心照看邓朴方,还尽量做到白天不耽误下厂劳动。

幸福融洽的"四世同堂"

俗话说"隔辈亲",到了晚年,孙子孙女成了他心中的宝贝,一时没看见谁,就要问,就要找。每当和孩子们在一起,他总是显得特别满足与幸福。邓小平不喜欢照相,但只要孩子们有要求,他立即配合。有一年春天,全家去北京玉泉山春游。孙子们用枝条编了两个柳条帽,跑到邓小平夫妇身边给他们戴上,还恳求爷爷、奶奶戴着柳条帽照相。这时,老两口心甘情愿地接受着孙子们的安排,端坐在靠背椅上,以鲜花、绿树为背景,留下了一张全家福。

"家庭是个好东西"

左：童心未泯。北京玉泉山。1990年，已86岁

右：爷孙仨和雪人合影

有一年冬天下了场大雪，雪刚刚停，邓小平就来到院子里散步。大女儿正领着孙辈们在院子里堆雪人。他们用雪堆成了身体、脑袋以后，孩子们拿来两个煤球当作眼睛，插上根胡萝卜做鼻子，又把一只红色塑料水桶扣在雪人头上做帽子。雪人左右两侧，各插着一把木剑，威风八面。邓小平散步到雪人

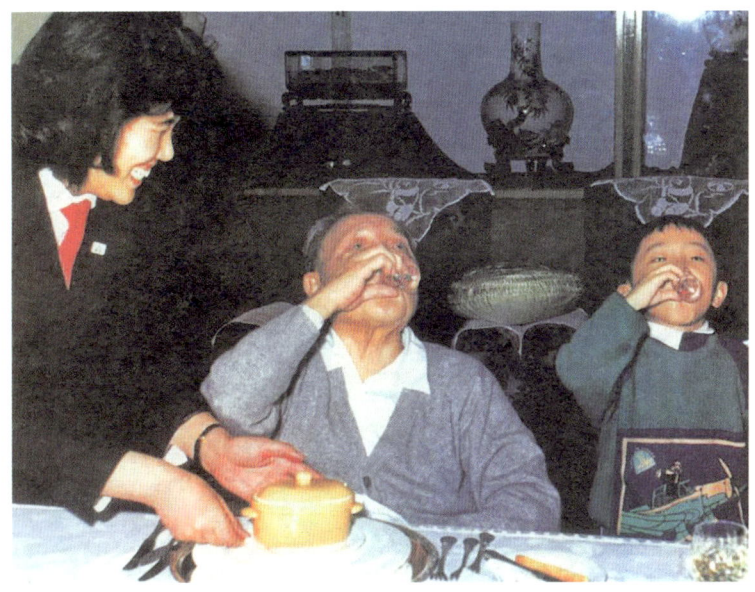

1990年春节在上海家庭聚餐时爷孙共饮的镜头

退休日。中央正式批准邓小平退休,四个孙子特意为爷爷制作了贺卡,上面写着:"愿爷爷永远和我们一样年轻!"这是爷爷和孙辈们在看贺卡。北京家中。1989年11月9日,已85岁

身边时多看几眼,最后,他索性停下来,脸上露着喜悦的笑容,长时间地欣赏着孙辈们的作品。随后,他和两个孩子一起,站在雪人旁边合了影。

晚年的邓小平享受着传统中国人憧憬的"四世同堂",上有"老祖"夏伯根,下有孙子孙女,老老少少十几口人。每天

小平同志与夫人卓琳和家人在上海合影

晚饭，一大家人就聚在一起边吃饭边聊天。邓小平从不发表意见，只是默默吃饭。但他喜欢这种轻松活泼、温暖融洽的家庭气氛。有时饭桌上少了几个人，大家说话少了，他就会说："哎呀！今天怎么这么冷冷清清呢？"

邓小平曾说："家庭是个好东西"。这是他切身的体会，尤其在他遭遇挫折与坎坷之后更是这样。幸福融洽的家庭给邓小平提供了坚实的精神后盾和温暖的情感港湾，这种温暖不断地转化成为邓小平在革命、建设与改革征途上披荆斩棘的自信与动力。

（文 / 孔昕）

"家书"

家书最能体现家风,但是我们好像从未见过邓小平的家书,这是怎么一回事呢?

给父母:扔了两个反封建的"炸弹"

邓小平写过家书吗?写过的。早年离家留学,邓小平一直通过家书与家人、朋友联系。而且据邓小平的弟弟邓垦回忆:当时邓小平给家里寄过长信,内容不异于扔下两个"炸弹"。

1919年5月4日,北京爆发了反对帝国主义和封建主义的伟大爱国运动,并迅速席卷全国。当时正在读书的邓小平受到了五四运动的影响

1920年7月19日，十六岁的邓小平怀抱着"工业救国"的理想，离开了家乡广安，赴法勤工俭学。当时书信是联系两地亲人最重要的沟通方式，同学聂荣臻等都留下了重要的家书。如聂荣臻1922年给父母写的一封家书，开头就写："远出留学，所学何为！绝非一衣一食之自为计，而在四万万同胞之均有衣有食也，亦非自安自乐以自足，而在四万万同胞之均能享安乐也。此男素抱之志，亦即男视为终身之事业也！"拯生民于水火，是聂荣臻和邓小平那一辈有志青年共同的成长主题，也是他们离开祖国奔赴异国他乡最初的理想。

邓小平随着五四运动的热潮走上街头、为国为民呼喊奔走，五四运动后他即离开原来的学校，决定到法国勤工俭学、以"工业救国"，并于次年负笈西渡。

初到法国，邓小平频繁与家人通信，讲述自己在法的学习、勤工情况。留学期间由于华法教育会突然中断对勤工俭学学生的资助，1922年家里还给邓小平寄了一小笔钱，以期资助他继续学习。但终因学费不足，邓小平求学不成，辗转做工，并在巴黎加入旅欧中国共产主义青年团，在青年团执行委员会做宣传干事，编辑《赤光》。

那时候邓小平还用着自己的本名邓希贤，既是《赤光》的"油印博士"，也亲自操笔写作辩论文章，以"希贤"的名字在杂志上发表，这些文章至今闪耀着年轻共产主义战士的思想光芒。邓小平还给家里寄回七八期的《赤光》杂志，将革命的火种播种到万里之外的家乡。邓垦回忆说，自己接受革命思想的影响，是从哥哥寄来的这些《赤光》开始的。

随着邓小平参加革命活动后思想发生的变化，他家书的

1924年11月1日，邓小平在《赤光》上发表的文章《请看反革命的青年党之大肆其捏造》。邓小平后来说过，他以希贤的本名和化名写过一些文章，用化名发表的文章现在已不可辨认，以希贤本名发表的还有：1924年12月15日及1925年1月1日第二十一、第二十二期合刊中《请看国际帝国主义之阴谋》《请看先声周报之第四批造谣的新闻》等

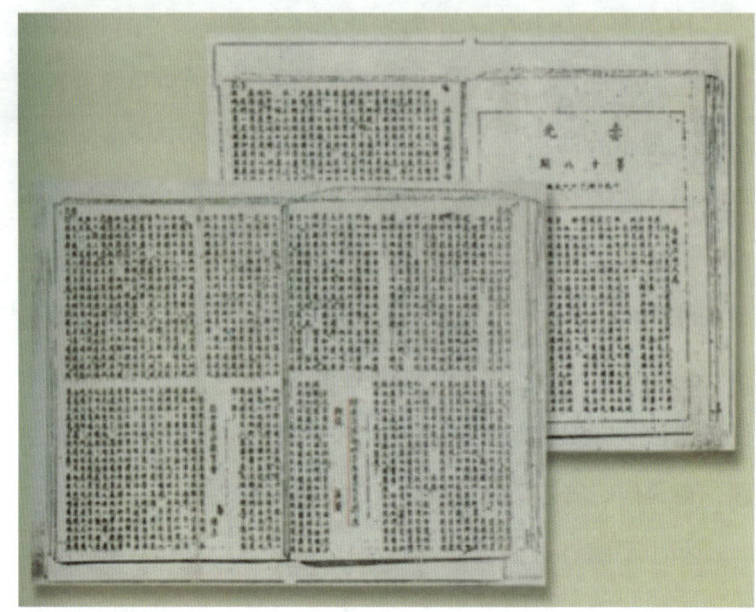

内容也让思想保守的家人吃惊起来。邓垦回忆说，邓小平后来给家里写过一封长信，扔下了两个"炸弹"：一是要求退婚；二是告诉家人自己参加了革命不能回家。这在封建思想浓厚的旧中国，是很叛逆的。

根据1926年1月邓小平在莫斯科中山大学亲笔填写的《个人自述》中的回忆，1923年前后邓小平给家里写过几封信，主要内容是要求退婚。他说：在自己一岁时候，父母做主给他定了一门娃娃亲。加入共产主义青年团后，他接连写了若干封信向父母请求退婚。"不两月后，父亲的回信到了，大骂我这种行为是不孝，是大逆，并且说：'倘故意违拗，家庭与汝从此脱离关系任其所为可也。'"收到父亲的信后，邓小平再次回信，执意退婚，家里只好默认。后来邓小平的"娃娃亲"对象唐氏由邓小平的父母做主，以邓家女儿的身份出嫁了。

通过邓小平本人早年的文字自述、他家人的回忆和现存的报纸互为佐证，可以确定这些家书的存在。但因为时间迁移、战乱频仍，这些家书都没有保留下来。

1925年底及以后，由于邓小平从事共产主义运动，受法国警方追捕而辗转奔走，就无法与家人联系了，及至莫斯科，与家里"简直没有通信了"。

邓小平没有再和家人联系，是为工作安全起见，也是为了保护家人。从莫斯科回国后，邓小平先是在冯玉祥的中山军事学校任政治教官，很快蒋介石在上海发动反革命政变，捕杀共产党人，邓小平到上海担任中共中央秘书，从事地下工作，非常危险，几次与叛徒、国民党追捕队擦肩而过，他也从此养成了把事情记在脑子里、不随便留下字条的习惯。在这么严峻的情况下，邓小平自然不能再与家人联系。

邓垦在《时事新报》上刊登的寻人启事

一直到了1931年，邓垦到上海求学，他从与邓小平一同赴法的远亲胡伦口中得知邓小平可能在上海，苦于没有线索，邓垦只能在《时事新报》上刊登寻人启事，最终找到哥哥。这时候为了秘密工作的需要，他使用化名"邓小平"在上海活动，与邓垦见面几个月后，邓小平就离开上海去江西中央苏区工作，再次与家人失去联络。

与卓琳：我让秘书写个底稿，印上几十份

1939年8月，时任一二九师政委的邓小平从太行山赴延安开会，通过战友的介绍认识了卓琳，并于9月与卓琳在延安结婚。结婚当天，中央的高级领导人毛泽东、刘少奇、张闻

1939年8月,邓小平、卓琳在延安结婚,成为革命伴侣。这是回到太行山的邓小平和卓琳

天、李富春等都参加了简朴而隆重的婚礼。

革命形势下,很多革命夫妇都采取丈夫去根据地、妻子留在延安的方式,但卓琳认为这样不像个结婚的样子,因此婚后卓琳唯一的要求就是随军,跟着邓小平到了前线。

战争形势下,这对新人日常无法厮守,常常是邓小平在一二九师师部,卓琳在八路军总部,只有邓小平偶尔回来开会才能见上一面。这时的邓小平性格也与年轻时的爱说爱笑不同,因为肩负重任,他变得沉默寡言,不爱说话。快言快语的卓琳一开始不太适应,而且两地分居,她十分想念自己的丈夫,就提出想让邓小平给她写写信,说说每天做了什么。务实

1939年,邓小平(左三)同刘伯承、李达、蔡树藩与前来采访的记者陆诒(右一)在山西太行山八路军一二九师驻地合影

的邓小平不解风情,说:好,我让秘书写个底稿,印上几十份,每月寄给你一份吧。卓琳一听,写信的事只好作罢。

实际上邓小平是善于书写的,他的公文报告语言简练、文风务实,多次得到领导的推介和表扬,毛主席说"看邓小平的报告好像吃冰糖葫芦",非常畅快。但是家书毕竟不同于公文往来,身为政委的邓小平虽然与爱人不能时时见面,但更重要的是这几年正是根据地最艰苦的时候,也为了保密和部队的安全,邓小平完全顾不上儿女情长。卓琳也渐渐理解了丈夫的心,默默地支持着他的事业。

后来他们有了孩子。从太行山到大别山,从抗日战场到解放战争,每每邓小平率领部队解放了一个地方,卓琳就带着孩子赶到那里。再往后,刘邓进军西南,他们就跟着去重庆,卓琳还当了老师;邓小平到北京工作,一家人又跟着搬到了北京。他们和千千万万普通人家一样,每天晚饭要等着人齐了才开饭;周末了就去逛逛公园、休息休息;妈妈负责辅导孩子们

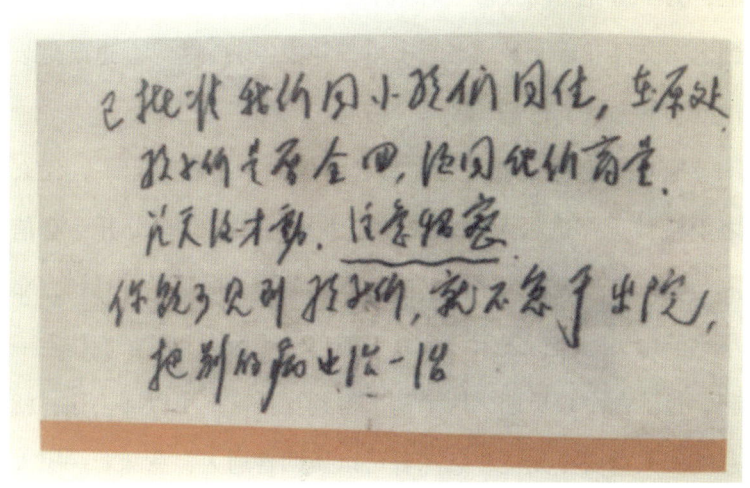

邓小平第三次被打倒后住在东交民巷期间,写给夫人卓琳的"信"

1966年8月,北京东交民巷被改名"反帝路",这是被红卫兵拆除的东交民巷路牌

的功课,爸爸则要在小孩的成绩册上检查、签名。

一家人始终生活在一起,也就不需要家书了。邓小平的女儿回忆说:"在生活中,我们从小到大从未见过父亲写信,就连与他相濡以沫三十多年的妈妈,也从未见过他因家事写信。"

2014年邓小平诞辰一百一十周年,邓小平纪念馆公开了邓小平写给卓琳的一张字条,是一封不算家书的"家书"吧。信是这么写的:

"已批准我们同小孩们同住,在原处。孩子们是否全回,须同他们商量。几天后才动,注意秘密。你既可见到孩子们,就不急于出院,把别的病也治一治。"

这是1976年6月,邓小平在东交民巷的老房子里,给在三〇一住院的卓琳写的一张小纸条。寥寥数语,只有了解历史背景才能体会其间的欣喜、宽慰。

当时邓小平第三次被打倒,被撤销了一切职务,收音机、报纸上叫嚣着"批邓""反击右倾翻案风"。4月初的一个晚上,为了避免"四人帮"对邓小平的冲击,汪东兴把邓小平藏到了东交民巷十七号的老宅子里,并报告了毛主席。这既是政治处理的办法,也是一种保护措施。

原本卓琳也被带来住在一起,但是卓琳眼病犯了,无奈之下她被迫住进了医院。此时邓小平与家人完全分开,音信隔绝,每天只能在屋子里转圈散步。两个多月后的6月初,邓小平给中央写信,表示一个人太孤单,想回去和孩子们住在一起。过了两个多星期,这个请求得到了批准。可以回去住,就意味着人身安全无忧,意味着可以做回普通人,意味着一家人又能在一起了，邓小平十分高兴，他偷偷地给老伴递了这张纸条。

这是邓小平和卓琳一生中为数不多的笔纸往来，风雨飘摇与境遇沉浮中，爱人与家庭的温暖支撑着邓小平度过了人生的最低谷。这些温暖也转化为日后邓小平屡屡坚持真理、披荆斩棘的自信与动力。

与子女："'文革'十年中，父亲所写的信，比他一生中其他八十年的统统加起来，还要多得多。"

目前为止我们还没有看到邓小平给子女写过信。但是，邓小平的女儿曾说过："估算一下，'文革'十年中，父亲所写的信，比他一生中其他八十年的统统加起来，还要多得多。"

"文化大革命"期间，邓小平谪居江西两年多，这个从来不写家书的老人为子女写了十来封信。

这些信都是写给中央的。有的信是为大女儿邓林的婚姻问题操心。他给中央写信，希望能解决女儿的分配和婚姻问题。他说："大女儿邓林即将毕业，希望将她分配到靠他们近些的地方工作。"（1970年2月9日的信）

他担心小儿子、女儿们的生活，他们被迫离开中南海家中的时候年纪还小，他提笔写下："我希望能和子女们靠近一些，特别是两个较小的孩子（毛毛和飞飞）。我们的岁数大了，不免为儿女挂心，希望他们能分配到我工作的附近。"（1971年11月8日的信）

最令邓小平牵挂的是大儿子邓朴方的治病问题，为此他

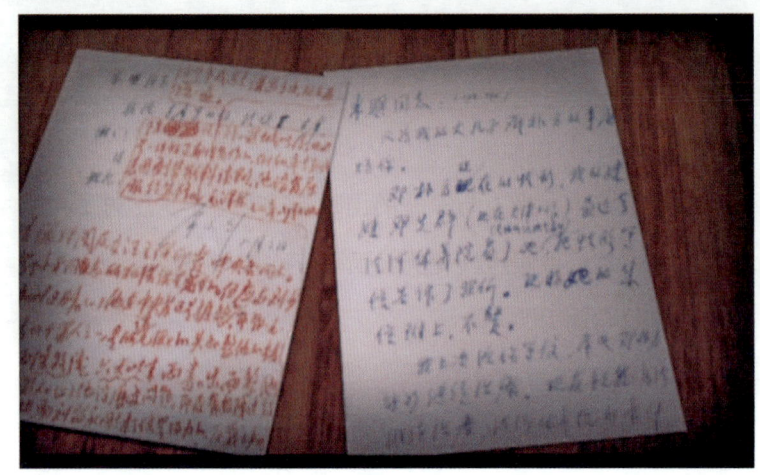

（右信）1971年2月3日，邓小平致信汪东兴，请求将被迫害致残的儿子邓朴方送来南昌自己照顾；（左信）1972年8月14日，毛泽东对邓小平1972年8月3日来信的批语

写了好几封信。邓朴方在"文革"中因不堪忍受造反派的凌辱和虐待，选择跳楼以示抗议。从四楼跳下后，邓朴方一直没有得到合适的治疗，在江西的邓小平十分担心。他别无办法，只能不断地给中央写信求助，希望儿子能得到治疗。他说："我们深切地期望，邓朴方能够治好。现在病情既有好转，如可继续治疗下去，必能渐见大效。所以，我们恳切地希望他能在现在的医院里继续治疗下去。"（1970年10月17日的信）。

但是，病中的邓朴方竟然被造反派赶出了医院，送到了清河的北京市社会救济院，靠用铁丝编字纸篓赚取生活费。在得知没有治病的机会后，邓小平焦急万分，提出要自己照料儿子，他又写信："我上次给你写信，希望邓朴方能够继续治疗。现在既然无法继续治疗，清河疗养院的条件又是如此，我们做父母的，在情感上不能丢下不理。所以我和卓琳再三考虑，觉得还是把邓朴方接到我们住地，同我们一块生活较好。"

此时邓小平已经接近七十高龄，卓琳快要六十岁了，但即使无人帮助，邓小平也十分坚定，要把儿子接来自己照顾，

他说："我们决心请求组织上照上次的决定，派人把邓朴方送来南昌。恳请领导批准。"（1971年2月3日的信）

终于，邓朴方获准来到江西。分别六年的父子第一次相见，望着因受自己牵连而饱受磨难、瘫痪在床的邓朴方，邓小平只能是无言。邓朴方回忆说："相对无言，也没流泪，也不说话。只是对着看了看。"此后，邓小平就承担起了照顾邓朴方最重的责任，每天帮他翻身、擦澡。

当年邓小平在江西南昌郊外的小楼上写下这些信，子女们并不知情。直到后来，他们才陆续得知此事。2004年邓小平诞辰一百周年，纪念馆展出了其中部分信件，邓朴方参观时久久停留在这些信前没有离开，这是他第一次看到真迹。心情沉重的邓朴方后来就说了一句话："可怜天下父母心啊。"

是啊，还有什么能比"父母心"更能概括邓小平的这些家书呢？历史的大潮中，人们往往无法掌握自己的命运。此时的邓小平，作为一家之长，为了让孩子治病，为了让孩子上学，为了孩子的工作，他只能一反一贯的作风，一次又一次地拿起笔，一封又一封地写信，通过给中央写信、给毛主席写信，来尽力为孩子们做点事情。今天我们看这些信，处处流露出一个普通的父亲对子女们的思念和牵挂，令人感慨。

与孙辈：你们要学点本事为国家做贡献

之前有人说，1993年元旦刚过，邓小平给孙辈们写了一封信。

实际上，这是一次谈话，没有写信，但透露出邓小平对孙辈们掌握本领、为国家做贡献的最平凡的希望。那天，邓小平把孙辈们聚在一起，聊了聊天，对他们说："对中国的责任，我已经交卷了，就看你们的了。"

他还讲了自己在法国的经历和对晚辈的期望，说："我十六岁时还没有你们的文化水平，没有你们那么多的现代知识，是靠自己学，在实际工作中学，自己锻炼出来的，十六七岁就上台演讲。"他告诫晚辈们："你们要学点本事为国家做贡献。大本事没有，小本事、中本事总要靠自己去锻炼。"

爱孩子，但不娇纵孩子，邓小平希望他们能够学到做事的本领，这样的叮嘱，是普通人家老人们对后辈最平凡、最实在的期待。

（文／王达阳）

"世界上最好爷爷奖"

众所周知，邓小平是个颇为内向的人。多年的革命生涯积淀了他成熟内敛、寡言少语的性格。邓小平的夫人卓琳在新婚时就曾为他的不爱说话颇为头疼。但事实上，口头上的沉默，不代表他内心情感世界的空白。他是一位有血有肉、感情真挚、充满旺盛生命力的人。

1986年，邓小平和小孙子在一起。一为八十二岁，一为一岁

没有小孩家里就没有生命

邓小平有一句名言,没有小孩家里就没有生命。在几个儿女还小的时候,邓小平就非常关心孩子们的学习和生活。除了自己的子女,对待别人的孩子邓小平一样关心和疼爱。

1951年,刘伯承赴南京创办中国人民解放军军事学院,并担任院长七年多。这段时间里刘家留在北京上学的孩子每周都会到邓家过周末。1958年,蔡树藩因为飞机失事去世,他的孩子们也被接到邓家住过。杨尚昆、宋任穷的孩子也都先后在邓家住过。

因为邓小平特别喜欢孩子,亲戚家的孩子也大都在邓家长大。卓琳姐姐家的孩子、邓小平两个妹妹的四个孩子都是由邓小平和卓琳帮着带大的。

在众多孩子当中,邓小平对陈毅同志的女儿陈珊珊尤为关切。陈毅和邓小平同是四川人,既是老乡又是战友,在中南

上海解放后,邓小平夫妇、陈毅夫妇和他们的孩子在上海留影

海时两家人就住在前后院,关系十分亲近。

"文化大革命"开始后,邓小平和陈毅都遭到了不同程度的冲击,邓小平夫妻被疏散至江西,邓陈两家就这样分开了。直到1973年邓小平才从江西返回北京。而此时的陈毅已经因为癌症去世,陈毅的夫人张茜也已罹患肺癌。一听说张茜患病的消息,邓小平和卓琳就赶去三○一医院看望。几年未见,早已物是人非。

见到邓小平和卓琳后,张茜只说了两件事。第一,希望能够帮助出版《陈毅诗选》;第二,因为自己不久于世,希望邓小平和卓琳能够替她照顾自己最小的女儿珊珊。邓小平当时没有说话,只是点点头,但却将张茜的嘱托牢牢地记在了心里。等到陈珊珊从英国毕业回国之后,就听说邓小平要见自己,便去了邓家。吃完午饭,邓小平就严肃地说:"准备一张床,珊珊就留下来,就住在我们家了。"

"世界上最好爷爷奖"

到了晚年,孙子孙女成了他心中的宝贝,一时没看见谁,就要问,就要找。每当和孩子们在一起,他总是显得特别满足与幸福。在邓小平晚年的照片中,经常能看见他和孩子们亲昵嬉闹的画面。

眠眠是邓家第一个第三代,眠眠出生的时候邓小平所处的政治环境已经比较宽松,组织批准他和卓琳去井冈山进行调研。得知眠眠出生的消息,邓小平一回南昌便往医院赶,急着去看女儿和小外孙女。风尘仆仆,赶了一路,到医院一问,邓

1972年,邓小平怀抱外孙女眠眠在江西新建县望城岗居住的"将军楼"前

外孙女眠眠扎了许多小辫子,邓小平一把抓住,说:"抓住小辫子!"

1983年,邓小平在大连和外孙、外孙女聊天

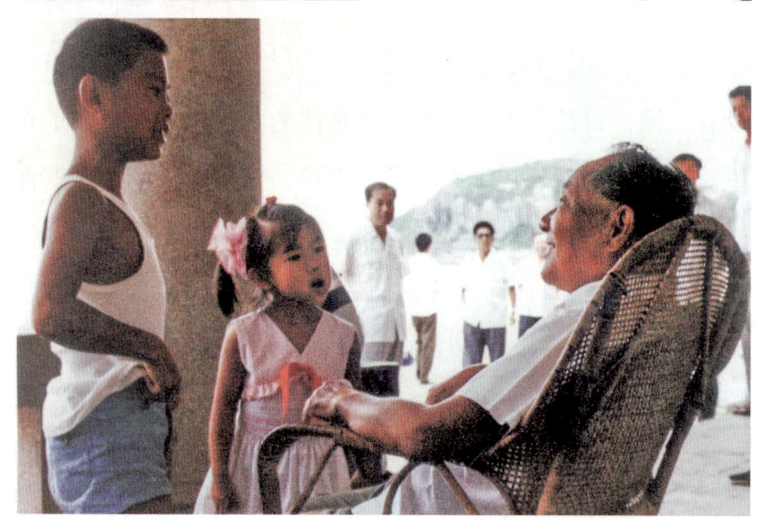

楠已经带着孩子出院了。邓小平和卓琳又急忙赶回家,这才见着小外孙女。

有了眠眠,邓小平的江西生活一下子增色不少。每天早上起床以后,邓楠就会把孩子抱到邓小平卧室外面的小客厅里。把两个沙发一拼,铺上个小褥子,眠眠就睡在那里。等到孩子尿了,全家人就都围了上来,卓琳喊着:"谁去拿点热水来!"邓小平就会赶忙去提热水瓶,一边用四川话说:"我来,

"世界上最好爷爷奖"　389

给孙子发饼干。邓小平说：在家里，我就这么点权力

邓小平在家里看报。一旁，夫人卓琳在为孙子讲故事

我来！"江西的冬天寒冷又潮湿，孩子换下的尿布不容易干。大家在炭火盆上做了个铁丝网，邓小平每天就在那儿为小外孙女烤尿布。

邓小平一向爱整洁，办公室不允许人随便进出，但只要孙子孙女们想进去玩耍，他不但不拦着，还要用糖果、饼干"贿赂"他们。他在看文件的时候，孙子、孙女可以在旁边随便玩，画画、剪纸、在地下爬来爬去都可以，甚至他在看文件办公的时候,卓琳给孩子们读故事书,他也不觉得吵。别的人大点声说话,他就会说小点声,别吵,可是孩子们怎么闹他都不怕。邓小平自己曾不无幽默地说:"以后如果评'世界上最好爷爷奖'的话,我可以得这个奖。"

1992年正月十五的晚上,在上海休养的邓小平出现在了上海第一百货公司。在人们的簇拥下,邓小平来到了文具柜台前,他仔细地端详着柜台里的商品,精心挑选了几支铅笔和橡皮作为送给孙辈们的礼物。他说:铅笔是要他们好好学习,橡

视察山东烟台时,邓小平和孩子们在一起

1986年8月20日,邓小平视察天津市居民小区时亲吻孩子

皮是要他们有错就改。说着,递上了十块钱,他笑着说:好多年没有花钱了,这是我亲手花人民币。

一个老共产党员

女儿邓榕曾经说过,看邓小平的照片,他什么时候最深情?就是当他看着孩子的时候,看着自己家孩子的时候如此,看着别人的孩子也是如此。邓小平亲吻孩子的照片很多。在接

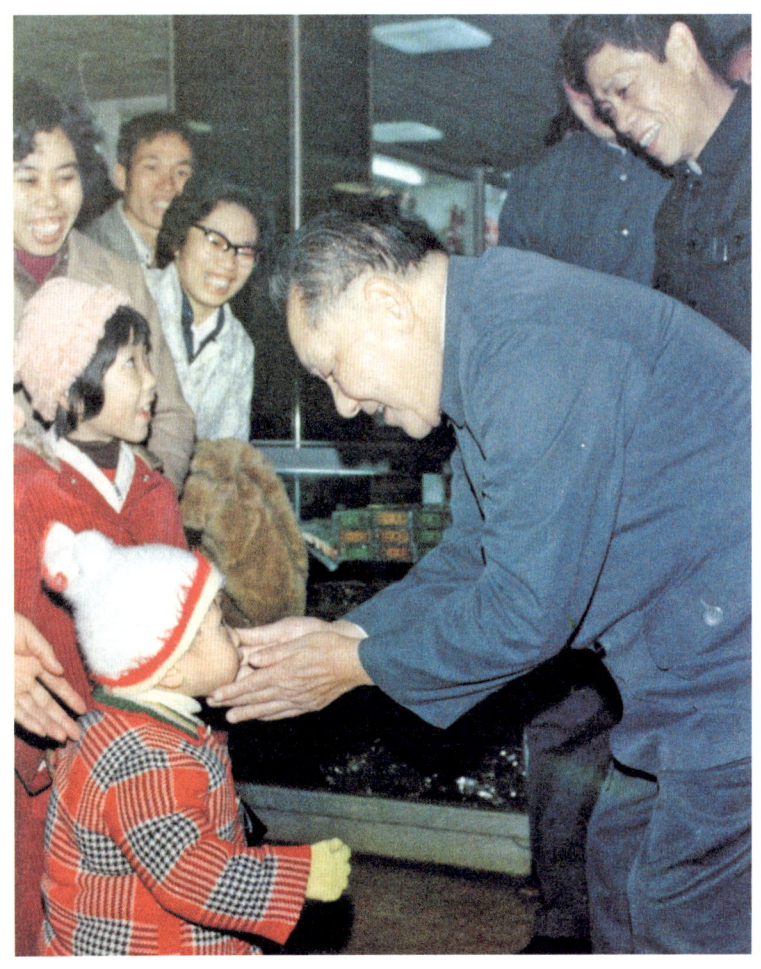

在中山温泉宾馆商场柜台前,邓小平高兴地抚摸小朋友

见外宾的时候，如果有孩子邓小平就会亲吻孩子。在国内视察的时候，无论工人、农民，或者碰见市民，只要有孩子的场合，他都要抱着孩子亲吻一下。对孩子的喜爱邓小平是由衷的，发自内心的，他从不掩饰这种喜爱。

1979年，在访问美国期间，在华盛顿的肯尼迪中心，卡特总统特意为邓小平安排了一场文娱晚会。邓小平夫妇被安排在二楼总统包厢里，里面除了卡特夫妇，还有卡特十一岁的女儿艾米。邓小平夫妇于当晚9时整到达现场，全场两千余名观

1984年，邓小平在上海视察时提出，计算机知识的普及要从娃娃抓起。图为邓小平在上海市展览馆观看小学生操作计算机

众起立鼓掌。为了目睹邓小平的风采，楼下坐在后排的观众纷纷跑到前面。因此，邓小平和卡特在掌声中微笑着拉起手，高高举起，于是掌声更为响亮。

当晚节目只有六个，但精彩隆重，不仅多位演艺界明星登台，而且报幕的都是社会名流，每人还要讲一段与中国接触的经历。演出长达一个多小时，压轴的节目是：儿童合唱团近两百个孩子用中文齐声合唱《我爱北京天安门》。演出完毕后，邓小平夫妇在卡特夫妇陪同下上台与演出者握手，并向观众致意，卓琳始终牵着卡特女儿艾米的手。其间，邓小平弯腰轻吻参加合唱的小男孩的前额。这一刻，全场起立鼓掌，许多观众流下热泪。这个场面被美国三大电视台播出，中国中央电视台也进行了转播。可以说，这是世界观众最多的欢迎表演。卡特总统在1979年1月29日的日记中写道："他亲吻了许多儿童，不少观众因此而感动得流泪了。"一直强烈反对同中国建交的参议员拉克索尔特在看了这场演出后说："我被他们打败了，谁也没法对唱中国歌的孩子们投反对票。"他还说："邓和他的夫人看来是真的热爱人民，他确实令在场的观众和电视观众倾倒。"

孩子是国家的未来和民族的希望，邓小平始终坚信这一点，他始终将希望寄托在下一代的身上。1984年，在视察上海少年宫时，邓小平说："计算机的普及要从娃娃做起。"1985年，他深刻地指出："现在小学一年级的娃娃，经过十几年的学校教育，将成为开创二十一世纪大业的生力军。中央提出要以极大的努力抓教育，并且从中小学抓起，这是有战略眼光的一着。"他还提出，足球要从娃娃抓起。教育要从娃娃抓起。

1990年9月5日,为"希望工程"题字

从娃娃抓起,就是着眼于未来,着眼于长远。

1989年10月,中国青少年发展基金会发起了旨在救助贫困地区失学儿童重返校园的"希望工程",得到了邓小平的高度关注和支持。1990年,邓小平欣然题写了"希望工程"四个大字。

1992年6月,他以"一位老党员"的名义,向"希望工程"捐款三千元人民币,用以救助那些因贫困而失学的孩子。10月,他再一次以"一位老共产党员"的名义向"希望工程"捐赠两千元。中国青少年发展基金会后经多方查询,终于了解到这位"老共产党员"是邓小平,于是决定将这笔捐款用于资助他曾经工作和战斗过的广西百色革命老区的失学孩子。邓小平的捐款让二十五名失学儿童重返校园。

受到资助重新背起书包的孩子们,给邓小平写了一封信:敬爱的邓爷爷,您好!我们是百色地区平果县希望小学的学生，当我们得知您以"一位老共产党员"的名义向希望工程捐赠了五千元钱，又知道中国青少年发展基金会把这笔钱用于救助我们百色革命老区的失学孩子时，我们激动得哭了。我们感到，虽然您住在北京，离我们好远好远，但您的心与我们贴得好近好近。我们一定不辜负邓爷爷的亲切关怀和期望，珍惜学习机会、好好学习，长大把家乡建设得更新更美。

（文／叶帆子）

大海情怀

1979年,邓小平在青岛海中游泳

1985年,邓小平在接见国外代表团时,一如既往地掏出了香烟,说:"测量我的健康有两条标准,一是游泳,二是打桥牌。能打桥牌就说明我的大脑还能起作用,能游泳说明体力还可以。"由此可见,游泳也是他相当喜爱的体育活动。

"我不喜欢室内游泳池"

邓小平酷爱在大海里游泳,他说:"我不喜欢室内游泳池,喜欢在大自然中游泳,自由度大一些,有股气势。"邓小平几乎每年夏季都会带着家人到北戴河畅游大海。

大海情怀

在大海中，邓小平喜欢顶着风，迎着浪，勇往直前，游向大海的深处。邓小平像完成一项既定的任务，一走进大海，就径直朝着远处的护网游去，沿着泳区的最大边缘游。

邓小平状态好的时候，至少要游一个半小时，绝不偷懒。游泳区深处有个平台，是供大家中途休息的地方，邓小平从来不去。如此大的运动强度，就连家里的年轻一辈有时也难以企及。邓小平的外孙卓棣对此深有体会："游泳的时候，我们小耐力不强，一开始不太跟得上他，他游得很远的，转一圈怎么也得有个三四百米吧。后来一旦过了这个耐力关，能够跟上的时候，肯定都是和他在深水会合，然后陪着他游一段。

邓小平十分珍惜每一次下海的机会。跟着他，全家人也养成了下海游泳中途不上岸、不晒太阳的习惯。每次游到预定时间，邓小平一定要孩子们陪他一起往回游，然后心满意足地和大家一起走上沙滩。

1992年夏，邓小平再次来到北戴河。这次，医疗组觉得

1989年8月，畅游大海

邓小平年龄大了,怕海水凉导致咳嗽,引起并发症,所以不同意八十八岁高龄的他再去海里游泳了。

那年北戴河天气特别好。一到北戴河,邓小平就问,今天外面温度多少?水温多少?浪有多大?而这样的问题,邓小平几乎每天都要向身边的人咨询。邓小平想游泳的心情溢于言表。家人和工作人员都非常理解老人的心情。

在大家的劝说下,医疗小组终于同意邓小平下海游泳了。邓小平的护士黄琳提醒他准点回来,医生就给了半小时时间。结果邓小平的回答充满了童趣:"才不呢,好不容易下去一趟!"

邓小平是个非常守时的人,工作、生活都带有军人作风。然而,在人生最后几次下海游泳时,邓小平却像孩子一样,贪恋大海的广阔,往往游过了规定的时间。

1992年在北戴河,他一共下海游了八次,每次大约四十五分钟。邓小平的家人们每年还是保持着游泳的活动。起

1992年8月,凝望大海

初,家人让邓小平待在家里,但邓小平很快就不干了,他要到海边坐着。后来,大家才注意到,他实际上一直在海边坐着注视着大海。八十八岁的老人就这样静静地坐在岸边,静静地看着远处的海天一色,久久不愿离去……不知那时的他在想些什么,不知他是否会想起第一次与大海的相遇。

大海与人生

第一次见到大海时,邓小平还是一个十六岁的少年。

1920年,十六岁的邓小平选择远渡重洋,到欧洲大陆勤工俭学,寻求救国救民的真理。9月11日,怀揣着对陌生国度与未知生活的瑰丽憧憬与想象,他在上海登上"盎特莱蓬号"邮轮,前往法国。这是邓小平与大海的第一次相遇。少年眼前展开的是一望无际的辽阔海面,海面上交织着金色的希望,这样的景致一定令这个刚刚走出家乡的少年满怀壮志。

1920年,邓小平乘坐"盎特莱蓬号"邮船赴法

然而，平静海面下蕴藏着的未知波涛却是少年在此时未曾想到的。留法第二年，华法教育会就停止了对留学生的经济资助，邓小平在法国巴耶中学仅仅学习了五个月后便不得不辍学。为了筹集学费继续学业，邓小平开始在异国四处寻找打工的机会。几经努力，终于找到一份在铁厂轧钢的工作，工作危险繁重不说，每天只有六法郎的薪水，不要说筹集学费，连饭都吃不饱。回想家人的殷殷希望，工业救国的美好愿景，当理想遭遇现实，大海的无情风浪第一次袭击了这个还未完全准备好的少年。

此后的一生，邓小平似乎都在大海的波浪里搏击前进。面对革命战争的枪林弹雨，他浴血奋战、视死如归；面对新中国建设的艰难局面，他励精图治、百折不挠；面对改革开放的复杂形势，他开拓进取、奋勇向前。潮涨潮落，大海沉浮，就像他人生的三落三起。他曾因在江西贯彻执行毛泽东的正确主张，遭到错误批判，被撤职并受到党内"最后严重警告"处

沐浴海风

分；也曾在"文化大革命"中被错误剥夺一切职务，遣送江西劳动改造多年；还曾在大刀阔斧领导改革扭转"文化大革命"动乱局面时被错误撤职、批判。然而，大海的无垠开阔了他博大的胸襟，使得他每次被错误打倒后，都能豁达乐观、沉着坚韧；每次复出重新回到工作岗位时，都能无私无畏，坚定不移，继续追寻正确的方向。经历过革命浪潮淬炼洗礼的邓小平不再是当初那个懵懂的少年，他的信念、他的思想、他的意志，在一次次与风浪的搏击后，更加明确，更加坚定。

如大海一样的，是他非凡的气魄。半个多世纪的革命生涯，使邓小平总是能一次次在历史的紧要关头挽狂澜于既倒，在沧海横流间，显出他伟大的无产阶级革命家大无畏的英雄本色。

1978年12月，当"文化大革命"刚刚结束，中国面临向何处去的问题之时，是他断言"如果现在再不实行改革，我们的现代化事业和社会主义事业就会被葬送"，从而揭开一场新

眺望大海

的伟大革命的序幕,开创了中国特色社会主义的新征途。

1979年4月,当改革开放的先驱者们苦苦寻找改革的突破口之时,是他在中国的南海边画了一个圈,支持兴办经济特区,鼓励"杀出一条血路来",勾画出了中国对外开放的第一道风景线。

1992年春,当国际形势发生重大变化,社会主义遭受严重挫折之时,是他不顾年迈,言辞坚定:"不坚持社会主义,不改革开放,不发展经济,不改善人民生活,只能是死路一条。基本路线要管一百年,动摇不得",再一次为中国的改革开放和现代化建设指明了正确的航向。是他大海般的气魄,一次又一次在神州大地掀起巨澜。

如大海一样的,还有他谦逊的品格。他对个人的作用看得很淡,从来不愿提及自己的功劳。1985年10月23日,邓小平会见了美国时代公司组织的以亨利·格隆瓦尔德为团长的美

1997年2月24日,北京街头,人民群众送别邓小平

国高级企业家代表团。美国《时代》杂志海外版编辑普拉格提问："我想问一个关于你个人的问题。在你漫长的革命经历中，你多次改变了中国人民的命运和方向。如果今后你不在了，你希望人民如何来怀念你？"邓小平回答道："永远不要过分突出我个人。我所做的事，无非反映了中国人民和中国共产党人的愿望。"

在大海中永生

邓小平是彻底的唯物主义者，又是一个纯粹的人。对待人生，他通透豁达；对待生老病死，他处之淡然。在邓家，生死从来不是一个禁忌的话题，大家经常在饭桌前开玩笑谈到这个问题。邓小平从不忌讳地谈他将来去世的问题，他总是胸怀坦荡地跟孩子们讲，将来我要是死了，你们不要给我建墓碑，也不要保留我的骨灰。热爱大海的邓小平早早决定了自己后事的安排，他的稿费，捐赠给教育和科技事业；他的遗体，捐献给医学事业供医学解剖；他的角膜，捐给需要光明的病人；而他的骨灰则要撒入大海。

1997年2月19日，邓小平与世长辞，告别了他深深热爱的祖国和人民。十二天后，1997年3月2日，邓小平的夫人卓琳手捧着邓小平的骨灰，在孩子们的陪伴下，遵照丈夫的遗愿，登上了飞向大海的飞机。银色的专机，离开西郊机场，在首都上空低低地、缓缓地绕飞一周，然后穿过云层，飞向祖国的辽阔大海……

机舱内安放着邓小平的骨灰。一面鲜红的中国共产党党旗覆盖在骨灰盒上。在胡锦涛等中央领导的陪同下，卓琳和孩子们一起，以最朴素、最庄严的方式送邓小平这人生的最后一程。

11时25分，专机飞至一千八百米高空。强忍着悲痛，八十一岁的卓琳眼含热泪，用颤巍巍的双手捧起邓小平的骨灰久久不忍松开。她一遍又一遍地呼唤着邓小平的名字，许久才将骨灰和五彩缤纷的花瓣缓缓撒向大海。1939年8月，在延安陕北公学学习的卓琳与邓小平相识相爱并结为革命伴侣。那年，邓小平三十五岁，卓琳二十三岁。两人共同走过了五十八年的人生历程。如今，却是天人永隔，面对此情此景，卓琳泣不成声。

随后，邓小平的子女邓林、邓朴方、邓楠、邓榕、邓质方和孙辈眠眠、萌萌、羊羊、小弟，悲痛地跪在机舱里，撒放骨灰与花瓣，完成他们敬爱的父亲、爷爷的遗愿。邓榕哽咽道："爸爸，您回归大海，回归大自然，您的遗愿得到了实现，您安息吧！"

1920年，为了寻找人生的钥匙，邓小平第一次走出四川老家，拥抱大海。1997年，在走完波澜壮阔的一生后，他最终归于大海。大海，成为邓小平革命生涯最初的起点，也成为他人生旅途最终的归宿。

（文/叶帆子）